《铁路技术管理规程（普速铁路部分）》条文说明

（第一次修订）

中　册

《技规》条文说明编写组

中国铁道出版社有限公司

2025年·北　京

内 容 简 介

中国铁路总公司《铁路技术管理规程》(简称《技规》)条文说明按照高速铁路部分和普速铁路部分分别编写，每部分分为上、中、下三册，共六册。上册是《技规》总则和第一编技术设备的条文说明，其中技术设备包括基本要求，线路、桥梁及隧道，信号、通信，铁路信息系统，车站及枢纽，机车车辆，供电、给水，房屋建筑，铁路用地。中册是《技规》第二编行车组织的条文说明，其中普速铁路部分包括基本要求、编组列车、调车工作、行车闭塞和列车运行。下册是《技规》第三编信号显示的条文说明，包括基本要求、固定信号、移动信号及手信号、信号表示器及标志、听觉信号。为便于读者学习，在每条说明前都附有条文。

图书在版编目(CIP)数据

《铁路技术管理规程(普速铁路部分)》条文说明：第一次修订. 中册/《技规》条文说明编写组编 .—北京：中国铁道出版社，2018. 5(2025. 8 重印)
ISBN 978-7-113-24419-4

Ⅰ. ①铁… Ⅱ. ①技… Ⅲ. ①铁路运输-技术管理-管理规程-中国 Ⅳ. ①U29-65

中国版本图书馆 CIP 数据核字(2018)第 073518 号

书　　名：《铁路技术管理规程(普速铁路部分)》条文说明(第一次修订)　中册
作　　者：《技规》条文说明编写组

责任编辑：刘　钢　　　　**编辑部电话**：(010)51873055
封面设计：崔　欣
责任校对：苗　丹
责任印制：赵星辰

出版发行：中国铁道出版社有限公司(100054，北京市西城区右安门西街 8 号)
网　　址：https://www.tdpress.com
印　　刷：三河市宏盛印务有限公司
版　　次：2018 年 5 月第 1 版　2025 年 8 月第 17 次印刷
开　　本：880 mm×1 230 mm　1/32　印张：8.25　字数：250 千
书　　号：ISBN 978-7-113-24419-4
定　　价：30.00 元

前　　言

为适应国家铁路运输高度集中、各工作环节紧密联系的特点，确保国家铁路安全正点、方便快捷、高速高效，实现国家铁路科学、规范的技术管理，中国铁路总公司制定了《铁路技术管理规程》(简称《技规》)。

《技规》是中国铁路总公司铁路技术管理的基本规章，是长期生产实践和科学研究的总结。铁路有关部门、单位和人员，必须共同遵守《技规》的有关规定，中国铁路总公司其他规章、标准和规范性文件，以及各部门、各单位制定的技术管理文件等，必须符合《技规》的规定。

本书是对中国铁路总公司第1版《技规》条文的说明，逐条对《技规》条文进行了解释说明，对铁路广大职工和从事铁路有关工作人员学习、掌握《技规》内容，具有重要参考作用。

2014年，中国铁路总公司原科技管理部和原运输局共同组织编写了《技规》条文说明，编写组由铁路管理、科研、行车、设计等部门和单位的人员组成。编写过程中，参编人员认真调研，收集资料，反复讨论，集思广益，力求编写能够充分体现国家铁路技术设备、行车组织、管理体制的特点和要求。条文说明力求详尽完整，以帮助读者深入详细地了解《技规》内容。

参加2014年《技规》条文说明编写工作的主要有中国铁路总公司原科技管理部，原运输局，建设部，安监局，劳卫部，铁路公安局，铁科院，通号公司设计院，沈阳、北京、济南、郑州、西安、武汉、上海、南昌、成都局，广铁集团公司等部门和单位80余人。

2017年9月总公司对第1版《技规》进行了第一次修订，针对《技规》修订条款及其他需完善内容，总公司科信部会同运监局、客运部、货运部、调度部、机辆部、工电部及安监局组织铁科院运经所技术规章管理研究室对条文说明内容进行了修订，参加修订工作的包括总公司相关部门、铁科院、通号公司设计院、哈尔滨、沈阳、北京、太原、郑州、武汉、西安、济南、上海局集团公司等部门和单位60余人。

本书编写与修订过程中，得到了中国铁路总公司各级领导的关怀、指导，得到了铁路局、设计院等有关专家的支持，在此深表感谢！

由于编写组水平有限，书中难免有不妥之处，敬请读者批评指正。

《技规》条文说明编写组

2018年3月6日

目　　录

说　　明

《〈铁路技术管理规程〉条文说明》第一次修订内容中，普速铁路部分修改条款如下：第 36 条、第 37 条、第 38 条、第 47 条、第 51 条、第 60 条、第 151 条、第 152 条、第 167 条、第 179 条、第 199 条、第 203 条、第 209 条、第 218 条、第 231 条、第 233 条、第 243 条、第 252 条、第 253 条、第 257 条、第 262 条、第 266 条、第 292 条、第 294 条、第 296 条、第 307 条、第 310 条、第 316 条、第 319 条、第 347 条、第 348 条、第 349 条、第 366 条、第 371 条、第 388 条、第 392 条、第 412 条、第 454 条、第 459 条、附图 1。

《技规》修改的条款，在编号下加“____”表示；条文说明修改的条款，在编号前加“*”表示。

此外，在“计量单位符号”后增加“词语释义”内容。

第二编　行车组织

第十章　基本要求

行车组织原则

第222条　普速铁路行车组织工作，应根据本规程规定办理。

铁路局应根据本规程规定的原则，结合管内具体条件，制定普速铁路《行车组织规则》。

行车组织是铁路运输工作的重要组成部分，是综合运用各种技术设备，合理组织列车运行，完成旅客运输和货物运输的工作过程。普速铁路行车组织主要内容包括：行车指挥、编组列车、调车工作、行车闭塞、列车运行、施工维修等。

普速铁路行车组织工作，应根据本规程（普速铁路部分）有关要求办理。铁路局应根据本规程（普速铁路部分）规定，结合管内行车设备、运输条件、自然环境、地理位置等实际情况，制定《行车组织规则》（以下简称《行规》）。《行规》应包括以下主要内容：

1.《技规》授权由铁路局规定或批准的事项。

2. 铁路总公司未作统一规定，又不宜由基层站段自行补充规定的行车办法。

3. 铁路局根据管内信号、联锁、闭塞设备，线路、供电、信息设备，机车车辆类型及特殊地段的平、纵断面等特点，规定的特殊要求和注意事项。

4. 生产实践中创造的普遍推广的先进经验和行之有效的安全生产措施等。

部分200 km/h以下线路中也可能存在200 km/h的个别区间、区段，考虑到整条线路行车组织方式的协调性和一致性，铁路局可根据实际情况确定是否将整条线路行车组织纳入《技规》（普速铁路部分）的适应范围。各铁路局应充分考虑线路设备条件、行车组织方式等情况，明确《技规》（普速铁路部分）的具体适应线路。

第223条 铁路行车组织工作，必须贯彻安全生产的方针，坚持高度集中、统一领导的原则。运输、机务、车辆、工务、电务、供电、信息、房建等部门要发扬协作精神，主动配合，紧密联系，协同动作，组织均衡生产，不断提高效率，挖掘运输潜力，完成和超额完成铁路运输任务。

安全生产是铁路运输组织的一贯方针，也是对铁路职工职责的基本要求。铁路发生事故，会给人民生命财产造成严重损失，因此行车有关各部门、各单位必须认真贯彻安全生产的方针。

铁路行车工作具有点多、线长、面广且多工种协同动作的特点。只有坚持高度集中、统一领导的原则，才能把各部门集成为统一的整体，使各项工作环环相扣，紧密衔接，保证运输生产安全、迅速、准确、协调地进行。

铁路运输各部门之间联系密切，应加强协作，树立全局观念；在行车工作中，应加强调度指挥，组织均衡运输，挖掘生产潜力，不断提高工作效率，积极总结和推广先进经验，以保证全面完成和超额完成运输生产任务。

第224条 列车编组计划是全路的车流组织计划。列车中车组的编挂，须根据铁路总公司和铁路局的列车编组计划进行。

列车编组计划的编制，应在加强货流组织的基础上，最大限度地组织成组、直达运输，合理分配各编组站、区段站的中转工作，减少列车改编次数。

货物列车编组计划是全路的车流组织计划。统一安排全路的车流组织方案，具体规定车站编组货物列车的要求、方法和内容；是编制列车运行图、运输方案、日班计划及改善站场布局的依据。

列车编组计划是根据货流、车流特点和主要站场、线路设备情况以及货物运输市场需求编制的，可以充分发挥既有设备潜力，科学合理组织货流，积极组织直达运输，加速货物运送和机车车辆周转，创造良好的运输秩序，节约运输成本，提高运输效率和效益，因此要求列车中车组的编挂，必须根据列车编组计划进行。

为了正确执行编组计划，在每次新编组计划实施前，各技术站应安排好车场分工、固定线路用途等准备工作，组织有关人员认真学习。

在特殊情况下，确需突破编组计划规定时，跨局列车由铁路总公司、局管内列车由铁路局调度下达调度命令。

第225条 列车运行图是铁路行车组织工作的基础。所有与列车运行有关的铁路各部门，必须按列车运行图的要求，组织本部门的工作，以保证列车按运行图运行。

列车运行图应根据客货运量、区段通过能力等因素确定列车对数，并符合下列要求：

1. 列车运行、车站间隔、技术作业等时间标准；
2. 迅速、便利地运输旅客和货物；
3. 充分利用通过能力，经济合理地运用机车车辆和安排施工、维修天窗；
4. 做好列车运行线与车流的结合；
5. 各站、各区段间的协调和均衡；
6. 合理安排乘务人员作息时间。

机车周转图应与列车运行图同时编制。

列车运行图是铁路运输工作的综合计划，是行车组织工作的重要基础，规定了列车在车站的到、开、通过时刻和技术设备的使用等。所有与列车运行有关的铁路各部门，必须按照列车运行图的要求，组织本部门按规定完成具体工作，保证列车按运行图运行。

列车运行图运用坐标原理，用图解形式表示列车运行。以水平线表示车站的中心线，以垂直线表示时间，以斜线表示列车运行线。上斜线代表上行列车，下斜线代表下行列车。列车运行线与车站中心线的交点，表示列车在车站的到、发或通过时刻。各种列车运行线用不同颜色和符号表示。

编制列车运行图时应符合下列要求：

1. 列车运行、车站间隔、技术作业等时间标准。如区间运行时分、列车追踪间隔时间标准、车站间隔时间标准、列车技术检查作业时间标准、机车换挂及继乘时间标准等。

2. 迅速、便利地运输旅客和货物。确定旅客列车行车量及列车性质时，必须根据客流，贯彻长短分工、快慢分工的原则。铺画旅客列车运行线时，应合理规定停站次数和时间。安排货物列车运行线时，要突出重点、兼顾一般，加速货物的输送。

3. 充分利用通过能力，经济合理地使用机车车辆和安排施工、维修天窗。合理铺画旅客列车运行线和优化货物列车铺画方案，既要充分利用通过能力，减少空费时间，又要提高列车旅行速度，加速机车车辆周转。为确保施工作业安全，满足设备部门维修、施工作业需要，列车运行图应按规定安排足够的施工、维修天窗。

天窗是指在列车运行图中，不铺画列车运行线或调整、抽减列车运行线，为营业线施工、维修作业预留的时间，按用途分为施工天窗和维修天窗。

4. 做好列车运行线与车流的结合。“流线结合”是列车运行图与列车编组计划结合的重要内容，也是编制货物列车运行图的重要课题之一。因为车流是运行图的基础，铺画运行线时必须符合列车编组计划所规定的列车种类、数量和性质。直达列车的配空和出重运行线要很好结合，为组织好直达列车创造条件。

5. 保证各站、各区段的协调和均衡。区段内均衡地铺画列车运行线，可以有效地利用通过能力，保证畅通无阻。直达和直通列车运行线要做到区段间紧密衔接，干线与支线间紧密衔接。同时充分考虑编组站能力，使有改编作业与无改编作业的列车均衡交错地到达编组站，保证编组站作业均衡。要安排好车流接续，避免车辆在车站长时间停留。

6. 合理安排乘务人员作息时间。乘务人员保持充沛精力进行工作，有利于提高劳动生产率，保证行车安全。为此，在编制列车运行图与机车周转图时，对乘务人员的作息时间应按有关规定办理。

机车周转图不仅确定了机车供应台数，合理地安排了机车交路，使机车运用与列车运行线紧密结合，合理地压缩自、外段停留时间，并且还规定了机车正常保养和整备作业时间。因此，编好机车周转图也是提高机车运用效率、保证机车质量的重要措施，应与列车运行图同时编制。

第 226 条 运输方案是保证完成月、旬运输工作的综合部署。铁路局、站段，应根据实际情况，按照月度货物运输计划、技术计划、施工计划的要求和列车编组计划、列车运行图、机车周转图的规定，按级编制货运工作、列车工作、机车工作和施工安排等方案。各级运输部门，均应主动与路内外有关单位密切配合，共同编制和执行运输方案。

运输方案是保证完成月、旬运输任务的综合部署。它根据月度货物运输计划、技术计划、施工计划和列车编组计划、列车运行图、机车周转图的规定，考虑装卸站的装卸能力、短途运输能力、企业的生产规律及当月、旬的具体情况，对月、旬的货运工作、列车工作、机车工作和工务、电务、供电、工程施工等工作进行的综合部署和统筹安排。通过运输方案，把产、供、运、销全过程与运输生产各个方面、各个环节紧密衔接起来，使货流组织与车流组织、车流组织与列车运行、列车运行与机车运用紧密衔接起来，统筹兼顾，全面安排，从而使铁路运输更好地为经济发展、国防建设和人民生活服务，以适应国民经济发展的需要。

运输方案由货运工作方案、列车工作方案、机车工作方案和施工计划四部分组成：

1. 货运工作方案是运输方案的基础。它的主要任务是根据月度货物运输计划，结合货源货流特点和厂矿企业生产、装卸、搬运能力，以直达、成组为中心，合理组织自装车流，安排日历装车计划，同时做好主要站的卸车安排，为列车工作方案提供依据。

2. 列车工作方案是运输方案的核心。主要任务是按照列车编组计划和列车运行图的规定，最有利地组织车流，搞好流线结合，组流上线，把不同性质的车流分别安排在不同的运行线，“对号入座”。要编制空车挂线、重车挂线方案，摘挂列车甩挂作业方案，枢纽小运转方案，编组站自装车流和中转车流相结合的接续方案，厂矿企业专用铁路运输与干线运输的列车接续方案等。选定分号列车运行图或抽线方案，确定核心车次，固定配空和出重列车运行线，保证干线与支线车流互相衔接，大小运转列车紧密衔接，编组站和区段站作业均衡。

3. 机车工作方案是实现运输方案的保证。它的主要任务是依据列车工作方案和机车周转图的规定，确定机车供应台数，合理安排机车交路，对机车运用和检修工作进行全面安排，以便提高机车运用效率。

4. 施工计划是保证运输安全与畅通的必需。编制施工计划应坚持运输、施工兼顾的原则。正确处理施工与运输的关系，既要保证施工任务的完成，又要减少施工对运输的影响。其内容包括施工日期、时间、地段或地点，以及对有关部门的要求等。

运输方案是路内、外各有关部门在完成运输任务上的共同作业方案，各单位均应主动配合，共同编制和执行，定期分析和考核，使其不断完善和发展。

第227条 行车工作必须坚持集中领导、统一指挥、逐级负责的原则。

局与局间由铁路总公司，局管内各区段间由铁路局，一个调度区段内由本区段列车调度员统一指挥。

车站由车站值班员，线路所由线路所的车站值班员统一指挥。凡划分车场的车站，各车场由该车场的车站值班员统一指挥；车场间接发列车进路互有关联的行车事项，由指定的车站值班员统一指挥。

列车和单机由司机负责指挥。列车或单机在车站时，所有乘务人员应按车站值班员的指挥进行工作。

在调度集中区段，调度集中控制车站有关行车工作由该区段列车调度员直接指挥；但转为车站控制时，由车站值班员指挥。

铁路行车工作是由多部门、多工种联合进行的，并且是连续不间断

的。一个列车往往要经过几个区段，甚至几个铁路局才能到达目的地。如分散领导，多头指挥，各行其是，必然造成行车工作上的混乱和错误，不仅会影响正常工作，降低效率，甚至可能发生行车事故，造成重大损失。为使行车各部门、各工种能够步调一致，协调动作，保证安全、迅速、准确、及时地完成运输任务，所以规定行车工作必须坚持集中领导、统一指挥、逐级负责的原则。

铁路运输调度工作，实行分级管理，统一指挥的原则。铁路总公司调度指挥中心负责全路、铁路局调度所负责本局的日常调度指挥工作。

1. 局与局之间由铁路总公司调度指挥中心，局管内各区段间由铁路局调度所，每个调度区段内（即调度台的管辖范围）由本区段列车调度员统一指挥。铁路总公司、铁路局各工种调度及有关人员分别由值班处长、值班主任统一指挥。

2. 列车调度员是一个调度区段的日常运输工作的具体组织者、指挥者，负责组织按图行车、应急处置，以及完成运输工作的数量指标和质量指标。所以，本区段有关行车人员均应严格执行列车调度员的命令和口头指示。

3. 车站行车工作由车站值班员、线路所由线路所的车站值班员统一指挥，直接掌握列车运行与到发线运用情况，有利于保证安全和不间断地接发列车。当一个车站设有几个办理接发列车的车场时，各车场一般独自设有联锁设备，单独办理相应的接发列车进路，这样的车站在各车场都可以分别设车站值班员，单独指挥本车场的行车工作。若各车场间接发列车进路互相关联，各车场车站值班员，除负责指挥本车场行车工作外，遇有与其他车场相关联的行车工作时，还必须服从指定的车站值班员的统一指挥。车站应明确划分各车场车站值班员的行车工作职责。

4. 列车和单机由司机负责指挥。司机的主要职责是对列车安全正点运行负责。如遇列车在区间被迫停车、分部运行等情况时，应与列车调度员或有关车站联系，正确组织列车防护、救援等工作。

当列车或单机在车站时，因司机不可能全面了解车站作业、列车运行及设备使用等情况，规定所有乘务人员都应服从车站值班员的指挥。

5. 在调度集中（CTC）区段，列车调度员可以利用设备直接操纵调度集中控制车站的道岔和信号，可以随时了解区段内进路、道岔、信号和列车运行等情况。所以规定在调度集中区段，调度集中控制车站有关行车工作由列车调度员直接指挥，但调度集中设备转为车站控制时，只能由车站值班员操纵车站的道岔和信号，车站的行车工作由车站值班员指挥。

第228条 全国铁路的行车时刻，均以北京时间为标准，从零时起计算，实行24小时制。

铁路地面固定设备的系统时钟，当具备条件时，应接入铁路时间同步网；不具备条件时，可独立设置卫星授时设备。

铁路行车房舍内和办理行车工作的有关人员均应备有钟表。钟表的时刻应与调度所的时钟校对。

调度所的时钟及各系统的时钟须定期校准。钟表的配置、校对、检查、修理及时钟校准办法，由铁路局规定。

铁路行车时刻的准确和统一，与列车正点运行和行车安全有直接关系，对准确及时地运送旅客和货物有着重要意义。

按国际时间标准，每15经度为1个时区。我国幅员辽阔，东西方向横跨经度63度，共跨及5个时区，东西两端地区时差4个多小时。为统一铁路的行车时刻，特规定以北京时间为标准时间。铁路运输特性为昼夜不间断地工作，实行24小时制。

铁路运输调度管理系统（TDMS）、调度集中系统（CTC）、列车调度指挥系统（TDCS）、“5T”设备、机务运用安全管理系统等地面设备的系统时钟，当具备条件时，应接入铁路时间同步网；不具备条件时，可独立设置卫星授时设备，逐步接入统一的时间同步网。

为保证铁路行车的准确性，要求铁路行车房舍和办理行车工作的有关人员均应备有钟表，定时与铁路局调度所的时钟校对，以保证行车人员按统一的时间组织作业。校对是将钟表时刻保持与调度所的时钟时刻一致，GPS授时的方式也属于校对。调度所和各系统的时钟应定期校准。校准是通过更高准确度等级的时间标准装置，来确定时钟所指示量值的准确度。铁路局应根据本局设备及行车管理的实际情况规定哪些行车房舍和人员配置钟表及钟表的校对、检查、修理及时钟校准办法。

第 229 条 列车运行，原则上以开往北京方向为上行，反之为下行。

全国各线的列车运行方向，以铁路总公司的规定为准，但枢纽地区的列车运行方向，由铁路局规定。

列车须按规定编定车次。上行列车编为双数，下行列车编为单数。在个别区间，使用直通车次时，可与规定方向不符。

在行车工作中，为便于管理、指挥、办理作业和运用统计，必须规定列车运行方向。确定列车运行方向的基本原则，是以开往北京方向的列车为上行列车；反之，为下行列车。有些线路按上述原则仍不易确定列车运行方向时，根据线路情况由铁路总公司规定，如陇海线、沈大线等。

枢纽地区往往有若干条支线、联络线和环线，列车运行方向较为复杂，而且枢纽地区的线路和车流情况各不相同，为此由铁路局规定。

为区别列车的种类、性质和运行方向，对每一列车必须编定车次，上行列车编为双数，下行列车编为单数。在同一列车运行径路中有不同的运行方向时，为便于掌握，在与整个方向不符的个别区间，准许不改变车次，仍使用原车次，如图 229-1 所示。

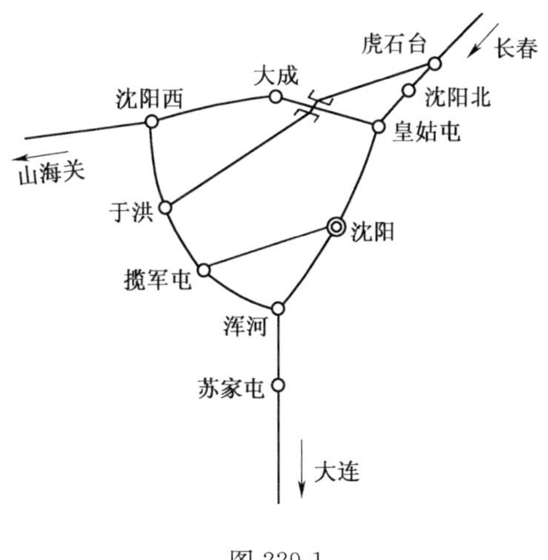

图 229-1

图 229-1 中，于洪—揽军屯间既是山海关经于洪、揽军屯至沈阳的下行方向，又是长春经于洪、揽军屯、浑河至大连的上行方向。因此，山海关经沈阳西至沈阳、苏家屯站为下行，车次应为单数；沈阳西向苏家屯站为上行，车次应为双数；沈阳西向沈阳站为下行，车次为单数；长春方向至苏家屯站为上行，车次为双数。

在沈阳西—于洪—揽军屯站间，向同一方向运行的列车，既有下行列车，又有上行列车，车次既有单数、也有双数，为便于掌握，利于指挥，上述各方向的列车不在于洪、揽军屯站改变车次。

行车指挥

第 230 条 有关行车人员必须执行列车调度员命令，服从调度指挥。

列车调度员应负责组织实现列车运行图、编组计划、运输方案，为此必须：

1. 检查各站执行列车运行图和编组计划的情况，及时发布有关行车命令和口头指示。

2. 严格按列车运行图指挥行车，遇列车发生晚点时，应积极采取措施，组织有关人员恢复正点。

3. 注意列车在车站到发及区间内的运行情况，正确、及时地处理临时发生的问题。

列车调度员是一个调度区段的日常运输工作的具体组织者、指挥者，负责组织实现按图行车、安全正点，以及完成运输工作的数量指标和质量指标。所以，本区段有关行车人员均应严格执行列车调度员的命令和口头指示。

列车调度员负责组织、指挥本区段车务、机务、工务、电务、车辆、供电等部门有关行车人员，实现列车运行图、列车编组计划和运输方案，完成日(班)计划规定的任务和要求，加速机车车辆周转。为此必须做到：

1. 随时通过列车运行图和有关调度设备、电话联系等，检查有关车站始发列车，是否按列车运行图规定的时刻、重量、长度和列车编组计划规定的内容及时编组，有无违反列车编组计划和车辆编挂限制等情况；机务部门是否按计划准备机车、机班；车辆部门是否按规定时间标准进行技术检查作业；客运段是否按计划安排列车乘务人员；检查各中间站是否按规定接发列车和进行甩挂作业，有无违反列车编挂限制等情况。如发现问题及时发布行车命令和口头指示进行纠正和处理。

2. 列车调度员应熟悉车站和有关机车、车辆、线路、供电、通信、信号、桥隧等设备情况，随时掌握列车运行和天气变化。根据本区段设备特点和有关列车运行具体情况，有预见地指挥列车安全正点运行。对晚点列车应采取合理会让、缩短站停时间等措施，积极恢复列车正点。当列车不能按图运行时，除特殊情况外，应按列车等级顺序等规定进行调整，保证列车按图行车。

3. 列车调度员应注意列车在车站到发及区间的运行情况，及时正确处理临时发生的问题。如发生机车、车辆、线路、桥隧、供电、通信、信号、联锁、闭塞等技术设备故障或天气不良变化时，应根据有关规定和实际情况，及时通知有关部门和人员，正确采取相关应急措施。

***第 231 条** 指挥列车运行的命令(运行揭示调度命令除外)和口头指示，只能由列车调度员发布。列车调度员在发布命令之前，应详细了解现场情况，并听取有关人员意见。

遇第 13 表所列情况，须发布调度命令。

第 13 表 行车调度命令项目表

序号	命令项目	受令者	
		司机	车站值班员
1	封锁、开通区间		○
2	向封锁区间开行救援列车、路用列车	○	○
3	临时变更或恢复原行车闭塞法	○	○
4	双线反方向行车、由双线改为单线或恢复双线行车	○	○
5	变更列车径路	○	○
6	发出在区间内停车或由区间返回的列车	○	○
7	开往区间内岔线的列车	○	○
8	发出临时由区间内返回后部补机的列车	○	○

续上表

序号	命令项目	受令者	
		司机	车站值班员
9	列车需临时降弓运行	○	○
10	因行车设备故障、灾害或施工，以及列车中挂有限速的机车车辆等，需要使列车临时限速运行(纳入运行揭示调度命令或本务机车、动车组自身设备原因限速时除外)	○	○
11	动车组列车空调失效需打开部分车门限速运行	○	○
12	车站使用故障按钮、总辅助按钮		○
13	超长列车或列车挂有装载超限货物的车辆	○	○
14	单机附挂车辆	○	○
15	半自动闭塞区间，超长列车头部越过出站信号机(未压上出站方面的轨道电路)发车	○	○
16	在非到发线上接发列车	○	○
17	调度日(班)计划以外，临时加开或停运列车(单机除外)	○	○
18	双线区间在区间内进行跨线装卸作业时，对开入其邻线的列车	○	○
19	双线区间在区间内有除雪机、起重机工作时，对开入其邻线的列车	○	○
20	双线区间在区间内发生冲突、脱轨、火灾、爆炸事故，对开入其邻线的列车	○	○
21	列尾装置故障(丢失)的货物列车继续运行	○	○
22	改按天气恶劣难以辨认信号的办法行车或恢复正常行车	○	○
23	动车组列车转入或退出隔离模式(被救援时除外)	○	○
24	动车组列车在列控车载设备控车和列车运行监控装置控车之间人工转换	○	○
25	临时利用本务机车调车作业	○	○
26	利用天窗施工、维修作业		○
27	施工、维修作业较指定时间延迟结束		○
28	运行揭示调度命令与实际限速、行车方式或设备不符时	○	○
29	正线、到发线接触网停电或送电(接触网倒闸、跳闸后试送电、向中性区送电或弓网故障排查除外)		○

续上表

序号	命　令　项　目	受令者	
		司机	车站值班员
30	正线、到发线接触网停电后准许登顶作业	○	○
31	双管供风旅客列车运行途中改为单管供风	○	○
32	列车调度员认为有必要记录的上述以外的命令	有关人员	

注：1. 划○者为受令人员。

2. 天窗维修作业在指定的时间内完成并销记后，列车调度员不再发布维修作业结束恢复行车的调度命令。

3. 动车组列车改按列车运行监控装置方式运行需将列控车载设备隔离时，列车调度员仅发布改按列车运行监控装置方式行车的调度命令。

4. 因调车作业动车组控车模式转换，不发布调度命令。自动站间闭塞法行车转为半自动闭塞法行车及转回的调度命令，可不发给司机。

上述调度命令如涉及其他单位和人员时，应同时发给。

列车调度员向司机发布调度命令时，应在列车进入关系区间(车站)前向司机发布或指定车站向司机交付，如来不及时应使列车停车进行发布或交付。

对于需向司机发布的调度命令，列车调度员可使用调度命令无线传送系统或按规定使用语音记录装置良好的列车无线调度通信设备向司机发布。由车站交付的调度命令，车站值班员可使用调度命令无线传送系统或按规定使用语音记录装置良好的列车无线调度通信设备向司机转达。

对跨局的列车，接车铁路局列车调度员可委托发车铁路局列车调度员发布调度命令。更换机车或变更限速条件时，应由有关铁路局列车调度员重新发给相关调度命令。途中乘务人员换班时，应将调度命令内容交接清楚。

使用计算机、传真机、调度命令无线传送系统发布调度命令时，命令接受人员确认无误后应及时反馈回执。使用电话发收调度命令时，应填记《调度命令登记簿》(附件7)，指定受令人员中一人复诵，并记明发收人员姓名及时刻。

根据调度集中统一指挥的原则，一个调度区段内由本区段列车调度员统一指挥，指挥列车运行的命令或口头指示，只能由列车调度员发布(运行揭示调度命令为调度所施工调度发布)。为确保列车运行安全、正

点，确保按计划完成施工任务，积极妥善地处理各种突发事件，列车调度员在发布命令或口头指示前应通过现场有关人员充分了解列车的运行情况、现场设备状况、施工计划以及突发事件影响的范围，并听取现场及其他有关人员的意见。

一、应发布调度命令的项目

1. 当区间内进行线路、桥隧、接触网等施工或由于自然灾害、设备故障、铁路交通事故等的影响，不能再向该区间发出正常运行的列车，以及车站无人应答、不能办理行车工作等情况，需对区间进行封锁时，以发布调度命令的方式向有关人员明确；当封锁区间的因素消除后开通区间时，也应以调度命令明确。有关人员要严格执行有关规定，确保行车安全。

2. 当区间因施工或由于自然灾害、设备故障、铁路交通事故等情况的影响封锁后，区间的设备情况和行车条件发生了很大的变化，需向区间内开行一些进行施工作业、抢修、救援的列车，并进行相应的作业，在行车组织办法和作业要求上都发生很大变化，为保证施工作业及抢修、救援的顺利实施和安全，以调度命令的形式，使办理行车工作的有关人员及施工作业、抢修、救援人员明确有关行车要求。

3. 我国普速铁路采用了三种基本闭塞法，以使列车严格按空间间隔运行，在最大程度上保证列车安全。当行车闭塞法发生变化时，行车凭证、作业要求等方面都发生了变化，为使车站接发车人员、列车司机明确闭塞法的变化，引起作业人员的重视，采取调度命令的形式告知。当基本闭塞设备恢复正常时，也须发布调度命令，向有关车站、列车明确。自动站间闭塞法行车转为半自动闭塞法行车及转回的调度命令，由于信号及司机行车方式不发生变化，调度命令可不发给司机。

4. 双线反方向行车及由双线改为单线行车，属于非正常的行车方式，应以发布调度命令形式告知列车司机、车站值班员等行车有关人员。当双线改为单线行车需恢复双线行车时，也应以调度命令的形式告知有关列车司机、车站值班员等行车有关人员。

5. 列车是按列车运行图等规定的径路运行的，司机熟悉规定运行区段内的线路、信号、车站等设备，旅客列车还有旅客在图定的车站乘降。当因特殊原因列车必须改变运行径路（区间运行线别）时，行车设备发生了变化，涉及范围大，须告知的作业人员多，特别是旅客列车改变运行径路时，还可能涉及旅客的运输组织，因此规定以发布调度命令的形式向改变径路的有关车站、司机等明确改变后的列车运行径路，以便各方面做好准备，妥善安排好旅客，保证列车运行的安全。

6. 正常情况下列车运行是从一个车站至另一个车站，在区间内一般不安排停车(运行图规定的列车除外)，更不返回，因装卸作业等特殊情况，确需列车在区间内停车或返回时，列车在区间内停车、返回车站的行车办法与正常情况下行车不同，同时对列车在区间的有关作业、停留地点、返回时刻等都需要进行明确，因此在发出列车前以调度命令的形式明确上述事项(运行图规定的列车除外)，以便完成区间工作任务。

7. 列车开往区间内岔线时，与正常在区间正线通过的列车作业要求不同，为更好地确保列车运行安全，引起有关作业人员的注意，以调度命令的形式对何时进入、何时返回等事项进行明确。

8. 由于列车超重或因天气不良等情况造成牵引困难，需在列车后部临时加挂由区间返回的补机，接发列车作业时，对本务机车、补机司机和车站作业人员都有规定和要求，因此发车前发布调度命令告知有关人员，以便更好地做好有关作业。

9. 因接触网挂异物或故障等特殊情况，需列车临时降弓通过故障地段时，列车司机须准确掌握降弓地点，做好降弓准备，因此需发布调度命令明确相关事项。

10. 当发生行车设备故障、灾害或在施工后，以及在列车中挂有限速运行的机车、车辆等情况，需要使列车限速运行时，应以调度命令明确列车运行速度限制。列车运行速度限制已纳入运行揭示调度命令时，列车司机已提前收到限速运行命令，不需再发布调度命令；本务机车或动车组自身故障时，列车司机已掌握故障情况，清楚列车运行速度限制，不需列车调度员再发布调度命令告知司机。

11. 为保证动车组列车空调失效时车内通风良好，特殊情况下允许动车组列车打开部分车门运行，为确保开门运行时的旅客人身安全和列车运行安全，列车须限速运行，以调度命令告知列车司机等有关人员及沿途车站。

12. 遇轨道电路故障、闭塞设备故障、列车因故退回原发车站等情况，不能使用正常办理方式开通区间或改变运行方向，车站需使用故障按钮或总辅助按钮办理，此时不论区间是否有列车运行或遗留车辆，都能开通区间或改变闭塞设备的发车方向，此时若不确认区间空闲就有可能发生铁路交通事故，必须待列车调度员和两端站车站值班员共同确认区间空闲后，由列车调度员发布调度命令，方可使用故障按钮或总辅助按钮。

13. 编组货物列车是按列车运行图规定的重量和长度来进行的，以保证货物列车的重量、长度适应本务机车的牵引力和运行区段内线路有效长的要求，最大限度的完成运输生产任务，同时也不影响其他列车的运行与接发。因特殊情况需要开行超长列车时，由于超长列车对车站接发列车作业要求高，往往涉及多个车站，应以调度命令的形式向有关车站、列车司机等明确列车已超长，以便提前做好会让计划、安排好接发车线路。列车中挂有装载超限货物的车辆时，对邻线列车的运行、车站的接发车线路、列车运行和经过侧向道岔的速度等都可能有特殊要求，因此以调度命令的形式向列车运行所经各站、司机等规定运行条件，以使有关人员认真执行。

14. 为充分利用机车动力和区间通过能力，加速车辆移动，更好地运用机车，在不影响机车运用、保证运行安全的条件下，准许利用单机附挂车辆，此时，应以调度命令的形式向司机、沿途车站明确。

15. 半自动闭塞区间，在超长列车头部越过出站信号机但未压上出站方面的轨道电路的情况下发车时，出站信号机虽能显示允许运行的信号，但列车司机在车上确认出站信号机的显示不方便，因此以调度命令的形式告知司机在列车头部已越过出站信号机的情况下仍按出站信号机正常开放的信号发车。

16. 接发列车应在正线、到发线上办理，遇特殊情况在调车线、货物线等非到发线上接发列车时，须经列车调度员同意并以调度命令形式告知有关人员。

17. 列车是按运行图和日(班)计划规定的车次开行的，有关运输部门都是按日(班)计划开展工作的，比如编组列车、安排人员等，在调度日(班)计划以外临时加开或停运列车时，需要增加或取消上述作业，应以调度命令的形式告知有关人员做好相应工作。单机临时加开、停运频繁，单机开行及停运组织相对简单，故单机临时加开、停运采取口头指示等方式布置，不再发布调度命令，但应及时下达列车运行调整计划，明确车次、时刻、方向等事项。

18. 在双线区间内进行跨线装卸作业时，作业人员及机具等有可能影响邻线行车，因此发布调度命令，提醒邻线的列车注意运行。

19. 在双线区间内一条线路上有除雪机、起重机工作时，作业人员及机具等有可能影响邻线行车，因此发布调度命令，提醒邻线的列车注意运行。

20. 在双线区间内发生冲突、脱轨、火灾、爆炸时，事故车辆、抢修人员及救援机具等有可能影响邻线行车，因此发布调度命令，提醒邻线的列车注意运行。

21. 货物列车的列尾装置故障（丢失）时，机车乘务员不能准确掌握列车完整等情况，为使车站接发列车人员引起注意，认真监视列车运行，确认列车完整，采取以调度命令的形式告知沿途各站。

22. 改按天气恶劣难以辨认信号的办法行车或恢复正常行车时，作业办法发生改变并有明确的行车要求，必须发布调度命令告知有关人员。

23. 动车组列车转入或退出隔离模式运行时，行车凭证、作业要求等方面都发生了变化，必须得到列车调度员同意并发布调度命令。动车组列车被救援而转入隔离模式时，因该动车组不再担当牵引任务，不需发布调度命令。

24. 动车组列车在列控车载设备控车和列车运行监控装置控车之间人工转换时，行车凭证、作业要求等方面都发生了变化，必须得到列车调度员同意并发布调度命令。当动车组列车改按列车运行监控装置方式运行需将列控车载设备隔离时，列车调度员仅发布改按列车运行监控装置方式行车的调度命令。

25. 除摘挂和小运转列车本务机车外，其他列车本务机车主要担当列车牵引任务，很少进行调车作业，机车乘务人员对调车作业和部分车站设备不十分熟悉，与车站调车人员配合生疏，同时对机车交路接续产生影响，因而临时利用本务机车调动车辆时，必须得到列车调度员同意并发布调度命令。

26. 利用列车运行图规定的天窗进行施工、维修作业时，对接发列车、调车作业及列车在区间运行都有一定的要求，同时对施工和维修单位的作业及开始、结束的时间等都有一定的限制，有时还要加开路用列车，涉及单位、人员多，应以调度命令的形式向有关人员明确有关事项。因天窗维修作业前后，列车运行条件不变，因此，天窗维修作业在指定的时间内完成并销记后，列车调度员不再发布维修作业结束恢复行车的调度命令。

27. 由于施工可能改变了列车运行条件、车站办理接发列车的方式及进入区间的行车凭证等，如果施工较规定的时间延迟结束，施工的影响时间将延长，应以调度命令的形式，使受施工影响的车站、有关施工及配合单位均了解施工情况，准许施工单位按新的时间等要求继续组织施工。

28. 为便于车站、列车司机提前学习、掌握行车条件，运行揭示调度命令是提前发布的，并将限速数据写入了 IC 卡，因施工提前、延迟等特殊原因导致实际情况与运行揭示调度命令不符时，行车条件及要求发生了变化，列车调度员应以调度命令的形式将运行速度限制等行车要求告知车站、列车司机等相关人员。

29. 电气化区段的正线、到发线接触网有无电是车站办理接发列车的重要条件，停电或送电时如果作业指挥不当，可能造成电力机车进入无电区或发生弓网事故等，送电时还可能造成作业人员的伤害等，因此电气化区段的正线、到发线接触网停电或送电时均需发布调度命令，向车站值班员明确停送电时间、范围及作业要求等。接触网倒闸、跳闸后试送电、向中性区送电或弓网故障排查时，可不发布调度命令。

30. 电气化区段登顶作业存在人身安全风险，须在正线、到发线接触网已停电并得到列车调度员准许，方可在做好接地等安全防护措施后，办理登顶作业，为慎重起见，规定列车调度员以调度命令的方式准许。

31. 双管供风旅客列车改为单管供风时，原通过总风管供风的车辆集便装置、塞拉门及空气弹簧，改为通过制动主管供风，并需安排在车站进行有关作业，规定以调度命令的形式告知司机、车辆乘务员、车站值班员等有关作业人员准许办理有关作业。

32. 在指挥行车工作当中，还有可能遇到很多特殊情况和突发事件，为指示有关人员做好与行车相关的工作，列车调度员认为有必要时，可发布调度命令。

二、发布调度命令的基本要求

为确保列车运行安全，调度命令必须在列车进入关系区间（车站）前向司机发布或指定车站向司机交付，使司机明确有关事项；如来不及时，必须使列车停车并向司机发布（交付）调度命令。

随着铁路通信设备的发展，调度命令可使用调度命令无线传送系统或按《铁路运输调度规则》等规定使用语音记录装置良好的列车无线调度通信设备向司机发布（转达）；语音记录装置良好是指列车调度台（车站行车室）配备的列车无线调度通信设备的语音记录装置设备正常。

因机车乘务员值乘距离长，为减少对运输秩序的影响，对跨局的列车，接车铁路局列车调度员可委托发车铁路局列车调度员发布调度命令，提前交付司机，做好准备。遇更换机车或变更限速条件时，为使司机明确有关事项，有关铁路局列车调度员应重新向司机发给相关调度命令。乘务人员在途中换班时，应将调度命令内容交接清楚，防止遗漏。

使用计算机、传真机、调度命令无线传送系统发布调度命令时，已有书面记录，命令接受人无需复诵和抄写，但须确认无误后及时反馈回执。采用电话发布方式时，有关人员必须在《调度命令登记簿》上登记并在命令用纸上抄写交付有关人员，为防止记录错误或口误，须指定受令人员中一人复诵命令内容；在具备调度命令系统记录条件时，允许列车调度员直接使用调度命令系统记录替代填记《调度命令登记簿》（附件 7）。

第 232 条　有计划的施工，涉及限速、行车方式发生变化或设备变化时应发布运行揭示调度命令，司机按运行揭示调度命令执行。因施工提前、延迟或其他原因造成运行揭示调度命令与实际限速、行车方式或设备不符时，列车调度员应取消前发运行揭示调度命令，向有关车站值班员、司机、施工负责人重新发布全部内容的调度命令。

为使车站、列车司机提前掌握行车条件，施工调度应依据施工日计划和主管业务处提报的申请，对涉及限速、行车方式变化和设备变化的有计划的施工编制运行揭示调度命令，运行揭示调度命令内容应包括“时间、地点、因由、速度、行车方式变化、设备变化”六要素。

运行揭示调度命令是提前发布的，并将限速数据等行车要求写入了 IC 卡，因施工提前、延迟等特殊原因导致实际情况与运行揭示调度命令不符时，列车调度员必须将运行速度限制等行车要求以调度命令方式告知车站、列车司机等相关人员。

＊**第233条** 列车按运输性质的分类和运行等级顺序如下：

1. 按运输性质分类

(1)旅客列车(动车组列车,特快、快速、普通旅客列车等);

(2)特快货物班列;

(3)军用列车;

(4)货物列车(快速货物班列、快运、重载、直达、直通、冷藏、自备车、区段、摘挂、超限及小运转列车等);

(5)路用列车。

2. 列车运行等级顺序

列车运行等级顺序原则上按速度等级从高到低排序,同速度等级的列车原则上按以下等级顺序:

(1)动车组列车;

(2)特快旅客列车;

(3)特快货物班列;

(4)快速旅客列车;

(5)普通旅客列车;

(6)军用列车;

(7)货物列车;

(8)路用列车。

开往事故现场救援、抢修、抢救的列车,应优先办理。

特殊指定的列车或列车种类,其等级应在指定时确定。

一、按列车运输性质分类

随着铁路运输事业的发展,为满足旅客和货物运输的不同需要,列车按运输性质主要分为以下五种:

1. 旅客列车:为运送旅客开行的列车。根据旅客列车的车底及运行速度或旅行速度等,可分为动车组、特快、快速、普通旅客列车等。

2. 特快货物班列:是指使用行李车或邮政车等客车车辆,根据需要编组，整列装载行李、包裹和邮件等的列车。

3. 军用列车：为运送军队和军用物资开行的列车。

4. 货物列车：为运送货物和排送空货车开行的列车。分为快速货物班列、快运、重载、直达、直通、冷藏、自备车、区段、摘挂、超限及小运转列车等。

(1)快速货物班列：最高运行速度 120 km/h，使用专用货车（如 P65 等）或通用棚车编组，在固定发到站间，有固定车次和运行线，明确的开行周期和运行时刻的货物列车。

(2)快运货物列车：采用运行速度 120 km/h 的专用车辆，以高附加值货物为重要运输对象的快速列车。

(3)直达货物列车：通过一个及其以上编组站不进行改编作业的列车。在装车站组成的，叫始发直达列车；在技术站（编组站和区段站的总称）组成的，叫技术直达列车。

(4)直通货物列车：在技术站组成，通过一个及其以上区段站不进行改编作业的列车。

(5)冷藏货物列车：利用机械冷藏车专门运送鲜活、易腐等需要保持特定温度的货物的列车。

(6)自备车列车：全部用企业自备车编组而成的列车。

(7)区段货物列车：在技术站组成，运行一个区段，在本区段内不进行甩挂作业的列车。

(8)摘挂货物列车：在技术站（或中间站）组成，在区段内进行车辆甩挂或零担货物装卸的列车。

(9)超限货物列车：编挂有超限货物车辆的列车。

(10)小运转列车：在区段规定范围内或枢纽地区几个车站间开行的列车。

(11)其他列车。

5. 路用列车：不以营业为目的，专为完成铁路本身任务而开行的列车。如试验列车，运送铁路器材、路料的列车，因施工、检修需要开行的轨道车、接触网作业车、大型养路机械车组等。

除上述五种列车以外，还有为执行任务而开行的特殊用途列车，如专运、救援列车等。

二、按列车运行等级顺序

根据我国铁路列车分类和不同种类的列车运行速度，为适应技术设备条件、满足客货服务水平，在编制列车运行图、制定日常列车运行计划及调度调整运行秩序时，列车运行等级顺序原则上按速度等级从高到低的顺序调整，同速度等级的列车原则上按以下等级顺序调整：

1. 动车组列车为固定编组，运行速度和行车要求比其他列车高。

2. 特快旅客列车一般运行于大城市之间，停站少且旅行速度快，最高运行时速达到 160 km。

3. 特快货物班列使用最高允许时速达到 160 km 的机车和行邮车底，按特快旅客列车运行标尺运行。

4. 快速旅客列车一般运行于大中城市之间，停站较少且旅行速度较快，最高运行时速为 120 km～160 km。

5. 普通旅客列车一般运行于城乡之间，停站较多，方便各地群众乘降，最高运行时速不超过 120 km。

6. 军用列车为运送军事人员及军用物资的专用列车。

7. 货物列车运送铁路承运的各类货物。

8. 路用列车。

由于自然灾害、设备故障或铁路交通事故等原因，须开往现场救援、抢修、抢救的列车，包括救援列车和除雪机等，应优先办理，不受列车等级的限制。

由于特殊目的开行的列车（如专列或其他列车等），以及新增加列车的种类，因其性质及任务不同，缓急程度不同，应根据具体情况在指定开行时确定其等级。

特快货物班列按运输性质分类次于旅客列车，但因其使用最高允许时速 160 km 的机车和专用车底、按特快旅客列车运行标尺运行，因此其列车运行等级顺序仅低于动车组和特快旅客列车而高于其他列车。

第 234 条　在双线区间，列车应按左侧单方向运行。仅限于整理列车运行时，方可使列车反方向运行，但旅客列车仅在正方向区间的线路封锁施工、发生自然灾害或因事故中断行车等特殊情况下，经铁路局调度所值班主任准许，方可反方向运行。

我国铁路规定在双线区间按左侧单方向行车，这个运行方向称为正方向，相应的闭塞设备、列车信号机等行车设备也是按此设置的，在行车安全上有着可靠的保证；同时根据我国铁路成对行车的特点，列车在各自的线路上运行时，互不干扰，能够保证最大的通过能力，发挥最大的效益。

双线区间列车反方向运行时，需改变线路原正常运行方向，对运输安全、效率都有不利影响。所以规定只限于整理列车运行时才准采用。

为了保证旅客列车运行安全，对旅客列车反方向运行应严加限制，不允许将旅客列车反方向运行作为一般整理列车运行的措施。因此规定旅客列车仅在正方向区间的线路封锁施工、发生自然灾害或因事故中断行车等特殊情况下，经铁路局调度所值班主任准许，方可反方向运行。

车站技术管理

第 235 条 车站应设有配线，并办理列车接发、会让和客货运业务。

车站按技术作业分为编组站、区段站、中间站，按业务性质分为营业站、非营业站，营业站分为客运站、货运站、客货运站。

编组站、区段站和较大的中间站，可根据线路的配置状况及用途划分车场。

车站在铁路运输生产过程中起着重要作用，应根据需要设置相关技术设备，并配备有关工作人员。部分车站只办理列车通过、旅客乘降作业，可不设配线，包含在“车站应设有配线”中。

一、车站的分类

为便于掌握、管理和运用，根据每个车站在路网上所处的地位和所承担的任务，对所有车站可按技术作业、业务性质和等级进行分类。

1. 按技术作业分类：

(1)编组站：设置于大量车流集散，港、矿附近或若干铁路线路衔接的地点。其主要作业为解体和编组各种货物列车。因此，在设备上有较多的配线、若干车场和调车设备，以及机车整备、车辆检修等设备。

(2)区段站：设置于机车牵引区段两端，一般为机务段(折返点)所在站。主要办理无调车作业中转列车的技术作业，机车的更换或整备，乘务组的换班，区段列车和摘挂列车的编、解作业，以及直达、直通列车的补减轴作业，也担当部分列车的编、解作业。始发、终到旅客列车较多的客运站、客货运站，进行大量机车换挂等技术作业，也属于区段站。

(3)中间站：在每一区段内设有若干个中间站，其中包括单线区段的会让站和双线区段的越行站。主要办理列车的会让、越行、停站、通过、以及摘挂列车摘挂车辆等作业。个别的中间站也进行编组列车和机车整备作业，以及补机摘挂、列车技术检查等作业。

2. 按业务性质分类：

按车站是否办理客运、货运业务将车站分为营业站、非营业站。办理客运、货运业务的车站为营业站；既不办理客运业务也不办理货运任务的车站为非营业站。营业站根据办理的业务分为：

(1)客运站：设于具有特殊意义的城市(如首都、省会、旅游地等)和客流量较大的城市，专门办理客运业务。

(2)货运站：设于大城市，工业中心、港口、矿区或有大量货物装卸、中转作业的地点，专门办理货运业务。

(3)客货运站：既办理客运业务又办理货运业务。

3. 按车站等级分类：

车站分为特等站和一、二、三、四、五等站。

由于车站是依其主要特点和不同角度分类的，因而一个车站可能是技术作业上的区段站，又是业务性质上的客货运站。

二、车场分类

编组站、区段站和其他较大的车站线路较多，为便于管理和减少各种作业间的互相干扰，实行平行作业，提高车站能力，可根据线路的配置情况及用途按线群划分车场。车场一般分为下列几种：

1. 到达场：主要办理接入到达解体列车作业的车场；

2. 出发场：主要办理编组始发列车作业的车场；

3. 到发场：兼办列车到达与出发作业的车场(还可分为货物列车到发场与旅客列车到发场)；

4. 直通场：主要办理无调车作业的中转列车的车场；

5. 调车场:主要办理列车的解体与编组作业的车场;

6. 编发场:兼办列车编解与出发列车作业的车场。

第236条 车站技术管理和作业组织应在《站细》中规定。

《站细》由车站站长会同有关单位,根据本规程和有关规定,结合具体情况进行编制和修订。

《站细》的主要内容应有车站技术设备的使用、管理,接发列车、调车以及与行车有关的运输工作的组织,列车的技术作业程序和时间标准,作业计划的编制、执行制度,车站信息系统的管理制度,车站通过、改编能力,并应附注有坡度的车站线路平面图、进站信号机外制动距离内平纵断面图、联锁图表及电气化区段接触网高度和分相分段绝缘器位置等技术资料。

机务、车辆、工务、电务、供电、通信、信息、房建等单位须及时向车站(车务段)提供有关的技术资料。

车站(车务段)应及时将《站细》或有关内容摘录分发给有关处所和单位。凡在车站参加作业的站、段、所等有关人员,均须熟悉和执行《站细》的有关规定。

一、《站细》是车站贯彻执行《技规》和《行规》,进行技术管理、作业组织、保证安全生产的规章,对《站细》的编制和修改内容应严格要求。

二、由于车站是多部门、多工种联合作业的场所,而《站细》又是在站作业人员必须共同遵守的作业准则,所以《技规》要求由车站第一管理者——站长组织有关人员、会同有关单位,根据有关规定和实际编制和修改。

三、编制《站细》应根据《技规》《行规》《调规》、列车编组计划及运行图等规章制度和运输组织方案,结合本站具体情况进行,充分考虑车站的设备条件、车流性质、作业组织方法,以及人员素质等。编制时,有关单位要提供有关资料,以便使车站行车人员正确掌握和使用技术设备,根据线路坡度等采取相应的安全措施。

1. 工务:

(1)车站平面图、纵断面资料(含路产及代维修非路产岔线)。

车站平面图中应包括车站中心里程，各股道编号、线路有效长（车工电共同确认），线间距，道岔编号，路产与非路产岔线、段管线分界点、曲线半径等。

车站纵断面资料应包括站内正线、站线、岔线、段管线，标有起止点的实际逐段坡度，驼峰纵断坡度。

（2）股道表、道岔表（含路产及代维修非路产岔线）

（3）进站信号机外最大制动距离内实际逐段坡度和曲线数据。

（4）工务设备建筑限界，对侵限设备应注明具体侵限部位及侵限数据。

（5）站线（不含到发线）、岔线、段管线允许速度。

2. 电务：

（1）信号设备平面布置图（含信号机中心里程位置）、联锁图表及特殊联锁说明、控制台及其他控制设备盘面图、设备基本性能和使用方法。

（2）电务设备建筑限界，对侵限设备应注明具体侵限部位及侵限数据。

3. 供电：

（1）接触网高度、分相分段绝缘器位置、供电分段平面示意图、隔离开关位置及使用办法。

（2）照明灯桥、灯塔等设备的数量、位置、能力（量），供电来源与方式。

（3）供电设备建筑限界，对侵限设备应注明具体侵限部位及侵限数据。

（4）水塔、水栓等设备的数量、位置、能力，给水来源及方式。

4. 房建：

（1）候车室、仓库、行车房舍使用面积，站台、风雨棚、天桥的长度、宽度和高度。

（2）房建设备建筑限界，对侵限设备应注明具体侵限部位及侵限数据。

5. 机务：

站内机车整备设备规模、整备地点及整备能力。

6. 信息：

车站与行车有关的信息系统的设备、使用维护办法。

其他设备管理部门也应按规定提供相关资料。

车站新建、改建工程竣工前，施工单位须将竣工图技术资料提供给车站和设备接收管理单位，设备接收管理单位核对施工单位提供的竣工图资料正确后，及时修改技术资料并提供给车站。对侵入限界的设备暂不能整治时应提出行车限制条件。

相关单位应在提供的技术资料上加盖单位公章，与车站进行签字交接。

四、《站细》的主要内容：

1. 车站的位置、性质、等级和任务；

2. 车场用途及调车区划分，线路、道岔、调车设备，信号、联锁、闭塞设备，信息、通信、照明、供电、给水设备，客、货运设备的设置数量、使用条件和管理负责制；

3. 接发列车与调车工作组织；

4. 列车技术作业程序和时间标准；

5. 作业计划的编制下达、执行、分析考核，现在车掌握、预确报、货运单据传递办法，道岔、道口、平过道管理及交接班等日常作业计划及生产管理制度；

6. 联劳工作组织，车站与路外单位协作办法；

7. 客货运、军运等与行车有关的运输组织工作；

8. 车站通过能力和改编能力。

根据车站设备、作业等情况，可对以上内容进行增减。

五、《站细》应按规定逐级上报审核、批准。当车站技术设备、作业组织方法、列车编组计划和列车运行图变动时，应根据实际需要及时修订，并按规定程序报批。

六、为便于学习、掌握和执行《站细》，车站应将《站细》或其有关内容摘录，分发有关处所和单位。各级专业管理人员应经常检查执行情况。做到凡参与车站作业的运、机、工、电、辆、供电、给水等有关行车人员都能认真执行《站细》的各项规定，安全、准确、迅速、协调地进行生产活动，更好地为运输服务。

第237条 站内线路的道岔及车站与其他单位所管线路相衔接的道岔（包括防护道岔），由车站负责管理。

人工扳动的道岔或道岔组，应由值班扳道员一人负责管理。个别道岔无专人负责的，由指定的人员兼管。根据需要，可将数个道岔组组成道岔区，设扳道长领导道岔区的工作。

车站集中操纵的道岔，应由车站值班员负责，未设车站值班员的由信号长（员）负责。驼峰集中操纵的道岔，应由驼峰值班员负责。

道岔组、道岔区的范围划分，人工扳动道岔的清扫分工，道岔加锁的钥匙、电动转辙机手摇把管理办法，均应在《站细》内规定。电动转辙机手摇把，要实行统一编号、集中管理，建立登记签认制度。集中操纵道岔的清扫分工由铁路局规定。

一、道岔是车站主要行车设备之一。道岔的扳动是否正确，直接关系到行车安全，必须明确道岔的使用管理责任。所以规定站内的道岔均由车站负责管理和使用，车站与其他单位管理的线路相衔接的道岔（包括衔接处起隔开作用的防护道岔）（如图 237-1 所示）也应由车站管理。其他部门不得擅自更改道岔编号，设备管理部门未经车站同意不得扳动道岔。

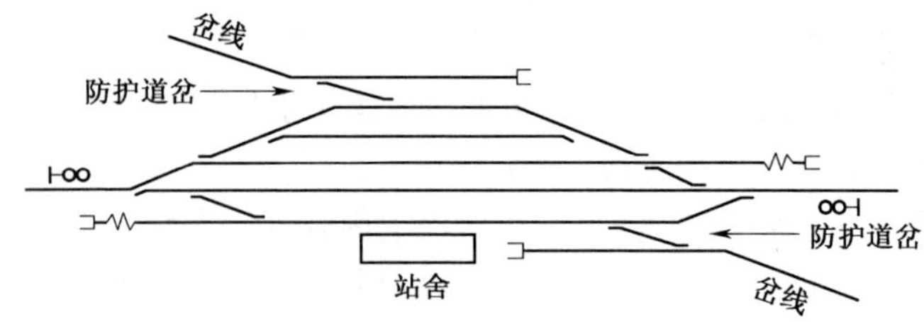

图 237-1　站线衔接道岔示意图

二、道岔管理分工：

1. 道岔组由扳道员负责。道岔组是由站场同一端的邻近几个道岔所组成。每组的道岔数目，应根据道岔间的距离，作业的繁忙程度，以及地形条件等来决定。每一道岔组只能由值班扳道员一人负责。未设扳道员的车站及个别道岔距离扳道员作业区较远，也可由车站指定的人员负责。

2. 道岔区由扳道长负责。在站场同一端有数个道岔组时，为保证各有关道岔组作业上的协调一致，应将数个道岔组组成道岔区，由扳道长统一领导道岔区的工作。

3. 车站集中操纵的道岔由车站值班员负责。集中联锁设备的车站(车场),信号楼(行车室)所管的信号和道岔,应由车站值班员负责指挥使用;较大车站,部分车场信号楼(行车室)未设车站值班员的,由信号长(员)负责管理使用,设有多名信号员未设信号长的,应明确每名信号员的职责。

4. 在设有驼峰信号设备的车站,驼峰集中操纵的道岔应由驼峰值班员负责。

三、《站细》应规定以下内容:

1. 将非集中联锁的道岔组、道岔区的范围根据实际划分,明确道岔的管理分工。

2. 在无联锁(包括联锁失效)线路上接发列车时,进路有些道岔需要加锁;接发特殊级别的专运、军运列车时,有时也需要将道岔加锁。这些道岔加锁直接关系着行车安全,应在《站细》中明确加锁钥匙的使用管理办法。

3. 当使用电动转辙机手摇把摇动道岔时,信号楼既不能集中操纵道岔,又不能用设备保证道岔与信号联锁,存在不安全因素。为了防止手摇把随意使用和保证使用时的行车安全,应制定电动转辙机手摇把管理办法。

第238条　道岔除使用、清扫、检查或修理时外,均须保持定位。

道岔的定位规定如下:

1. 单线车站正线进站道岔,为由车站两端向不同线路开通的位置;

2. 双线车站正线进站道岔,为各该正线开通的位置;

3. 区间内正线道岔及站内正线上其他道岔(引向安全线、避难线的除外),为正线开通的位置;

4. 引向安全线、避难线的道岔,为安全线、避难线开通的位置;

5. 到发线上的中岔,为到发线开通的位置;

6. 其他由车站负责管理的道岔,由车站规定。

车站道岔的定位,应在《站细》内记明。

集中操纵的道岔及不办理接发列车的非集中操纵的道岔可不保持定位(到发线上的中岔和引向安全线、避难线的道岔除外)。

段管线道岔的定位,由各段自行规定。

一、道岔应规定经常保持向某一线路开通的位置,这个位置称为定位;向另一线开通的位置称为反位。道岔定位是道岔管理的重要环节,是正确准备进路的辅助措施。所以使用完了后,应及时恢复定位,避免错扳或忘扳而造成事故,以保证行车安全。在双线车站,还可减少扳动道岔次数,提高准备进路效率。

二、根据现场实际工作中安全生产的经验,规定道岔定位的原则是:

1. 单线车站正线进站道岔定位为由车站两端向不同线路开通的位置,如图 238-1 所示。

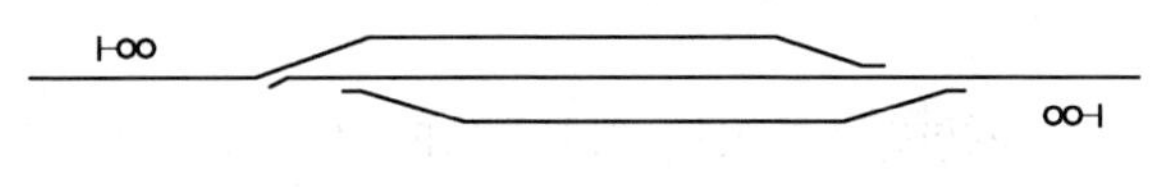

图 238-1　单线车站进站道岔定位示意图

为了防止非集中操纵的道岔因忘扳而使两对向列车进入同一线路;在办理相对方向同时接车时,任何一端的列车一旦操纵不当冒进进站信号机,亦可防止进入同一线路。

2. 双线车站正线进站道岔,为各该正线开通的位置。因双线车站大部分列车都在正线上到发或通过,定位于正线可以减少道岔扳动次数,如图 238-2 所示。

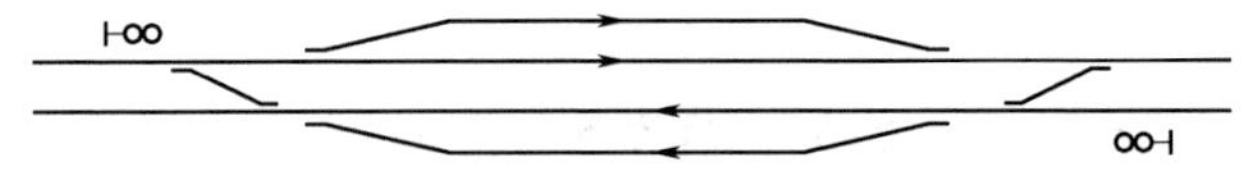

图 238-2　双线车站进站道岔定位示意图

3. 区间内及站内的正线为列车运行的主要线路,由于进入区间内岔线的列车或机车车辆为数很少,在车站通过列车原则上应在正线办理。所以规定区间内及站内正线上的其他道岔(通向安全线、避难线的道岔除外),为正线开通的位置,如图 238-3 所示。

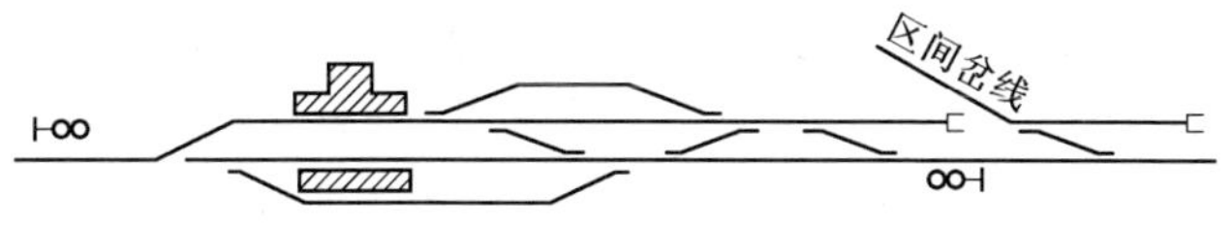

图 238-3　站内、区间内其他道岔定位示意图

4. 安全线是为防止列车或机车车辆从一进路进入另一列车或机车车辆占用的进路而发生冲突的一种安全隔开设备。避难线是为了防止长大下坡道上失去控制的列车发生冲突或颠覆而设置的。所以规定引向安全线和避难线的道岔，为开通安全线、避难线的位置，如图 238-4 和图 238-5 所示。

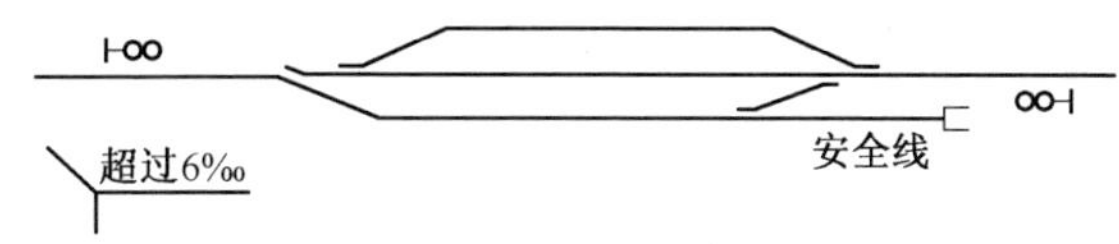

图 238-4　安全线道岔定位示意图

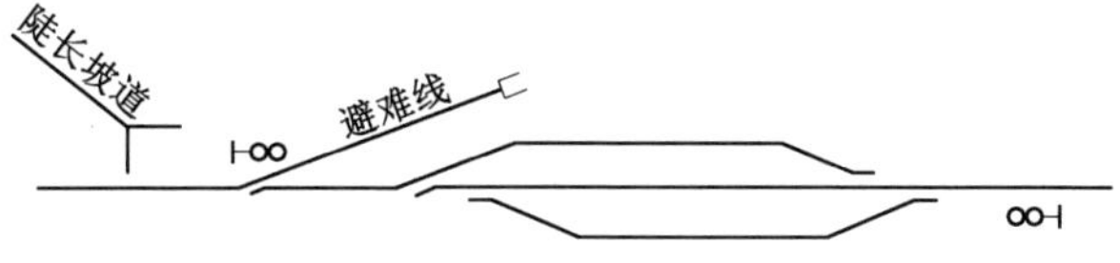

图 238-5　避难线道岔定位示意图

5. 到发线主要用于接发列车，为减少扳动和确保接发列车安全，规定到发线上的中岔为到发线开通的位置。到发线上的中岔指的是在一条到发线有效长范围内设置的通往其他线路的道岔；两条纵向衔接在一起的到发线的中间道岔不属于中岔。

6. 除以上五项外，其他由车站负责管理的道岔定位，由车站根据具体情况规定。规定时，要考虑行车安全和工作方便等因素，并符合科学管理的要求。

三、道岔定位，是车站技术管理工作的重要内容之一，所以应在《站细》内记明，便于有关人员了解掌握。

四、集中操纵的道岔，在准备进路时，只需按压进路按钮，有关道岔当时无论在什么位置，都能自动转换到该进路开通的位置，并被防护该道岔的信号锁闭，因此，可不保持定位。不办理接发列车的非集中操纵的道岔，主要用于调车作业，可不保持定位，以减轻作业人员的劳动强度和减少在站场内的走行。但对引向安全线、避难线的道岔、到发线上的中岔应在使用完毕后恢复定位。

集中操纵的道岔，虽规定可不保持定位，但应在《站细》内记明具体道岔定位的位置，以便停电或联锁失效时使用。

五、段管线的道岔定位，由各段根据具体情况，按照既有利于安全、又便于使用和管理的原则自行规定。

第 239 条　车站道岔及股道编号。

道岔编号，从列车到达方向起顺序编号，上行为双号，下行为单号；尽头线上，向线路终点方向顺序编号。车站划分车场时，每个车场的道岔单独编号。一个车站的道岔不得有相同的编号。

股道编号，单线区段内的车站，从靠近站舍的线路起，向远离站舍方向顺序编号；双线区段内的车站，从正线起顺序编号，上行一侧为双号，下行一侧为单号；尽头式车站，向终点方向由左侧开始顺序编号，如站舍位于线路一侧时，从靠近站舍的线路起，向远离站舍方向顺序编号。一个车站（分场时为一个车场）的股道不准有相同的编号。

道岔和股道编号，应以竣工图纸为准，按以下原则进行编号。

一、道岔编号：

1. 道岔编号按上、下行咽喉统一顺序编号。由上行列车到达方向起，顺序编为双号；由下行列车到达方向起，顺序编为单号，如图 239-1 所示。

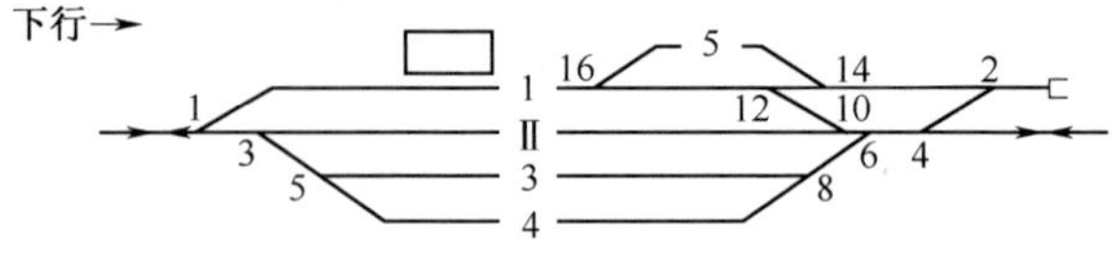

图 239-1　道岔编号示意图

上下行方向的划分：车站值班员室（信号楼）位于站中心附近时，以车站值班员室（信号楼）中心线为界；车站值班员室（信号楼）距站中心较远时，以车站（车场）中心线为界。

2. 尽头站向线路终点方向顺序编号，上行列车到达方向编为双号（如图 239-2 所示），下行列车到达方向编为单号。

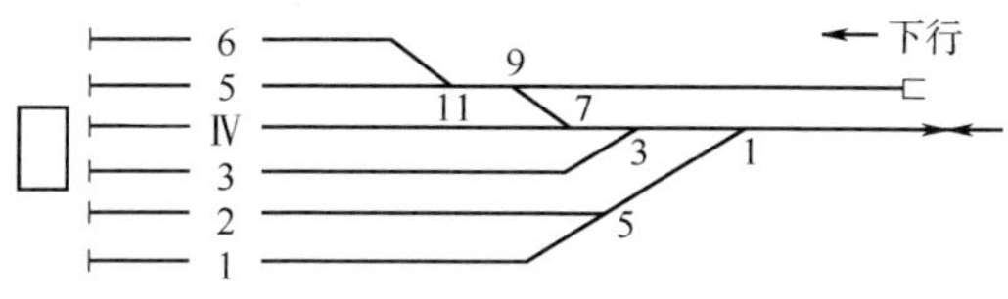

图 239-2 尽头式车站道岔编号示意图

3. 每一道岔应有单独的号码。渡线道岔（如图 239-1 中 2、4 号，10、12 号道岔），以及同一连接线上的数个道岔（如图 239-1 中 3、5 号，6、8 号道岔）均应连续编号。交分道岔每组应根据电动转辙机的安装，将两组尖轨和两组可动心轨分别编四个号码，编号顺序根据动作关系按渡线道岔的办法连续编号，如图 239-3 所示。

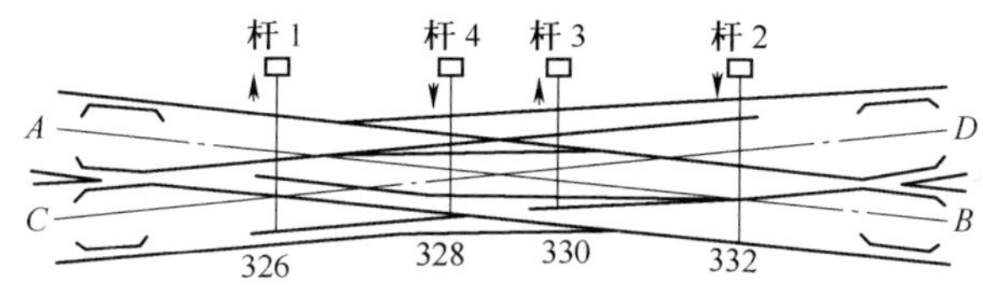

图 239-3 交分道岔编号示意图

4. 一个车站有几个车场时，每一个车场的道岔必须单独编号。为区别车场，道岔号码使用三位及以上数字。第一位数表示车场号码，后面的数字表示道岔编号。遇两个车场共用一个咽喉区时，可根据作业情况划分。

5. 联锁区内的道岔号码应连续编排，在联锁道岔编完后，适当的预留一些号码，再编非联锁道岔。

二、股道编号：

1. 单线铁路的车站，从靠近站舍（信号楼）的线路起，向远离站舍（信号楼）方向顺序编号（包括正线在内）；位于站舍（信号楼）左右或后方的股道，在站舍前的股道编完后，再由正线一侧向外顺序编号。编号时为区别正线和站线，在示意图上正线用罗马数字填记，站线用阿拉伯数字填记，如图 239-1 所示。

2. 双线铁路的车站，从正线起按列车运行方向分别向外顺序编号，上行为双数，下行为单数，如图 239-4 所示。

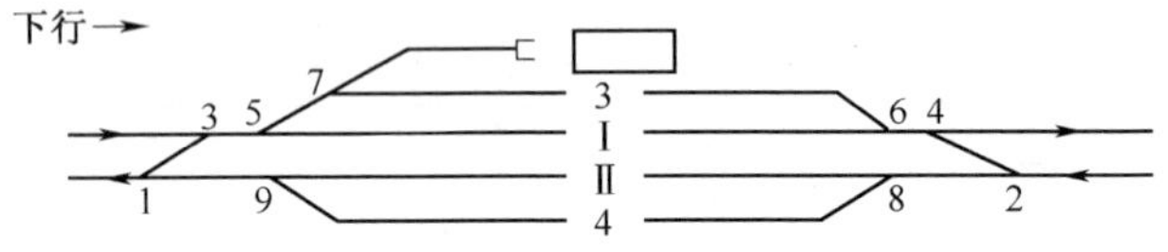

图 239-4　双线区段车站线路编号示意图

3. 尽头式车站，站舍（信号楼）位于线路终点处时，股道号码应向终点方向由左侧开始顺序编号（如图 239-2 所示）；站舍（信号楼）位于线路一侧时，从靠近站舍的线路起，向远离站舍方向顺序编号，如图 239-5 所示。

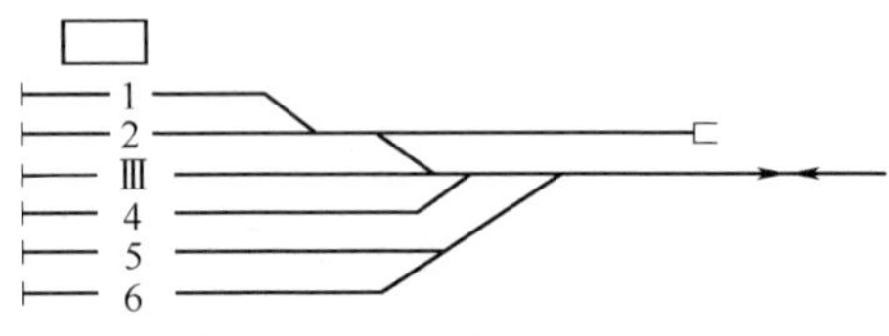

图 239-5　尽头式车站线路编号示意图

4. 有数个车场的车站，应按车场从靠近站舍（信号楼）的线路起，向远离站舍（信号楼）方向顺序编号。

三、设计部门必须做到站场和信号设计编号一致。现有的车站，车务、工务、电务编号不一致时，应根据以上原则，由铁路局组织相关部门研究确定。

对行车有关人员的要求

第 240 条　行车有关人员，在任职、提职、改职前，必须按照铁路职业技能培训规范要求，进行拟任岗位资格性培训，并经职业技能鉴定和考试考核，取得相应职业资格证书和岗位培训合格证书后，方可任职。

在任职期间，须按照铁路职业技能培训规范等规定，定期参加岗位适应性培训和业务考试，考试不合格的，不得继续履职。

依据《铁路职工教育培训规定》，明确了岗位资格性培训的办法，并要求在任职、提职、改职前及任职期间，应按照铁路职业技能培训规范要求进行有关培训和考试。

第241条 行车有关人员，在任职前必须经过健康检查，身体条件不符合拟任岗位职务要求的，不得上岗作业。

在任职期间，要定期进行身体检查，身体条件不符合任职岗位要求的，应调整工作岗位。

本条规定了铁路行车有关人员在任职前和任职期间健康检查的要求。

《中华人民共和国劳动法》(以下简称《劳动法》)规定：用人单位必须建立健全劳动安全卫生制度，严格执行国家劳动安全卫生规程和标准，对劳动者进行劳动安全卫生教育，防止劳动过程中的事故，减少职业危害；用人单位必须为劳动者提供符合国家规定的劳动安全卫生条件和必要的劳动防护用品，对从事有职业危害作业的劳动者应当定期进行健康检查；从事特种作业的劳动者必须经过专门培训并取得特种作业资格。为了贯彻《劳动法》，铁路对机车乘务员等有关行车人员的管理十分重视，先后公布了《铁路行车主要人员体格检查规定》《职工健康监护技术规范》《铁路机车司机职业健康检查规范》和《中国铁路总公司职工体检和健康管理办法》。

第242条 对行车有关人员，应进行日常安全生产知识和劳动纪律的教育、考核，并有计划地组织好在职人员的日常政治和技术业务学习。

本条根据《中华人民共和国安全生产法》《铁路安全管理条例》，规定了对行车有关人员的安全生产与劳动纪律教育的要求。

***第 243 条** 驾驶机车、动车组、自轮运转特种设备（铁路救援起重机除外）的人员，必须持有国家铁路局颁发的驾驶证。变更驾驶机（车）型前，必须经过相应的技术培训并考试合格。

实习和学习驾驶机车、动车组、自轮运转特种设备和操纵信号或重要机械、设备及办理行车作业的人员，必须在正式值乘、值班人员的亲自指导和负责下，方准操作。

本条根据《铁路安全管理条例》《铁路机车车辆驾驶员资格许可办法》规定了驾驶机车、动车组、自轮运转特种设备人员的持证上岗、变更机（车）型的培训及实习或学习驾驶的具体要求。铁路救援起重机虽然也属于自轮运转特种设备，但其一般不单独在铁路线路上运行，驾驶员的操作主要是救援、起重方面的要求，经过培训、考试，并依法取得特种设备作业操作证后，方准操作铁路救援起重机。

第 244 条 行车有关人员在执行职务时，必须坚守岗位，穿着规定的服装，佩戴易于识别的证章或携带相应证件，讲普通话。

本条规定了行车有关人员在执行职务时着装及语言要求，确保运输生产安全、高效，提高服务质量。

规定着装要求，既是《劳动法》的要求也是职业的需要。《劳动法》第五十四条规定，用人单位必须为劳动者提供必要劳动防护用品。劳动防护用品，是为免遭或减轻事故伤害和职业危害的个人随身穿（配）戴的用品，是保护劳动者安全健康的一项预防性辅助措施，是安全生产、防止职业性伤害的需要，对于减少职业危害起着相当重要的作用。

中国是一个多民族、多地方语言的国家，各地方言差别较大。随着铁路多次提速、机车交路延长、铁路管理机构合并，行车人员在执行职务时，方言容易造成信息沟通不畅，甚至造成信息传达错误。因此要求“行车有关人员在执行职务时，讲普通话。”

第 245 条 行车有关人员，接班前须充分休息，严禁饮酒，如有违反，立即停止其所承担的任务。

行车工作，事关人民生命财产安全，为保证行车人员精力充沛，能够正确操纵设备，落实有关规章制度，本条规定了行车有关人员作业前休息与禁止饮酒的要求。

第 246 条 行车公寓是专为乘务人员服务的生产设施，应实行标准化管理。应有良好的通信、网络（铁路办公网）、叫班管理设备和乘务管理设备，有生活、服务、学习、文娱、健身等设施和接送乘务人员的交通工具。应保证乘务人员随到随宿，不间断地供给热食及开水。室内应有卫浴设施，经常保持适当的温度，整洁和安静的休息条件；室外应绿化、美化。

铁路各级领导应关心公寓工作，铁路局长每半年至少检查一次公寓工作。

本条规定要求行车公寓应配备必要的服务设施、提供良好的服务，并随着技术发展提高服务质量水平。同时还要求铁路各级领导关心、检查公寓工作，保证乘务人员充分休息，有充足的精力值乘，确保铁路运输安全。

铁路行车公寓是专为执行铁路运输任务的乘务人员提供食宿等服务的生产性设施，是铁路运输生产的重要组成部分，应按照《铁路行车公寓管理办法》规范管理。

第十一章　编 组 列 车

一般要求

第 247 条　列车应按本规程、列车编组计划和列车运行图规定的编挂条件、车组、重量或长度编组。

列车重量应根据机车牵引力、区段内线路状况及其设备条件确定。编组超重列车时，编组站、区段站应商得机务段调度员同意，在中间站应得到司机的同意，并均须经列车调度员准许。

列车长度应根据运行区段内各站到发线的有效长，并须预留 30 m 的附加制动距离确定。超长列车运行办法，由铁路局规定。

动车组以外的旅客列车按列车编组表编组，机车后第一位编挂一辆未搭乘旅客的车辆作为隔离车。行李车、邮政车、发电车等非乘坐旅客的车辆应分别挂于机车后第一位和列车尾部，起隔离作用；在装设集中联锁的区段，并设有列车运行监控装置时，旅客列车可不挂隔离车。如隔离车在途中发生故障摘下时，可无隔离车继续运行。局管内旅客列车经铁路局长批准，可不隔离。

军用列车的编组，按有关规定办理。

编组列车就是按列车种类、用途和运输性质，根据《技规》、列车编组计划和列车运行图规定的编挂条件、车组、重量或长度编组，将车辆或车组选编成车列。

按《技规》规定编组列车，是指车辆编入列车的技术条件、隔离限制、自动制动机数量、编挂要求、列车尾部挂车条件、编入列车的机车编挂位置、装载危险及易燃货物车辆编入列车的隔离限制等，必须符合本规程第十一章有关"编组列车"的规定。同时，对于编挂装载超限货物车辆和特种车辆，还要执行《铁路超限超重货物运输规则》等规章的规定及有关临时指示。

按列车编组计划和列车运行图规定编组列车，主要是指列车种类、去向、编组内容、车组和车辆的编挂位置必须符合列车编组计划的规定。列车牵引重量、长度必须符合列车运行图的规定。凡跨及两个及以上区段的直通或直达列车，各区段规定的牵引重量、长度不同时，还应符合列车编组计划规定的基本组的重量和长度。

列车重量标准是根据机车牵引力、区段内限制坡度等因素，通过计算、试运行和各种类型机车牵引重量的平衡，最后取整而定的。列车长度是根据运行区段内各站到发线的有效长，并预留 30 m 的附加制动距离来确定的。编组列车时，其重量或长度应满足列车运行图规定的各区段牵引定数或换长。

超重列车是指实际牵引重量超过运行图规定的该区段货物列车牵引质量标准（考虑规定的波动尾数）的货物列车。积极提高列车重量，能节省机车运用台数，提高区段通过能力，降低运输成本。但如随意开行超重列车，由于受机车性能、司机操纵技术水平等的限制，可能造成运缓、区间停车或会让不当打乱运行秩序。为此，编组超重列车时，在编组站、区段站应商得机务段调度员的同意；在中间站应得到司机的同意。并均须经列车调度员准许，以便指挥行车时心中有数，保证列车运行有序。

超长列车是指实际牵引长度超过运行图规定的该区段货物列车计算长度的货物列车。在具体车站行车作业中，列车的长度超过车站到发线的有效长，不能在车站正常进行会让等作业时，须按超长列车办理。

各铁路局制定超长列车运行办法时，要考虑区段内的具体条件，如各站到发线的有效长及数目、接近车站的线路纵断面等情况。在调车线长度不足时，还应确定分部编组与技术检查如何配合及到达甩车的办法等。开行超长列车时，列车调度员必须事先有计划地向各有关站、段布置，特别要注意列车会让计划。单线区段应避免对开超长列车，避免给中间站会车带来困难。超长列车内不宜挂超限及其他限速车辆。各站应根据铁路局制定的超长列车运行办法，按本站和机务、列检等具体条件，制定出相应的接发超长列车办法，并纳入《站细》。

动车组以外的旅客列车应严格按规定的编组表编组，编挂隔离车。在装设集中联锁的区段，并设有列车运行监控装置时，有确保列车运行安全的运行控制设备，在此条件下运行的旅客列车可不挂隔离车。

军用列车的编组，涉及军事人员或物资的运输，按军运有关规定办理。

第 248 条 动车组为固定编组。单组动车组运用状态下不得解编，两组短编组同型动车组可重联运行。救援等特殊情况下，两组不同型号的动车组可重联运行。

动车组禁止加挂各型机车车辆(无动力调车时的调车机、救援机车、无动力回送时的本务机车及回送过渡车除外)；动车组禁止编入其他列车。

超过检修期限的动车组禁止上线运行(经车辆部门鉴定的回送动车组除外)。

动车组为动车和拖车组成的动力分散式的固定编组，不能任意分解和与其他机车车辆混编运行，两组短编组同型动车组可重联运行，遇救援等特殊情况时，两组不同型号的动车组可重联运行。遇有特殊情况须采用机车牵引方式挂运时，应使用过渡车钩整列挂运。

动车组实行以走行公里周期为主、时间周期为辅的计划性预防修，超过了检修期限的，由于超期运行，其各部技术状态将会发生变化，可能产生不易发现的隐患，直接威胁行车和人身安全，因此禁止上线运行，但为使动车组尽早入厂、段施修，经车辆部门鉴定走行部等良好后，可上线回送。

第 249 条 下列机车车辆禁止编入列车：

1. 插有扣修、倒装色票的及车体倾斜超过规定限度的；

2. 曾经发生冲突、脱轨、火灾、爆炸或曾编入发生特别重大、重大、较大事故列车内以及在自然灾害中损坏，未经检查确认可以运行的；

3. 装载货物超出机车车辆限界，无挂运命令的；

4. 装载跨装货物(跨及两平车的汽车除外)的平车，无跨装特殊装置的；

5. 平车及敞车装载货物违反装载和加固技术条件的；

6. 未关闭侧开门、底开门以及平车未关闭端、侧板的(有特殊规定者除外)；

7. 由于装载的货物需停止自动制动机的作用，而未停止的；

8. 企业自备机车、车辆、自轮运转特种设备和城市轨道车辆、进出口机车车辆过轨时，未经铁路机车车辆人员检查确认的；

9. 缺少车门的(检修回送车除外)；

10. 超过定期检修期限的客车车辆(经车辆部门鉴定的回送客车除外)禁止编入旅客列车。

为了保证行车安全，在编组列车时，对其所挂的车辆，在技术条件上必须满足安全运行的要求。凡属本条所列之一的车辆，禁止编入列车：

1. 插有扣修、倒装色票的车辆。此种车辆多系故障车辆，经检车人员确定，车辆技术状态不良、定检到期或过期需要扣修或重车因技术状态不良需倒装后进行摘车修理。这些车辆不准使用，列检人员应按照规定正确插、撤色票，并及时向车站发出“车辆检修通知书”，车站应送往车辆部门指定地点修理。

车体倾斜超过规定限度的车辆。车体倾斜指车辆一侧或一端倾斜，一般是由于车体结构松弛，弹簧衰弱或装载偏重、集重、超重等所造成。车体倾斜可能使弹簧折断或车辆热轴，在运行中车体左右摇摆，甚至可能发生脱轨，同时车体倾斜超过限度(客车超过 50 mm，货车超过 75 mm)时，也可能侵入限界，与信号设备、建筑物或邻线机车车辆刮碰。

2. 曾经发生冲突、脱轨、火灾、爆炸或曾编入发生特别重大、重大、较大事故列车内以及在水灾等自然灾害中损坏，未经检查确认可以运行的车辆。这些车辆经过激烈冲撞，其主要零部件，如转向架、轮对、轴箱、车钩及车底架等，可能存在隐患，威胁行车安全，所以未经过列检检查时，禁止编入列车。

3. 装载货物超出机车、车辆限界，无挂运命令的车辆。装载超限货物的车辆，在运行上须有特殊的要求，如限制运行速度，禁止通过的线路、桥梁和隧道等，列车调度员均应根据批准装运电报发布挂运命令，否则禁止编入列车。

4. 装载跨装货物(跨及两平车的汽车除外)且无跨装特殊装置的平车。跨装，系指一件货物的长度或重量不能容纳于一辆车上，须用两辆平车共同负担载重。为使跨装货物的车辆能灵活地通过曲线，必须在车辆与货物之间使用特殊装置一货物转向架。同时，为了防止因车钩弹簧压缩、伸张而造成货物的窜动，在货物跨装的车辆与车辆之间，还必须使用车钩缓冲停止器（特殊情况除外）。如无跨装特殊装置，通过小半径曲线或坡道地段则可能产生移动，甚至发生脱轨或颠覆。跨及两车装载的汽车或爬装的汽车，由于有车轮的小距离转动，可以缓解和适应车钩的伸缩，因此，不用使用跨装特殊装置。

5. 装载货物违反装载和加固技术条件的平车、敞车。平车、敞车装载的货物，违反《铁路货物运输规程》等规定的装载加固技术条件时，可能会造成货物窜动或发生货物坠落，危及行车安全。

6. 未关闭侧开门、底开门的车辆；未关闭端、侧板的平车（有特殊规定者除外）。未关闭端、侧板或侧开门的车辆，在运行中侧板或侧开门可能掀动或摇晃，甚至超出机车车辆限界，威胁线路附近设备和人员的安全。一旦端、侧板或侧门脱落，还可能导致列车脱轨，甚至颠覆。底开门不关闭，容易刮坏线路、道岔，甚至脱落。

7. 由于装载的货物需停止自动制动机的作用，而未停止的车辆。根据装载货物性质（如易燃、易爆等）要求关闭自动制动机，是考虑在列车制动时防止闸瓦与车轮踏面摩擦发热，产生高温或发出火星，特别在长大下坡道上，制动时间过长，闸瓦处于高热状态，如不停止自动制动机，对装有爆炸品或怕受高温货物的车辆，有可能引燃或引爆，所以必须停止自动制动机作用。关闭自动制动机是指关闭制动支管的截断塞门，并将副风缸的压缩空气排出。

8. 为保证铁路行车安全，企业自备的机车、车辆和自轮运转特种设备、城市轨道车辆、进出口机车车辆在进入铁路营业线过轨前，须经铁路机车车辆部门检查鉴定，确定其各部分的技术状态符合铁路规章及有关规定的要求。

9. 缺少车门的车辆（检修回送车除外），装货后，容易造成货物窜出或坠落、丢失，不能保证货物的完整和行车安全。

10. 超过定期检修期限的客车车辆（经车辆部门鉴定的回送客车除外）禁止编入旅客列车。超过了定期检修期限的车辆，由于超期运行，其各部技术状态可能发生变化。如结构松弛，零部件磨耗、裂纹变形，材质疲劳、老化和制动作用不良等，可能产生不易发现的隐患，直接威胁行车和人身安全。因此不准编入旅客列车,但为使客车尽早入厂、段施修或随原车底入段(所),经车辆部门鉴定走行部良好后,在不影响旅客列车的运行和安全的条件下,可编入旅客列车。

列车中车辆的编挂

第250条 装载危险、易燃等货物的车辆编入列车的隔离限制,按《铁路车辆编组隔离表》(附件10)执行。编挂超限货物车辆或特种车辆时,按国家及铁路总公司规定或临时指示办理。

危险货物是指具有爆炸、易燃、毒害、感染、腐蚀、放射性等特性,在运输、装卸和储存保管过程中,容易造成人身伤亡、财产损毁和环境污染而需要特别防护的货物。易燃货物是指遇明火或高温容易引起燃烧和造成火灾的货物。

由于危险和易燃货物遇高热、摩擦、冲击或与其他物质接触而有剧烈反应,容易引起燃烧、爆炸,侵入人体造成中毒或伤亡等危害。根据这一特性,装有上述货物的车辆编入列车时,要施行必要的隔离,一是使易燃、易爆物品与火源隔离,二是万一发生意外时,能尽量减少或避免扩大损失。

小运转列车的机车及调车机车运行距离较短,所以在保证安全的前提下,小运转及调车作业时隔离规定,由铁路局自行制定。

由于正常的行车组织方法和货物装载都是按照机车车辆限界确定的。如超出这个限界的范围,运行上应有一定的限制,方能保证安全。所以在列车中编挂装载超限货物的车辆时,应按国家及铁路总公司的有关规定执行。

因特种车辆种类很多,又不是经常挂运,而挂运时每种车辆的任务不同,所以编挂的要求也不同,事先不宜做出统一的规定。因此,遇有挂运时,根据情况,按国家及铁路总公司临时指示办理。

第251条 旅客列车、回送客车底不准编挂货车,编入的客车车辆最高运行速度等级必须符合该列车规定的速度要求。

旅客列车中,与机车相连接的客车端门及编挂在列车尾部的客车后端门须加锁。动车组列车驾驶室与旅客乘坐席间的门须锁闭。

旅客列车、回送客车底运行速度高，安全条件要求比较严，牵引重量比较小，且货车每辆闸瓦压力比客车小，会使全列车制动力减弱，降低规定的运行速度，在列车制动时还会引起冲动。同时，部分动车组以外的旅客列车还要在高速铁路运行，安全要求高，所以规定所有旅客列车均不准编挂货车。

为保证旅客安全，旅客列车中乘坐旅客的车辆，与机车相连接的客车端门及编挂在列车尾部的客车后端门必须加锁。为避免动车组列车司机的工作受干扰，动车组列车驾驶室与旅客乘坐席间的门须锁闭。

***第 252 条**　客车编入货物列车回送时，客车编挂辆数不得超过 20 辆，应挂于列车中部或后部。

装有密接式车钩的客车原则上应附挂旅客列车回送。需附挂货物列车回送时，不得超过 10 辆，其后编挂的其他车辆不得超过 1 辆。

客车与平车、平集共用车以外的货车连挂时，不得与货车有人力制动机端连挂；客车与平车、平集共用车人力制动机端连挂时，平车、平集共用车的人力制动机不得使用，处于非工作状态。

机械冷藏车组应尽量挂于货物列车中部或后部。

军用及其他对编挂位置有特殊要求的客车按有关规定办理。

因客车与货车车辆构造、车钩强度不同，对客车编入货物列车回送时的辆数予以限制，并限挂于列车中部或后部。

由于密接式车钩的客车构造等原因，在回送时原则上应附挂旅客列车回送。确需附挂货物列车回送时，其后编挂的其他车辆不得超过 1 辆。允许密接式车钩的客车后编挂 1 辆其他车辆，主要考虑便于尾部加挂货车列尾装置等因素。

客车与货车有人力制动机的一端连挂时，可能损坏客车风挡或货车闸台（平车、平集共用车的人力制动机处于非工作状态时除外）。因此规定客车与平车、平集共用车以外的货车连挂时，不得与货车有人力制动机端连挂；客车与平车、平集共用车人力制动机端连挂时，平车、平集共用车的人力制动机不得使用，处于非工作状态（折叠式人力制动机须处于折叠状态）。

机械冷藏车组有各种机械设备和管道，发生冲动时易损坏，应尽量挂于货物列车中部或后部。

军用及其他对编挂位置有特殊要求的客车，应根据特殊编挂要求，按有关规定办理。

列尾装置的摘挂及运用

＊**第 253 条** 动车组以外的旅客列车应安装列尾装置。特殊情况下，无法安装或使用列尾装置时，应制定具体办法。

半自动闭塞区段货物列车尾部须挂列尾装置，其他区段货物列车尾部宜挂列尾装置。货物列车尾部未挂列尾装置时应以吊起尾部车辆软管代替尾部标志。尾部车辆软管的吊起，有列检作业的列车由列检人员负责，无列检作业的列车由车务人员负责。

1. 旅客列车列尾装置是保证列车运行安全的重要装备，因此规定动车组以外的旅客列车均应安装列尾装置，旅客列车安装列尾装置后，原运转车长需保留的部分职能分别由司机、车辆乘务员、车站人员担当。对于特殊情况无法安装或使用列尾装置时，应另行制定具体办法。

2. 半自动闭塞区间没有列车占用检查设备，因此规定半自动闭塞区段货物列车须挂列尾装置；其他区段应根据线路实际情况确定货物列车是否挂列尾装置。对按规定应挂货列尾的列车，遇特殊情况无法加挂货列尾时，比照货列尾故障（丢失）办理。自动闭塞、自动站间闭塞区段不挂列尾装置时，如其中有个别区间为半自动闭塞时，为统一行车组织方式，货物列车在该区间可不挂列尾装置，但应有其他确认列车完整到达车站的手段。货物列车尾部未挂列尾装置时，为便于作业人员确认列车完整，规定以吊起尾部车辆软管代替尾部标志。对有列检作业的列车，因列检需进行列车自动制动机的试验等作业，为提高作业效率，规定尾部车辆软管的吊起，有列检作业的列车，由列检人员负责；对无列检作业的列车，则由车务人员负责。

第 254 条 旅客列车列尾装置尾部主机的安装与摘解、风管及电源的连结与摘解，由车辆部门负责。

货物列车列尾装置尾部主机的安装与摘解，由车务人员负责。软管连结，有列检作业的列车，由列检人员负责；无列检作业的列车，由车务人员负责。特殊情况，由铁路局规定。

1. 旅客列车列尾装置尾部主机装备在客车车厢内，由车辆部门统一管理，规定其尾部主机的安装与摘解、风管及电源的连结与摘解，由车辆部门负责。

2. 为统一货物列车列尾装置的使用和管理，规定货物列车列尾装置尾部主机的安装与摘解，由车务人员负责。列尾装置尾部主机安装好后，对有列检作业的列车，因列检需进行列车自动制动机的试验等作业，尾部软管不能立即与列尾装置尾部主机连结，为提高作业效率，减少列尾装置作业人员的等待时间，规定尾部主机软管的连结，有列检作业的列车，由列检人员负责。对无列检作业的列车，尾部主机软管的连结，则由车务人员负责。有特殊情况时，货物列车列尾装置尾部主机安装、摘解等作业由铁路局规定。

第 255 条 列尾装置在使用前，必须按规定进行检测，合格后方可投入运用。

列尾装置是保障列车安全运行的重要设备，应保证其在运用中保持良好的技术状态。为此，在使用前，列尾设备的管理维护部门必须按规定进行检测，合格后方可投入运用。严禁检测不合格的列尾设备投入运用。

列车中机车的编挂

第 256 条 工作机车应挂于列车头部，正向运行（牵引小运转、路用、救援列车的机车除外)；无转向设备的，可逆向运行。

双机或多机牵引时，本务机车的职务由第一位机车担当。

补机原则上应挂于本务机车的前位或次位，在特殊区段或需途中返回时，经铁路局批准，可挂于列车后部，如后部补机不接软管时，由铁路局规定保证安全办法。

工作机车应挂于列车头部，正向运行。因为机车在设计和制造时，其技术性能和作业条件主要是按正向运行考虑的。这便于乘务员瞭望，又能充分发挥机车的最大牵引效能。但无转向设备或担当小运转、救援及路用列车的机车，因客观条件限制及工作性质的需要，允许逆向运行。

双机或多机牵引时，为了保证运行安全，由第一位机车担当本务，负责操纵列车；第二位及以后的机车应根据本务机车的要求进行操纵。

补机原则上挂于本务机车的前位或次位，主要是便于彼此联系、配合，防止发生挤坏车辆或断钩事故。如补机挂于列车头部，所属补机也应该执行本务机车的职务。这样有利于司机瞭望和操纵列车，对列车平稳运行，防止事故均有好处。在特殊区段或补机需途中返回时，经铁路局批准，可将补机挂于列车后部，但应接通软管，加强相互间的联系与配合，做到同步操作以及列车平稳运行，保证列车安全。对需要途中返回的补机(包括越过一个区间)，可不连结软管，以避免区间停车摘管造成列车起动困难或降低通过能力，此项行车办法和安全措施由铁路局规定。

---

* **第 257 条** 铁路局所属的内燃机车回送时，原则上采用有动力方式；电力机车跨交路区段回送时，原则上采用无动力方式。回送机车在交路区段外单机运行时，应派带道人员添乘。

铁路局所属的机车附挂回送时，原则上附挂货物列车；走行部和制动装置良好的客运机车(出入厂、段的修程机车除外)需附挂旅客列车跨铁路局回送时，按铁路总公司调度命令办理。

回送机车，应挂于本务机车次位，挂有重联机车时为重联机车次位。20‰及以上坡道的区段，禁止办理机车专列回送。

回送铁路救援起重机，应挂于列车后部。铁路救援起重机的回送限制速度见第 14 表，第 14 表以外的按设计文件要求速度回送。

第 14 表　铁路救援起重机回送限制速度表

型　号	名　　称	回送速度(km/h)
NS2000	200 t 伸缩臂式铁路救援起重机	120
	吊臂平车	120
NS1600	160 t 伸缩臂式铁路救援起重机（1 680 t·m）	120
	吊臂平车	120
NS1600	160 t 伸缩臂式铁路救援起重机（1 600 t·m）	120
	吊臂平车	120
NS1601	160 t 伸缩臂式铁路救援起重机	120
	吊臂平车	120
NS1602	160 t 伸缩臂式铁路救援起重机	120
	吊臂平车	120
N1601	160 t 固定臂式铁路救援起重机	85
	吊臂平车	85
N1602	160 t 固定臂式铁路救援起重机	85
	吊臂平车	85
NS1601G	160 t 伸缩臂式铁路救援起重机	120
	吊臂平车	120
NS1602G	160 t 伸缩臂式铁路救援起重机	120
	吊臂平车	120
NS1251	125 t 伸缩臂式铁路救援起重机	120
	吊臂平车	120
NS1252	125 t 伸缩臂式铁路救援起重机	120
	吊臂平车	120
NS1001	100 t 伸缩臂式铁路救援起重机	80
	吊臂平车	80
N1002	100 t 固定臂式铁路救援起重机	80
	吊臂平车	80
NS100G	100 t 伸缩臂式铁路救援起重机	80
	吊臂平车	80

铁路局所属机车因配属、局间调拨或入厂、段检修，以及检修完毕后返回本段等原因，产生机车回送。

为了充分利用区间通过能力，内燃机车在保证供给燃料的情况下，应尽量有动力回送。

为保证电力机车回送安全，电力机车跨交路区段回送，考虑接触网、LKJ 数据以及司机对线路的熟悉程度，应采取无动力方式；电力机车在本机车交路区段内回送，不作统一规定。

回送机车在乘务交路区段以外单机运行时，由于乘务员不熟悉该区段线路的坡道、曲线及有关行车设备情况，故须由担任该区段机车运用的机务段派出带道人员添乘，以确保列车安全正点。

铁路局所属的机车附挂回送时，原则上附挂货物列车。走行部和制动装置良好的客运机车附挂旅客列车回送（出入厂、段的修程机车除外），主要考虑此种情况安全能够保证，有利于提高机车回送效率，附挂旅客列车跨铁路局回送时，需按铁路总公司调度命令办理。

回送机车应采取挂于本务机车次位的方式（重联机车牵引时为重联机车次位）。因为机车重量大，如挂于列车中部或后部，在列车制动时，容易加剧冲动。遇列车紧急制动时，还可能将其前位的车辆挤坏，所以应挂于本务机车（重联机车）次位。

受机车制动条件限制，20‰及其以上坡度的区段禁止办理机车专列回送。

铁路救援起重机回送前，回送单位应做好技术检查和整备工作。路外单位托运起重机前，应由铁路部门鉴定，无技术鉴定书时不能办理托运。考虑到铁路救援起重机自重大、制动快，规定挂于列车后部以减轻列车制动时产生的纵向冲动。考虑到铁路救援起重机重心偏高、起重臂的横向摆动大和走行部分的性能限制等因素，规定了不同的回送限制速度，《技规》未明确规定回送限制速度的按设计文件要求速度回送。

第 258 条 单机挂车的辆数，线路坡度不超过 12‰的区段，以 10 辆为限；超过 12‰的区段，由铁路局规定。

单机挂车时，应遵守下列规定：

1. 所挂车辆的自动制动机作用必须良好，发车前列检（无列检时由车站发车人员）按规定进行制动试验；

2. 连挂前按规定彻底检查货物装载状态，并将编组顺序表和货运单据交与司机；

3. 在区间被迫停车后的防护工作由机车乘务组负责，开车前应确认附挂辆数和制动主管贯通状态是否良好；

4. 列车调度员应严格掌握，不得影响机车固定交路和乘务员劳动时间；

5. 不准挂装载爆炸品、超限货物的车辆。

单机挂车时，可不挂列尾装置。

为充分利用机车动力和区间通过能力，加速车辆移动，在不影响机车运用、保证运行安全的条件下，准许利用单机附挂车辆。考虑到机车乘务组监护附挂车辆的条件限制，单机挂车不宜过多。在机车实际牵引区段的线路坡度不超过12‰时，以10辆为限；线路坡度超过12‰时，考虑到具体坡度、牵引动力、牵引定数不同，单机挂车辆数不宜全路统一规定，由铁路局自行规定。

为确保单机挂车后的运行安全，应遵守下列规定：

1. 为了保证单机运行时有足够的闸瓦压力，全部车辆的自动制动机作用必须良好，不准编挂"关门车"。发车前列检人员(无列检时由车站发车人员)应按规定进行制动试验。

2. 为了保证货物在运行途中的完整和行车安全，明确交接责任，连挂前必须彻底检查货物装载状态，并将编组顺序表和货运票据交与司机。

3. 为保证行车安全，明确职责，区间被迫停车的防护工作，以及附挂车辆有无脱钩和关闭折角塞门等情况，均由机车乘务组负责。机车乘务组于开车前应确认附挂辆数，制动主管贯通状态是否良好。

4. 对单机挂车要严格控制，要求列车调度员应严格掌握，不得因单机挂车影响机车固定交路和使乘务员超过劳动时间。

5. 鉴于爆炸品危险性较大，运行上要求隔离，超限货物在运行条件上有很多限制，司机在进行乘务工作的同时难以全面照顾，因而规定单机挂车不准挂装载爆炸品、超限货物的车辆。

单机挂车时因所挂车辆较少，且开行单机车次，因此可不挂列尾装置。在这种情况下，车站接发列车时，应有确认完整到达的办法，并于发车后通知邻站，以确保运行安全。

机车车辆重量及长度

第259条 机车、车辆、铁路救援起重机编入列车时，重量及长

度按第15、16、17表确定。

第15表　机车重量及长度表

种类	机　型	自重(t)	换算长度	备　　注
电力	SS1	137	1.9	
	SS3B	276	4.0	按双节计算
	SS4	184	3.0	按双节计算
	SS3、SS6、SS6B、SS7、SS7B、6K	138	2.0	
	SS7C	132	2.0	
	SS7D、SS7E、SS9	126	2.0	
	SS8	87/89	1.6	无列车供电/有列车供电
	8G、DJ1	184	3.2	按双节计算
	8K	184	3.4	按双节计算
	HXD1	200	3.2	按双节计算
	HXD2	200	3.5	按双节计算
	HXD1B、HXD2B、HXD3B	150	2.1	
	HXD1C、HXD2C	138/150	2.1	
	HXD3、HXD3C	138/150	1.9	
	HXD1D、HXD3D	126	2.1	
内燃	DF4、DF4B、DF4C、DF4D	127	1.9	
	DF5、DF7、DF7B、DF7C	130	1.7	
	DF7D	132	1.7	山区型自重127 t，双司机室机车换长1.8
	DF7E	145	1.8	
	DF7G	132	1.8	
	DF8	130	2.0	
	DF8B	131	2.0	25 t轴重DF8B自重139 t
	DF11	133	1.9	
	DF11G	133	2.0	
	DFH2	58	1.2	
	DFH3	84	1.7	
	DFH5	81	1.4	

续上表

种类	机　型	自重(t)	换算长度	备　　注
内燃	BJ	84	1.5	
	ND2	114	1.6	
	ND3	122	1.7	
	ND5	126	1.8	
	NY6、NY7	124	2.1	
	HXN5	150	2.1	
	HXN3	150	2.0	
	NJ2	138	1.9	

第 16 表　车辆重量及长度

1. 客　　车		
客车种类	平均每辆总重量(t)	平均每辆换算长度
各种客车	按车体外部标记计算	按车体外部标记计算
2. 货　　车		
货车种类	平均每辆自重(t)	平均每辆换算长度
标记载重 60 t 四轴棚车(P62K、P63K)	24.0	1.5
标记载重 58 t 四轴棚车(P64K)	25.4	1.5
标记载重 58 t 四轴棚车(P64AK)	25.7	1.5
标记载重 58 t 四轴棚车(P65)	26.0	1.5
标记载重 70 t 四轴棚车(P70)	24.9	1.6
标记载重 60 t 四轴敞车(CF、CFK)	22.4	1.2
标记载重 60 t 四轴敞车(C62A、C62AK)	21.7	1.2
标记载重 60 t 四轴敞车(C62B、C62BK)	22.3	1.2
标记载重 61 t 四轴敞车(C63、C63A)	22.5	1.1
标记载重 61 t 四轴敞车(C64K)	23.0	1.2
标记载重 60 t 四轴敞车(C61)	23.0	1.1
标记载重 70 t 四轴敞车(C70)	23.8	1.3

续上表

货车种类	平均每辆自重(t)	平均每辆换算长度
标记载重 70 t 四轴敞车(C70E)	24.0	1.3
标记载重 80 t 四轴敞车(C80、C80B)	20.0	1.1
标记载重 100 t 六轴敞车(C100A、C100AH)	26.0	1.4
标记载重 50 t 四轴集装箱平车(X1K)	19.8	1.3
标记载重 60 t 四轴集装箱平车(X6A)	17.8	1.3
标记载重 60 t 四轴集装箱平车(X6K)	18.0	1.2
标记载重 70 t 四轴集装箱平车(X4K)	21.8	1.8
标记载重 70 t 四轴集装箱平车(X70)	22.4	1.2
标记载重 80 t 四轴集装箱平车(X2K)	22.0	1.8
标记载重 60 t 四轴平车(N17AK)	21.0	1.3
标记载重 60 t 四轴平车(N17GK)	21.9	1.3
标记载重 60 t 四轴平车(N17K)	20.5	1.3
标记载重 60 t 四轴平集共用车(NX17AK)	22.9	1.3
标记载重 60 t 四轴平集共用车(NX17K)	22.4	1.3
标记载重 60 t 四轴平集共用车(NX17BK)	22.9	1.5
标记载重 70 t 四轴平集共用车(NX70)	23.8	1.5
标记载重 70 t 四轴平集共用车(NX70A)	23.8	1.3
标记载重 53 t 四轴罐车(G60K)	21.0	1.1
标记载重 60 t 四轴罐车(G70K)	20.4	1.1

续上表

货车种类	平均每辆自重(t)	平均每辆换算长度
标记载重 70 t 四轴罐车(GQ70)	23.6	1.1
标记载重 70 t 四轴罐车(GN70)	23.8	1.1
标记载重 70 t 四轴罐车(GHA70)	23.8	1.2
标记载重 70 t 四轴氧化铝粉罐车(GF70)	23.6	1.2
标记载重 50 t 四轴毒品车(W5SK)	26.5	1.5
标记载重 60 t 四轴毒品车(W6S)	24.6	1.5
标记载重 70 t 四轴毒品车(W70S)	25.2	1.6
标记载重 60 t 石碴车(K13K)	21.5	1.1
标记载重 70 t 石碴车(KZ70)	23.8	1.1
标记载重 60 t 煤炭漏斗车(K18K)	24.0	1.3
标记载重 70 t 煤炭漏斗车(KM70)	23.8	1.3
标记载重 60 t 散装粮食车(L17K)	23.5	1.3
标记载重 60 t 散装粮食车(L18)	23.8	1.3
标记载重 70 t 散装粮食车(L70)	24.8	1.5
标记载重 60 t 散装水泥车(U60)	26.0	1.2
标记载重 60 t 散装水泥车(U60WK)	24.5	1.1
标记载重 60 t 散装水泥车(U61WK)	22.3	1.1
标记载重 20 t 双层小汽车运输车(SQ5)	37.0	2.4
标记载重 22 t 双层小汽车运输车(SQ6)	36.2	2.4
标记载重 40 t 机械冷藏车(B10A)	41.1	2.0

注:1. 旅客列车重量按客车总重(包括旅客及行李的重量)计算,回送空客车按自重计算。

2. 列车中其他各型货车的自重及换算长度和货物的重量按《铁路货车统计规则》规定计算。

3. 机车、车辆长度的计算,以前后两钩舌内侧面距离按 11 m 为换算单位(一辆),各型机车、车辆按上述换算单位得出的比值,称为换算长度。

第 17 表　铁路救援起重机重量及长度表

型号	名　　称	自重(t)	换算长度
NS2000	200 t 伸缩臂式铁路救援起重机	208	1.5
	吊臂平车	45	2.2
NS1600	160 t 伸缩臂式铁路救援起重机(1 600 t·m)	192	1.4
	160 t 伸缩臂式铁路救援起重机(1 680 t·m)	205	1.4
	吊臂平车	45	2.2
NS1601	160 t 伸缩臂式铁路救援起重机	186.4	1.1
	吊臂平车	42	2.2
NS1602	160 t 伸缩臂式铁路救援起重机	184	1.1
	吊臂平车	38	1.8
N1601	160 t 固定臂式铁路救援起重机	187	1.1
	吊臂平车	38	1.9
N1602	160 t 固定臂式铁路救援起重机	190	1.1
	吊臂平车	40	2.2
NS1601G	160 t 伸缩臂式铁路救援起重机	186.4	1.1
	吊臂平车	38	1.9
NS1602G	160 t 伸缩臂式铁路救援起重机	186.4	1.1
	吊臂平车	40	2.2
NS1251	125 t 伸缩臂式铁路救援起重机	139	1.0
	吊臂平车	40	1.9
NS1252	125 t 伸缩臂式铁路救援起重机	138	1.1
	吊臂平车	40	1.9
NS1001	100 t 伸缩臂式铁路救援起重机	138	1.0
	吊臂平车	32	1.8
N1002	100 t 固定臂式铁路救援起重机	132	1.0
	吊臂平车	31.4	1.8
NS100G	100 t 伸缩臂式铁路救援起重机	140	1.0
	吊臂平车	32	1.8

本条规定了机车、车辆编入列车时的重量及长度。

1. 自重是指机车不装载燃料或车辆不装载旅客、货物时的空车重量。由制造厂根据设计要求确定，明显标识在车体外表面上。

计算重量与计算方法及条件有关，在机车车辆设计时一般是按机车装载燃料或车辆满载旅客、货物时总重量计算的重量。

电力机车计算重量统一表示为按轴重计算的标准重量，未列入偏差值；内燃机车计算重量为自重加燃油重量。根据实际运用情况，部分机车按双节计算重量及长度。

机车重量及长度表（第 15 表）供有关部门设计、计算股道有效长、列车重量和机务部门运用管理时使用。车辆重量及长度表（第 16 表）是供有关部门验算货物列车自动制动机的闸瓦压力，确定列车重量，计算股道容纳车数与列车长度等使用的。

铁路救援起重机重量及长度表（第 17 表）的数据也是供有关部门验算货物列车自动制动机的闸瓦压力，确定列车重量，计算股道容纳车数与列车长度等使用的。

2. 根据铁路机车车辆装备的发展，增加了新型机车、车辆。第 15 表、第 16 表列出了主型机车、车辆，不包括杂小车型和未定型的机车、车辆。其他各型货车的自重及换算长度和货物的重量按《铁路货车统计规则》等规定计算。

第 260 条 动车组的长度、重量及最高运行速度按第 18 表规定。

第 18 表 动车组长度、重量及最高运行速度表

动车组类型	换算长度	整备重量（t）	计算重量（t）	最高运行速度（km/h）
CRH1A-200	19.4	429.7	483.1	200
CRH1A-250	19.4	432.6	483.1	250
CRH1A-A	18.6	431.0	480.0	250
CRH1B	38.8	857.6	961.5	250
CRH1E（不锈钢车体）	38.8	887.8	942.2	250
CRH1E（铝合金车体）	37.2	910.9	987.0（按座票定员）	250
CRH2A	18.3	375.8	425.9	250
CRH2B	36.5	745.3	846.3	250
CRH2E	36.5	813.1	869.8	250

续上表

动车组类型	换算长度	整备重量(t)	计算重量(t)	最高运行速度(km/h)
CRH2E(纵向卧铺车)	37.5	836.2	915.4	250
CRH2G	18.3	393.3	442.3	250
CRH3A	19.1	438.9	487.9	250
CRH5A	19.2	430.0	479.7	250
CRH5G	19.2	429.0	478.0	250
CRH5E	38.0	927.3	999.9	250
CRH2C 一阶段	18.3	381.8	431.9	310
CRH2C 二阶段	18.3	401.5	451.6	350
CRH3C	18.2	432.0	476.6	310/350
CRH380A	18.5	411.4	452.3	350
CRH380AL	36.6	836.5	924.4	350
CRH380B	18.5	450.8	495.3	350
CRH380BG	18.5	454.9	499.4	350
CRH380BL	36.3	893.1	977.3	350
CRH380CL	36.4	902.8	987.0	350
CRH380D	19.6	464.7	510.0	350
CR400AF	19.0	427.8	472.3	350
CR400BF	19.0	461.8	506.3	350
CRH6F	18.3	383.4	471.6	160
CRH6A	18.3	382.2	417.9	200

注:CRH3C 型动车组齿轮箱传动比为 2.793 1 时,最高运行速度为 310 km/h;齿轮箱传动比为 2.429 时,最高运行速度为 350 km/h。

按照 8 辆或 16 辆编组方式,明确动车组重量、换算长度和最高运行速度,其中重量包含整备重量及计算重量。

整备重量包含动车组空车自重和整备品重量;计算重量包含空车自重、整备品重量及额定定员载重。

单组动车组为固定编组,有 8 辆或 16 辆编组;由两组短编组动车组重联而成的 16 辆动车组,基本按照 8 辆编组的长度、重量的二倍进行换算。

第261条 动车组以外的列车的换算闸瓦压力，按第19、20表规定计算。

第19表 机车计算重量及每台换算闸瓦压力表

种类	机　　型	计算重量(t)	换算闸瓦压力(kN)
电力	SS3、SS6	138	700
	SS1	138	830
	SS3B、SS6B	138	680
	SS4	184	900
	SS7	138	1 100
	SS7E、SS9	126	770
	SS8	90	520
	DJ1	184	1 120
	6K	138	780
	8G、8K	184	880
	HXD1、HXD2	200	900(320)
	HXD1B、HXD2B、HXD3B	150	680(240)
	HXD1C、HXD2C、HXD3、HXD3C	138/150	680(240)
	HXD1D、HXD3D	126	790(280)
内燃	DF4、DF5、DF7、DF8、DF11	138	680
	DF11G 、DF11Z	145	770
	DF7B、DF7C、DF7D	138	680
	DF8B	150	900
	BJ	90	680
	ND5	135	800
	HXN5、HXN3	150	680(240)
	NJ2	138	620(220)

注：1. 表中为按铸铁闸瓦换算闸瓦压力。

2. 新型机车根据120 km/h速度下紧急制动距离在1 100 m以内的要求计算，括弧内为按H高摩合成闸瓦换算闸瓦压力。

第 20 表　车辆换算闸瓦压力表

<table>
<tr><th rowspan="3">种类</th><th rowspan="3" colspan="3">车　　型</th><th colspan="3">每辆换算闸瓦压力(kN)</th></tr>
<tr><th colspan="2">自动制动机列车主管压力</th><th rowspan="2">人力制动机</th></tr>
<tr><th>500 kPa</th><th>600 kPa</th></tr>
<tr><td rowspan="11">客车</td><td>普通客车(120 km/h)</td><td colspan="2">(踏面制动)</td><td></td><td>(350)</td><td>(80)</td></tr>
<tr><td rowspan="10">新型客车(盘形制动,120 km/h,140 km/h,160 km/h)</td><td rowspan="4">120 km/h</td><td>自重 41～45 t</td><td></td><td>137(412)</td><td rowspan="4">13</td></tr>
<tr><td>自重 46～50 t</td><td></td><td>147(441)</td></tr>
<tr><td>自重 51～55 t</td><td></td><td>159(477)</td></tr>
<tr><td>自重≥56 t</td><td></td><td>173(519)</td></tr>
<tr><td colspan="2">双层</td><td></td><td>178(534)</td><td>13</td></tr>
<tr><td rowspan="4">140 km/h 及 160 km/h</td><td>自重 41～45 t</td><td></td><td>146(438)</td><td rowspan="4">13</td></tr>
<tr><td>自重 46～50 t</td><td></td><td>156(468)</td></tr>
<tr><td>自重 51～55 t</td><td></td><td>167(501)</td></tr>
<tr><td>自重≥56 t</td><td></td><td>176(528)</td></tr>
<tr><td colspan="4">特快货物班列中的车辆(盘形制动,160 km/h)</td><td></td><td>180(540)</td><td>13</td></tr>
<tr><td rowspan="8">货车</td><td rowspan="2" colspan="2">快速货物班列中的车辆(18 t 轴重)</td><td>重车位</td><td></td><td>140</td><td>40</td></tr>
<tr><td>空车位</td><td></td><td>55</td><td>40</td></tr>
<tr><td rowspan="2" colspan="2">普通货车(21 t 轴重)</td><td>重车位</td><td>145</td><td>165</td><td>40</td></tr>
<tr><td>空车位</td><td>60</td><td>70</td><td>40</td></tr>
<tr><td rowspan="2" colspan="2">普通货车(23 t 轴重)</td><td>重车位</td><td>160</td><td>180</td><td>40</td></tr>
<tr><td>空车位</td><td>65</td><td>75</td><td>40</td></tr>
<tr><td rowspan="2" colspan="2">重载货车(25 t 轴重)</td><td>重车位</td><td>170</td><td>195</td><td>50</td></tr>
<tr><td>空车位</td><td>70</td><td>80</td><td>50</td></tr>
</table>

注:1. 按 H 高摩合成闸瓦计算,括弧内为按铸铁闸瓦计算。

2. 空重车自动调整装置的空重位压力比为 1∶2.5;对装有空重车手动调整装置的车辆,当车辆总重(自重十载重)达到 40 t 时,按重车位调整。

3. 旅客列车、特快及快速货物班列自动制动机主管压力为 600 kPa;其他列车为 500 kPa。长大下坡道区段货物列车及重载货物列车的自动制动机主管压力,由铁路局根据管内相关试验结果和列车实际操纵需要可提高至 600 kPa;遇机车换挂需将自动制动机列车主管压力由 600 kPa 改为 500 kPa 时,摘机前应对列车主管实施一次 170 kPa 的最大减压量操纵。

4. 快运货物班列车辆和货车以外的其他车辆,在列车主管压力为 500 kPa 时的闸瓦压力,按 600 kPa 时的闸瓦压力的 1∶1.15 换算。

列车制动限速受每百吨列车重量换算闸瓦压力及下坡道坡度限制。计算制动距离 800 m 的普通货物列车(计长 88.0 及以下列车)按第 21 表规定;计算制动距离 1 400 m 的 120 km/h 货物列车按第 22 表规定;快速货物班列按第 23 表规定。普通旅客列车按第 24 表规定;140 km/h 旅客列车按第 25 表规定;160 km/h旅客列车按第 26 表规定。列车下坡道制动限速随下坡道千分数的增加而递减,坡道每增加 1‰,限速减少 1 km/h 左右。

第 21 表　普通货物列车制动限速表(km/h)

(计算制动距离 800 m,H 高摩合成闸瓦/L 低摩合成闸瓦)

P / v / i	每百吨列车重量(机车除外)的换算闸瓦压力(kN)													
	100	120	140	160	180	200	220	240	260	280	300	320	340	360
0	78/55	83/59	88/63	94/66	/69	/72	/75	/78	/81	/83	/85	/87	/89	/91
1	76/53	81/57	87/61	93/64	/67	/71	/74	/77	/80	/82	/84	/86	/88	/90
2	75/52	80/56	86/60	92/63	/66	/70	/73	/76	/79	/81	/83	/85	/87	/89
3	74/51	79/55	85/58	91/61	/65	/69	/72	/75	/78	/81	/83	/85	/87	/89
4	73/49	78/53	84/57	90/60	95/64	/68	/71	/74	/77	/80	/82	/84	/86	/88
5	72/48	77/52	83/55	89/59	94/63	/67	/70	/73	/76	/79	/81	/83	/85	/87
6	71/46	76/50	82/54	88/58	93/62	/66	/69	/72	/75	/78	/80	/82	/84	/86
7	70/44	75/48	81/52	87/56	92/60	/64	/67	/71	/74	/77	/80	/82	/84	/86
8	69/43	74/47	80/51	86/55	91/59	/63	/67	/70	/73	/76	/79	/81	/83	/85
9	68/41	73/46	79/50	85/54	90/58	/62	/66	/69	/72	/75	/78	/80	/82	/84
10	67/39	72/44	78/49	84/53	89/57	95/61	/65	/68	/71	/74	/77	/79	/81	/83
11	65/37	70/42	76/47	82/51	87/55	93/60	/64	/67	/70	/73	/76	/78	/80	/82

续上表

i \ v \ P	每百吨列车重量(机车除外)的换算闸瓦压力(kN)													
	100	120	140	160	180	200	220	240	260	280	300	320	340	360
12	64/36	69/41	75/45	81/50	86/54	92/59	/63	/66	/69	/72	/75	/77	/79	/81
13	63/34	68/39	74/43	80/48	85/53	91/58	/62	/65	/68	/71	/74	/76	/78	/80
14	61/32	67/37	72/42	78/47	84/52	90/57	/61	/64	/67	/70	/73	/75	/77	/79
15	60/31	66/36	71/41	77/46	83/51	89/55	95/59	/63	/67	/70	/72	/74	/76	/78
16	59/30	65/35	70/40	76/45	82/50	88/54	94/58	/62	/66	/69	/71	/73	/75	/77
17	58/28	64/33	69/38	75/43	81/48	87/53	93/57	/61	/65	/68	/70	/73	/75	/77
18	56/27	62/32	68/37	74/42	80/47	86/52	92/56	/60	/64	/67	/70	/72	/74	/76
19	55/26	61/31	67/36	73/41	79/46	85/50	91/55	/59	/63	/66	/69	/71	/73	/75
20	54/24	60/29	66/34	72/39	78/44	84/49	90/54	95/58	/62	/65	/68	/71	/73	/75

注:1. 根据第 20 表普通货物列车最高速度为 90 km/h 时,每百吨列车重量按 H 高摩合成闸瓦换算闸瓦压力不得低于 150 kN。

2. 列车装备条件:H 高摩合成闸瓦/L 低摩合成闸瓦。

3. 对于超过 20‰的下坡道,列车制动限速表由铁路局根据实际试验规定。

4. i 为下坡道千分数(‰);P 为每百吨列车重量的换算闸瓦压力,单位 kN;v 为货物列车制动限速,单位 km/h。

5. 适用计长 88.0 及以下、速度 90 km/h 及以下的货物列车(快速货物班列除外)。

第 22 表　120 km/h 货物列车制动限速表(km/h)

(计算制动距离 1 400 m, H 高摩合成闸瓦)

i \ v \ P	每百吨列车重量(机车除外)的换算闸瓦压力(kN)						
	140	150	160	170	180	190	200
0	120						
1	119						
2	118						
3	117						

续上表

i \ v \ P	每百吨列车重量(机车除外)的换算闸瓦压力(kN)						
	140	150	160	170	180	190	200
4	115	119					
5	114	118					
6	113	117					
7	112	116	119				
8	110	114	118				
9	109	113	117				
10	108	112	116	119			
11	106	110	114	117			
12	105	109	113	116			
13	104	108	112	115			
14	102	106	110	114	117		
15	101	105	109	113	116		
16	100	104	108	112	115		
17	98	102	106	110	114		
18	97	101	105	109	113	116	
19	96	100	104	108	112	115	
20	95	99	103	107	111	114	117

注:1. 根据第 20 表普通货物列车最高速度为 120 km/h 时,每百吨列车重量按 H 高摩合成闸瓦换算闸瓦压力不得低于 150 kN。

2. 由于制动热负荷限制,最高速度不超过 120 km/h。

3. 本表中的闸瓦压力为按照 H 高摩合成闸瓦的换算闸瓦压力。

4. i 为下坡道千分数(‰);P 为每百吨列车重量的换算闸瓦压力,单位 kN;v 为货物列车制动限速,单位 km/h。

5. 适用计长 88.0 及以下、速度 120 km/h 的货物列车(快速货物班列除外)。

第 23 表　快速货物班列制动限速表(km/h)

(计算制动距离 1 100 m, H 高摩合成闸瓦,30 辆以下编组,18 t 轴重)

i \ v \ P	每百吨列车重量(机车除外)的换算闸瓦压力(kN)							
	130	140	150	160	170	180	190	200
0	106	109	113	116	119			
1	105	108	112	115	118			
2	104	107	111	114	117			

续上表

P / v / i	每百吨列车重量(机车除外)的换算闸瓦压力(kN)							
	130	140	150	160	170	180	190	200
3	103	106	110	113	116	119		
4	102	105	109	112	115	118		
5	100	103	107	111	114	117	120	
6	99	102	106	110	113	116	119	
7	98	101	105	109	112	115	118	
8	97	100	104	108	111	114	117	
9	96	99	103	107	110	113	116	119
10	94	98	101	105	108	111	115	118
11	93	97	100	104	107	110	114	117
12	92	96	99	103	106	109	113	116
13	91	95	98	102	105	109	112	115
14	90	94	97	101	104	108	111	114
15	88	92	95	99	103	107	110	113
16	87	91	94	98	102	106	109	112
17	86	90	94	98	101	105	108	111
18	85	89	93	97	100	104	107	110
19	84	88	92	96	99	103	106	109
20	82	86	90	94	98	102	105	108

注:1. 根据第 20 表快速货物班列最高速度为 120 km/h 时,每百吨列车重量按 H 高摩合成闸瓦换算闸瓦压力不得低于 175 kN。

2. 由于制动热负荷限制,最高速度不超过 120 km/h。

3. 本表中的闸瓦压力为按照 H 高摩合成闸瓦的换算闸瓦压力。

4. i 为下坡道千分数(‰);P 为每百吨列车重量的换算闸瓦压力,单位 kN;v 为货物列车制动限速,单位 km/h。

第 24 表　旅客列车制动限速表(km/h)

(计算制动距离 800 m,高磷铸铁闸瓦)

P / v / i	每百吨列车重量的换算闸瓦压力(kN)													
	500	520	540	560	580	600	620	640	660	680	700	720	740	760
0	106	107	109	110	111	112	113	114	115	116	117	118	119	120
1	105	107	108	109	110	111	113	114	115	116	117	118	118	119
2	105	106	107	109	110	111	112	113	114	115	116	117	118	118

续上表

i \ v \ P	每百吨列车重量的换算闸瓦压力(kN)													
	500	520	540	560	580	600	620	640	660	680	700	720	740	760
3	104	105	107	108	109	110	111	112	114	115	116	117	117	118
4	103	105	106	107	109	110	111	112	113	114	115	116	117	117
5	102	104	106	107	108	109	110	111	112	113	114	115	116	116
6	102	104	105	106	107	109	110	111	112	113	114	115	116	116
7	101	103	104	106	107	108	109	110	111	112	113	114	115	115
8	100	102	103	105	106	107	109	110	111	112	113	114	115	115
9	99	101	102	104	105	107	108	109	110	111	112	113	114	114
10	98	100	102	103	104	106	107	109	110	111	112	112	113	113
11	97	99	101	103	104	105	107	108	109	110	111	112	113	113
12	97	99	101	102	103	105	106	107	109	110	111	111	112	112
13	96	98	100	102	103	104	106	107	108	109	110	111	112	112
14	96	98	100	101	102	104	105	106	107	109	110	110	111	111
15	95	97	99	101	102	103	105	106	107	108	109	110	111	111
16	95	97	99	100	101	103	104	105	106	107	108	109	110	110
17	94	96	98	100	101	102	103	105	106	107	108	109	109	110
18	94	96	98	99	100	102	103	104	105	106	107	108	108	109
19	93	95	97	99	100	101	102	103	104	105	106	107	108	109
20	93	95	97	98	99	100	101	102	103	104	105	106	107	108

注:1. 每百吨列车重量的闸瓦压力低于 760 kN 需限速运行。例如 22 型客车(踏面制动)编成列车在每百吨列车重量的闸瓦压力 660 kN 条件下的制动限速为 115 km/h。

2. 对于超过 20‰的下坡道,列车制动限速由铁路局根据实际试验规定。

3. i 为下坡道千分数(‰);P 为每百吨列车重量的换算闸瓦压力,单位 kN;v 为旅客列车制动限速,单位 km/h。

4. 本表每百吨列车重量的换算闸瓦压力计算包括机车。

5. 本表适用 120 km/h 旅客列车。

第 25 表　140 km/h 旅客列车制动限速表(km/h)

(计算制动距离 1 100 m,盘形制动)

i \ v \ P	每百吨列车重量的换算闸瓦压力(kN)							
	230	240	250	260	270	280	290	300
0	138	140						
1	137	139						

续上表

i \ v \ P	每百吨列车重量的换算闸瓦压力(kN)							
	230	240	250	260	270	280	290	300
2	136	138						
3	135	137	140					
4	135	137	139					
5	134	136	138					
6	133	135	137	140				
7	132	134	136	139				
8	132	134	136	139				
9	131	133	135	138				
10	130	132	134	137	140			
11	129	131	133	136	139			
12	128	130	132	135	138			
13	128	130	132	134	137	140		
14	127	129	131	133	136	139		
15	126	128	130	132	135	138		
16	125	127	129	131	134	137	140	
17	125	127	129	131	134	137	139	
18	124	126	128	130	133	136	139	
19	123	125	127	129	132	135	138	
20	122	124	126	128	131	134	137	139

注:1. 新型客车(盘形制动)每百吨列车重量按高摩合成闸片换算闸瓦压力应在275 kN以上。

2. 对于超过 20‰的下坡道,列车制动限速由铁路局根据实际试验规定。

3. i 为下坡道千分数(‰);P 为每百吨列车重量的换算闸瓦压力,单位 kN;v 为旅客列车制动限速,单位 km/h。

4. 本表每百吨列车重量的换算闸瓦压力计算包括机车。

第 26 表　160 km/h 旅客列车制动限速表(km/h)

(计算制动距离 1 400 m,盘形制动)

i \ v \ P	每百吨列车重量的换算闸瓦压力(kN)								
	230	240	250	260	270	280	290	300	310
0	155	158	160						
1	154	157	159						

续上表

i \ v \ P	每百吨列车重量的换算闸瓦压力(kN)								
	230	240	250	260	270	280	290	300	310
2	153	156	159						
3	152	155	158	160					
4	151	154	157	159					
5	150	153	156	159					
6	149	152	155	158	160				
7	148	151	154	157	159				
8	147	150	153	156	159				
9	146	149	152	155	158	160			
10	146	149	152	155	157	159			
11	145	148	151	154	156	159			
12	144	147	150	153	155	158	160		
13	143	146	149	152	155	157	159		
14	142	145	148	151	154	156	158		
15	141	144	147	150	153	155	157	160	
16	140	143	146	149	152	154	157	159	
17	139	142	145	148	151	154	156	159	
18	138	141	144	147	150	153	155	158	160
19	137	140	143	146	149	152	154	157	159
20	137	140	143	146	149	151	153	156	158

注：1. 新型客车(盘形制动)每百吨列车重量按高摩合成闸片换算闸瓦压力应在275 kN以上。

2. 对于超过 20‰的下坡道，列车制动限速由铁路局根据实际试验规定。

3. i 为下坡道千分数(‰)；P 为每百吨列车重量的换算闸瓦压力，单位 kN；v 为旅客列车制动限速，单位 km/h。

4. 本表每百吨列车重量的换算闸瓦压力计算包括机车。

5. 本表也适用特快货物班列。

本条规定了保证列车运行安全的换算闸瓦压力要求。机车、车辆的换算闸瓦压力表(第 19、20 表)供有关部门设计、计算不同机车、车辆的制动力使用；制动限速表(第 21 表～第 26 表)供有关部门设计、计算不同列车的制动限速使用。

1. 制动限速表的基本原理及其计算依据

为使运行中的机车车辆减低速度或停车，利用制动机使闸瓦压在车轮踏面上或通过盘形制动作用，以阻止车轮运动，达到减速或停车的目的。这种阻止车轮运动的力通称制动力。列车制动力的大小可用每百吨列车重量的换算闸瓦压力表示(以下简称闸瓦压力)。

列车运行安全的必要条件是限定制动距离，即对不同类型列车的紧急制动距离要求。在各运行区段内任何纵断面的线路上，当列车以最大的容许速度运行中司机使用紧急制动时，该列车应具有能在限定制动距离内停车的制动能力。为此，列车所需的闸瓦压力与列车重量、运行速度及运行区段内的限制下坡道直接相关。如列车重量越大，速度越高，坡道越陡长，则所需要的闸瓦压力也越大，为计算方便起见，以每百吨列车重量为计算单位，即列车单位闸瓦压力 ＝列车闸瓦总压力(kN)/列车总重量(百吨)。制动限速表的基本原理是根据该闸瓦压力和下坡道条件确定该区段内列车运行的限制速度，亦即列车的运行速度必须和下坡道及列车单位闸瓦压力的限制相适应。按此要求，在编制运行图中确定不同下坡道上的列车速度时，不允许超过所限制的最高运行速度。

根据上述原则，通过理论计算和实际试验结果制定第 21 表～第 26 表。其中每百吨列车重量换算闸瓦压力的根据为我国主型机车和客货车辆的制动能力(第 19 表、第 20 表)。在此基础上应用“牵引计算规程”电算方法或有关制动距离的计算公式和方法，确定不同坡道区段内列车运行的限制速度，并得到了实际试验结果的验证。

我国普通旅客列车和货物列车的制动机及闸瓦压力不同，旅客列车比货物列车列车管压力的定压高且编组辆数少得多，因此旅客列车的制动效能高于货物列车。在相同条件下(限制下坡道和制动距离)，旅客列车的速度也高于货物列车。根据不同列车运行速度及其紧急制动距离要求，同时考虑不同闸瓦(片)的性能，分别制定普通货物列车使用的第 21 表和普通旅客列车使用的第 24 表。根据旅客列车和货物列车速度的提高及制动装置和限定制动距离的变革，按不同列车速度和限定制动距离的相应规定，分别增加了第 22 表、第 23 表和第 25 表、第 26 表。

在进行检算时，应注意下列各点：

(1)因为牵引货物列车的机车闸瓦压力与货车闸瓦压力接近，机车重量占列车总重量的比重又不大，为简化计算起见，机车的闸瓦压力及其重量可不参加货物列车计算。

(2)旅客列车因机车的重量占列车总重量的比重较大，在其单位重量的闸瓦压力小于客车时，需要匀出部分客车的制动力补偿机车制动力的不足。因此，在计算旅客列车每百吨重量闸瓦压力时，机车的闸瓦压力及其重量均应参加计算。

(3)应适当考虑现有各种制动摩擦材料性能标准(检验标准参见表261-1)的下偏差范围，以留有安全裕量。并满足制动热负荷、黏着理论的校核要求。

2. 第19表、第20表说明：

列车按第19表、第20表计算的换算闸瓦压力均为空气制动系统的制动力；限制800 m制动距离的列车按第21表、第24表计算制动限速；限制1 400 m制动距离的列车按第22表、第26表计算制动限速；限制1 100 m制动距离的列车按第23表、第25表计算制动限速；不同列车按其最高运行速度要求的最低换算闸瓦压力分别如各表所示。

(1)第19表(机车计算重量及每台换算闸瓦压力表)：

①为简化起见均按铸铁闸瓦换算闸瓦压力。

机车均为踏面制动方式，但其闸瓦形式随机车类型而异，现有铸铁闸瓦、低摩合成闸瓦、高摩合成闸瓦、粉末冶金闸瓦之分，各具不同的摩擦性能(不同闸瓦的制动距离平均摩擦系数检测标准见表261-1)。机车换算闸瓦压力的依据是机车的空气制动设计参数和闸瓦摩擦性能，并应具有安全裕量。根据设计要求和单机紧急制动试验结果，在平直道条件下通过800 m紧急制动距离校核的单机制动限速一般为100～120 km/h，大部分在110 km/h左右，随机车类型而有所差别。

该表均按铸铁闸瓦压力换算(500 kPa定压条件)是为了简化计算，以便适用于机车单机制动能力的检算和第21表旅客列车的检算。

对于盘形制动旅客列车的机车，可按合成闸片和铸铁闸瓦摩擦系数之比(参照表261-1)将第19表的机车闸瓦压力换算为合成闸片的换算闸瓦压力，由于该换算和速度有关，简化计算时可按列车速度100 km/h左右时的换算闸瓦压力比，例如第19表括号中所示。

②取消DF、DF_2等旧型机车，并补充新型机车的换算闸瓦压力值。

③第 19 表主要根据 2009 年“铁路机车概要”的计算结果，并根据 120 km/h 速度下单机紧急制动距离在 1 100 m 以内要求计算的换算闸瓦压力值，对于新型机车可以有足够的安全裕量，括号内为按 H 高摩合成闸瓦换算闸瓦压力。和原表相比较，电力机车的换算闸瓦压力基本不变；内燃机车的换算闸瓦压力大多有所提高。

(2)第 20 表(车辆换算闸瓦压力表)：

①车辆分类

换算闸瓦压力和闸瓦(片)摩擦系数是车辆制动能力的主要因素，不按制动机分类。

普通货车种类繁多，其载重因车种而异，轴重则是货车重车制动力的设计依据，根据车型可以分辨轴重，故按轴重分类为 21 t、23 t、25 t 货车车辆的不同换算闸瓦压力更为简明和合理。并按速度等级及其相应的基础制动类型增加适用于 120 km/h 的踏面制动普通货物列车、快速货物班列。

客车分类按速度等级及其相应的基础制动类型分为适用于 120 km/h 的踏面制动普通客车以及适应于 140 km/h、160 km/h 的盘形制动新型客车。新型客车又按工厂实际车辆设计的重量分级(空车重量，并考虑载重)。

②换算闸瓦压力

根据实际情况，近几年来货车已取消高磷铸铁闸瓦而代替为 H 和 L 合成闸瓦。为符合实际装备条件，踏面制动货车车辆按 H 高摩合成闸瓦重新计算货车车辆和货物列车的换算闸瓦压力(根据制动距离平均摩擦系数的比率，L 低摩合成闸瓦换算闸瓦压力应为 H 高摩合成闸瓦压力的 2.4 倍)。不同闸瓦(片)闸瓦压力的换算依据为制动距离平均摩擦系数之比，依据为 TB/T 2403—2010(货车合成闸瓦)。

盘形制动车辆按 TB/T 3118—2005(客车合成闸片)更新的合成闸片换算闸瓦压力，由于 2005 年以后更新的合成闸片摩擦系数已有重大提高，因此第 20 表中新型客车车辆设计的换算闸瓦压力已明显减低；每百吨列车重量的换算闸瓦压力也相应减轻(第 25 表、第 26 表)；人力制动机亦按新型客车车辆设计计算。不同重量和双层客车均按重量比计算换算闸瓦压力，以保证其制动能力的一致。在括号内添加按铸铁闸瓦换算的闸瓦压力是为了和第 19 表统一计算时应用，换算依据为不同闸瓦（片）制动距离平均摩擦系数之比，该比率因不同速度而异（参见表 261-1），简化计算时可按列车速度 120～160 km/h 时的换算闸瓦压力比。

③计算必要的安全系数

该表规定为对单节车辆制动力设计的基本要求，在应用该表计算货物列车换算闸瓦压力时应考虑安全裕量，按第 20 表中压力值的 90％计算。主要考虑闸瓦（片）摩擦性能的下偏差，加上货物列车编组和运用条件中不利因素的影响，例如机车制动力不足、关门车和长大货物列车后部车辆空气制动力发生衰减的因素，因此实际编组列车，主要是包括机车和 6％允许关门车在内的货物列车，在运行时的制动率低于单车的制动率或每百吨闸瓦压力。为此在按第 20 表计算货物列车的每百吨换算闸瓦压力时应考虑有关实际货车的非理想状态和 6％关门车的影响而取 10％的安全系数。例如第 20 表中普通货车（21 t 轴重）重车位的每辆换算闸瓦压力（H 高摩合成闸瓦）为 145 kN，按 0.9 系数计算编组货物列车的每百吨换算闸瓦压力为 155.4 kN，相应的制动限速按第 21 表计算为 90 km/h 左右，与实际试验结果相吻合。旅客列车制动机状态良好，一般无关门车，列车编组短，并已经含机车计算，因此不必再考虑 10％的安全裕量，例如对踏面制动的普通旅客列车按第 20 表计算的每百吨换算闸瓦压力为 625 kN，按限速表第 24 表计算制动限速约为 113 km/h，亦与实际一致。

④根据新型空重车自动调整装置的压力比规定，对空重车位的每辆换算闸瓦压力进行计算而有所修正。

⑤该表中合成闸瓦（片）换算为铸铁闸瓦压力的依据是车辆的空气制动设计参数、闸瓦摩擦性能和试验结果，取制动距离平均摩擦系数比作为二者闸瓦压力换算的依据。由于合成闸瓦（片）对铸铁闸瓦的摩擦系数比随制动初速而异（参见表 261-1），H 高摩合成闸瓦和高磷铸铁闸瓦制动距离平均摩擦系数比在货物列车速度不足 90 km/h 时为 2.1 左右，所以第 20 表中一般货车铸铁闸瓦换算闸瓦压力应为 H 高摩合成闸瓦换算闸瓦压力的 2.1 倍左右。对于速度在 120 km/h 以上列车，盘形制动合成闸片摩擦系数平均为铸铁闸瓦的 3 倍，所以按铸铁闸瓦的换算闸瓦压力为合成闸片的 3 倍，上述换算值均通过取整以便于计算，对于制动距离计算具有等效性。

⑥特快货物班列，其制动装置和新型客车（盘形制动，160 km/h）相同，制动能力也相一致，适用于第 26 表。

⑦对于一般货车车辆仍按 500 kPa 定压考虑，600 kPa 定压下的换算闸瓦压力比较 500 kPa 定压下的换算闸瓦压力增高 11%以上，可作为安全裕量。

3. 关于第 20 表中大轴重货车车辆换算闸瓦压力计算的说明

由于货物列车的不同车辆应同样满足列车运行安全性对紧急制动距离的要求，车辆工厂设计不同轴重货车车辆的重车制动率即每百吨换算闸瓦压力基本相同。根据制动力和重量的对应关系，单车的车辆换算闸瓦压力也基本上和其载重成正比。如第 20 表所示，按 H 高摩合成闸瓦计算，21 t 轴重普通货物列车的每辆换算闸瓦压力为 145 kN，则 25 t 轴重重载货车的每辆换算闸瓦压力按重量比提高，同时还应考虑闸瓦压力提高导致有摩擦系数下降的制动力损失，所以在该表中根据实际车辆设计取为 170 kN。

4. 不同闸瓦制动距离平均摩擦系数的说明

使用闸瓦压迫车轮是铁路上通常使用的机械制动方式。简而言之，闸瓦材料的发展经历了从木质闸瓦到铸铁闸瓦再到合成闸瓦的演变。现有踏面制动的摩擦材料可分为铸铁闸瓦、合成闸瓦及粉末冶金闸瓦三种类型。随着列车速度的不断提高，在我国新造货车上已普遍使用高摩合成闸瓦；但在旧型货车和客车上仍使用有铸铁闸瓦；粉末冶金闸瓦仅使用在少量机车上。我国铁路制动装置现有主要摩擦材料性能必须通过制动试验台的定点、定期鉴定试验合格后方可装车运用，其检测标准见表 261-1。

表 261-1　不同闸瓦制动距离平均摩擦系数检验标准之比较

制动初速(km/h)	30	35	40	50	55	60	70	75	80	90	95	100	105	125
高磷铸铁闸瓦		0.22 ±0.03			0.18 ±0.03			0.148 ±0.03			0.128 ±0.04			
既有高摩合成闸瓦	0.317 ±0.04		0.31 ±0.04	0.305 ±0.04		0.3 ±0.03	0.295 ±0.03		0.292 ±0.03	0.288 ±0.03		0.285 ±0.03		
H高摩合成闸瓦		0.385 ±0.05			0.375 ±0.05			0.365 ±0.04			0.355 ±0.04		0.35 ±0.04	0.34 ±0.04

续上表

制动初速(km/h)	30	35	40	50	55	60	70	75	80	90	95	100	105	125
L低摩合成闸瓦		0.185±0.04			0.17±0.04			0.155±0.04			0.145±0.04			
盘形制动合成闸片									0.32±0.035			0.315±0.03		0.304±0.04
盘形制动合成闸片(新)									0.37±0.035			0.36±0.035		0.35±0.035

注1:检测标准依据为TB/T 2403—2010代替TB/T 2403—1993、TB/T 2404—1999。

注2:从2005年以后更新的盘形制动合成闸片摩擦系数已有重大提高,因此新型客车车辆设计的每辆换算闸瓦压力已经明显减低,每百吨列车重车的换算闸瓦压力也相应减轻。

5. 第21表(货物列车制动限速表)的说明

我国货车车辆因车辆种类而异,曾采用中磷、高磷铸铁和低摩、高摩合成闸瓦等不同摩擦系数特性的制动摩擦材料,因此,每百吨换算闸瓦压力计算必须考虑不同的闸瓦摩擦系数,才能达到制动力的一致。根据部分货车使用L低摩合成闸瓦和新造货车车辆已使用新高摩合成闸瓦的发展趋势,第21表为根据我国货车车辆大部分采用H高摩合成闸瓦的条件重新计算的货物列车制动限速表,该表适用于紧急制动距离800 m,计长在88.0及以下的货物列车。

万吨级的重载组合列车,由于列车编组车辆辆数多,列车可能由双机或多机牵引,列车的牵引动力配置方式对其制动能力有重大的影响,重载组合列车中机车可能在列车中部或后部,在各机车安装有本务机车控制其他机车的同步遥控装置的条件下该表也可适用;对于无同步遥控装置的单元万吨重载列车,其制动限速应根据相应的计算或试验结果予以修改,按比例减低10%左右。

每百吨列车重量的换算闸瓦压力由高磷铸铁闸瓦改为按H高摩合成闸瓦计算,而较原第20表中的压力有所减少。对于国内目前还留有的部分高磷铸铁闸瓦货车,今后将逐步淘汰,故为简化起见而不另行列表,对此在理论上可按表261-1中制动距离平均摩擦系数的比值进行换算,但由于闸瓦摩擦系数随速度、压力变化的特性相当复杂而不便于非专业人员的计算,为此可应用如第21表所示的计算结果。最简化的计算方法是按照我国货物列车的平均速度,在同样90 km/h限速条件下要求的列车高磷铸铁闸瓦换算闸瓦压力应该是相应 H 高摩合成闸瓦换算闸瓦压力的 210%左右。

此外,我国新型的货车车辆已装备 H 高摩合成闸瓦,其摩擦特性的速度关系和既有高摩合成闸瓦相似,但平均摩擦系数比较既有高摩合成闸瓦提高 23%左右(参阅表 261-1),车辆的换算闸瓦压力亦与此相适应,亦即在同样限速条件下要求的列车新型 H 高摩合成闸瓦换算闸瓦压力应该是相应高摩合成闸瓦换算闸瓦压力的 1/1.23。

第 21 表与第 20 表的一致性为按第 20 表中 500 kPa 定压条件下货车重车计算每百吨列车重量的 H 高摩合成闸瓦换算闸瓦压力,再乘以 0.9 (考虑 6%关门车辆和闸瓦摩擦性能的下偏差)后仍高于第 21 表中 150 kN(90 km/h)的要求,因此具有一定的安全裕量,见表 261-2,并符合电算和试验结果。该安全裕量取为 10%以下,考虑有实际货车状态不如理想状态和闸瓦摩擦系数的下偏差因素。

表 261-2　货物列车换算闸瓦压力(kN/100 t)**和制动限速**(km/h)

货车类型(轴重)	换算压力(kN/100 t)	限速(km/h)	第 21 表要求(压力/限速)
21 t	155	92	≥150/92
23 t	156.5	92	≥150/92
25 t	153	92	≥150/92

第 21 表中 150 kN 以下的换算闸瓦压力属于货车制动力的非正常情况,考虑货物列车故障、回送等情况下的限速要求。

6. 第 24 表(旅客列车制动限速表)的说明

第 24 表适用于紧急制动距离 800 m,最高速度在 120 km/h 及以下的普通旅客列车(踏面制动)。根据我国普通旅客列车的实际运用情况,旅客列车编组辆数不超过 20 辆,机车重量及制动力比例较大,因此每百吨列车重量的闸瓦压力计算应考虑机车;旅客列车不允许关门,故不计关门车的影响;换算闸瓦压力由原《技规》第 21 表的中磷铸铁闸瓦改为高磷铸铁闸瓦后的影响为制动限速平均提高 3 km/h。

该表与第 20 表一致,我国一般单层客车轴重为 14 t,载客时的重量大多数在该范围内,按第 20 表中普通客车(踏面制动)计算的每百吨列车换算闸瓦压力平均为 625 kN,相应实际编组不同形式、载重的制动力有所差别，故该表的换算闸瓦压力范围为 500～760 kN/百吨列车重量，分别相应于不同的制动限速(平道条件下为 106～120 km/h)。旧型客车可能达不到 660 kN 的换算闸瓦压力，因此实际运行速度亦在 115 km/h 以下。

由于客车车辆制动系统设计的不断变革，国内现在已普遍使用盘形制动装置的客车车辆，即第 20 表中的新型客车，可以适应 160 km/h 紧急制动距离限值 1 400 m 的要求，如果按第 24 表的铸铁闸瓦压力换算，其换算压力一般在 800 kN/百吨以上，因此其制动能力比普通客车(踏面制动)要高得多(参见表 261-3 的仿真计算结果和有关试验结果)。但是有少数旧型客车即第 20 表中的普通客车存在有换算压力在 660 kN/百吨以下的问题，对此简要说明如下：

由于我国在 20 世纪 80 年代以前旅客列车的最高运营速度一般不超过 110 km/h，因此过去《技规》中要求的 800 m 也不成问题。

660 kN 是 115 km/h 制动限速要求的换算闸瓦压力，625 kN 是根据第 20 表得到的旅客列车平均换算闸瓦压力。有部分车辆可能达不到 660 kN 的要求，对此可采用限速的方法。

表 261-3　旅客列车紧急制动距离仿真计算结果

列车编组条件	机车	车辆	列车重量(t)	紧急制动距离(m)			
				120 km/h	130 km/h	140 km/h	160 km/h
普通旅客列车(踏面制动)	DF_{11}	YZ_{21}	1 047	947			
160 km/h 旅客列车(盘形制动)	DF_{11}	YZ_{25k}	1 074	685	798	919	1 200

注：由于不同工厂、制造年代及实际载客量的变化，普通客车的换算闸瓦压力不是固定值。按平均计算客车的重车重量约为 55t，换算闸瓦压力约为 350 kN/辆，亦即第 20 表中的数值。

[例]YZ_{22} 客车制动力计算：

实算闸瓦压力　　$K=\frac{\pi}{4}d^2 \cdot p \cdot \eta \cdot \gamma \cdot n=346$　(kN/辆)

$$k=21.63 \quad (\text{kN})$$

换算闸瓦压力　　$k_h=2.2 \cdot \frac{k+100}{7k+100} \cdot k=23$　(kN)

$$K_h=16 \cdot k_h=368.0 \quad (\text{kN/辆})$$

7. 关于补充快运货物列车、快速货物班列、140 km/h 和 160 km/h 旅客列车制动限速表的说明：

为方便应用，对紧急制动距离不同于 800 m 的其他列车，按制动摩擦材料的更改重新计算为货物列车用的第 22 表、第 23 表和旅客列车用的第 25 表、第 26 表。这些表的计算依据为对不同速度列车的紧急制动距离要求和实际设计计算、试验结果，并考虑有必要的安全裕量，其中对货物列车仍按允许 6%关门车和 500 kPa 定压考虑。由于制动热负荷和空车条件下轮轨黏着的限制使新合成闸瓦货车车辆设计的换算闸瓦压力比较其他货车车辆要相对减低，故其制动限速变化不大。

第 22 表适用于采用踏面制动方式提速到 120 km/h 的快运货物列车；第 23 表适用于采用踏面制动方式提速到 120 km/h 的快速货物班列；第 25 表适用于采用盘形制动方式提速到 140 km/h 的旅客列车；第 26 表适用于采用盘形制动方式提速到 160 km/h 的旅客列车、特快货物班列。

在表 261-4 中考虑有不同轴重及不同紧急制动距离等因素，由于轴重不同，每辆车的换算闸瓦压力也不同(第 20 表)，但在相同制动距离时的换算闸瓦压力应该一致。120 km/h 快速货物班列和快运货物列车的制动距离不同，故有不同的闸瓦压力要求。

表 261-4　其他列车换算闸瓦压力(kN/100 t 列车重量)

制动方式	列车类型	轴重(t)	换算压力(kN/100 t)	制动限速(km/h)	按制动限速表要求的换算压力(kN/100 t)
踏面制动(高摩合成闸瓦)	120 km/h 快速货物班列	18	175	120	≥172
	120 km/h 货物列车	21 23 25	155.4 156.5 153	120 120 120	≥140 ≥140 ≥140
盘形制动(合成闸片)	160 km/h 旅客列车(单层) 160 km/h 特快货物班列 160 km/h 旅客列车(双层)	14 14 18	260 260 270	160 160 160	≥250 ≥250 ≥250

8. 旅客列车、特快及快速货物班列自动制动机主管压力为 600 kPa；其他列车为 500 kPa。长大下坡道区段货物列车及重载货物列车的自动制动机主管压力，由铁路局根据管内相关试验结果和列车实际操纵需要可提高至 600 kPa；遇机车换挂需将自动制动机列车主管压力由 600 kPa 改为 500 kPa 时，摘机前应对列车主管实施一次 170 kPa 的最大减压量操纵，将副风缸压力降至 500 kPa 以下，避免过充。

*第 262 条　列车中的机车和车辆的自动制动机，均应加入全列车的制动系统。

货物列车中因装载的货物规定需停止制动作用的车辆，自动制动机临时发生故障的车辆，准许关闭截断塞门（简称关门车），但列检作业场所在站编组始发的列车中，不得有制动故障关门车。编入列车的关门车数不超过现车总辆数的 6%（尾数不足一辆按四舍五入计算）时，可不计算每百吨列车重量的换算闸瓦压力，不填发制动效能证明书；超过 6%时，按第 261 条规定计算闸瓦压力，并填发制动效能证明书交与司机。关门车不得挂于机车后部三辆车之内；在列车中连续连挂不得超过两辆；列车最后一辆不得为关门车；列车最后第二、三辆不得连续关门。对于不适于连挂在列车中部但走行部良好的车辆，经列车调度员准许，可挂于列车尾部，以一辆为限，如该车辆的自动制动机不起作用时，须由车辆人员采取安全措施，保证不致脱钩。

旅客列车、特快货物班列不准编挂关门车。在运行途中（包括在站折返）如遇自动制动机临时故障，在停车时间内不能修复时，准许关闭一辆，但列车最后一辆不得为关门车，120 km/h 速度等级及编组小于 8 辆的 140 km/h、160 km/h 速度等级列车按规定关门时需限速运行，车辆乘务员须向司机递交限速证明书。

编有货车的军用列车、路用列车编挂关门车时，除有特殊规定外，执行货物列车的规定。

---

1. 为保证列车在施行制动时有足够的制动能力，确保列车在规定的制动距离内停车，列车中机车和车辆的制动机均应加入全列车的制动系统。

在列检作业场所在站编组始发的列车中，不得有制动故障关门车。如遇有因装载的货物规定需停止制动作用的车辆或在运行中自动制动机临时发生故障而一时不能修复的车辆时，允许关闭截断塞门的辆数，不得超过现车总辆数的 6%（尾数不足一辆按四舍五入计算）。这样，制动能力一般可以保证每百吨列车重量的闸瓦压力。如关门车数不超过现车总辆数的6%时，为方便起见，可不计算每百吨列车重量的闸瓦压力，不填发制动效能证明书。

2. 为保证列车运行安全，列车必须有充分可靠的制动性能，因此规定了列车中对车辆制动机关门的限制。

(1)机后三辆之内和列车中连续关门，对全列车的制动作用和紧急制动作用可靠性有较大的影响，且列车中部连续关门，制动时列车的纵向冲动大。根据车辆制动阀的制动性能，规定机后三辆之内不得有关门车和列车中不得连续关门超过二辆。

(2)为避免列车尾部纵向冲动过大，造成最后一辆车脱轨，并防止列车最后一辆车分离后溜逸，规定列车最后一辆车不得为关门车，最后第二、三辆车不得连续关门。

(3)当车辆发生制动主管故障、通风不良、车钩故障等情况，但转向架技术状态良好时，考虑到对全列车制动作用的不利影响，不适于连挂在列车中部，在必要时可挂于列车尾部，此时对全列车制动作用的影响最小。如车辆的自动制动机不起作用时，必须对该车及相邻车辆连结的车钩采取防止车钩分离的安全措施，保证不发生车钩分离。

(4)基于安全性的要求，旅客列车、特快货物班列不准编挂关门车。在运行途中(包括在站折返)如遇自动制动机临时故障，在停车时间内不能修复时，准许关闭一辆，但为避免列车尾部纵向冲动过大，并防止列车最后一辆车分离后溜逸，规定列车最后一辆不得为关门车。

第263条 列车在任何线路上的紧急制动距离限值按第27表规定。

第27表 列车紧急制动距离限值表

列车类型	最高运行速度(km/h)	紧急制动距离限值(m)
旅客列车 (动车组列车除外)	120	800
	140	1 100
	160	1 400
特快货物班列	160	1 400

续上表

列车类型	最高运行速度(km/h)	紧急制动距离限值(m)
快速货物班列	120	1 100
货物列车(货车轴重＜25 t,快速货物班列除外)	90	800
	120	1 400
货物列车(货车轴重≥25 t)	100	1 400

本条规定了列车在任何线路上的紧急制动距离限值。

1. 最高运行速度是指列车在运行中可能达到的最高速度,不能超过机车、车辆设计的最高速度(即构造速度)。列车实际运行的最高速度还受到牵引动力、制动能力和线路条件的限制,因此不一定能达到第 27 表的最高运行速度。

2. 列车紧急制动距离是指列车由开始使用紧急制动(操纵自动制动阀到非常位)至完全停止的距离。在任何坡道上,列车紧急制动距离均应满足第 27 表的规定,因此在下坡道上制动能力不足时,有必要根据相应的制动限速表限定列车运行速度。

列车中车辆的连挂

第 264 条 动车组以外的列车中相互连挂的车钩中心水平线的高度差,不得超过 75 mm。

---

75 mm 高度差是根据车钩中心线水平线距轨面的高度范围规定 815～890 mm 而定,是为了保证列车中机车车辆连挂时车钩高度的一致性。动车组为固定编组,正常情况下不分解。

车钩的高度差,主要是由于车辆的空重、弹簧的强弱、车轮踏面的圆周磨耗、心盘垫板的厚薄,以及线路的状况等原因所造成的。

如果车钩高度差超过规定的范围,当列车运行至道岔、路基松软地段时,车辆上下颠簸,尤其在陡坡线路上,容易发生脱钩而造成列车分离,并且高差过大时,使车钩钩舌牵引面变小,承受不了牵引力,易发生断钩。

测量两车钩中心水平线高度差的方法如图 264-1 所示。

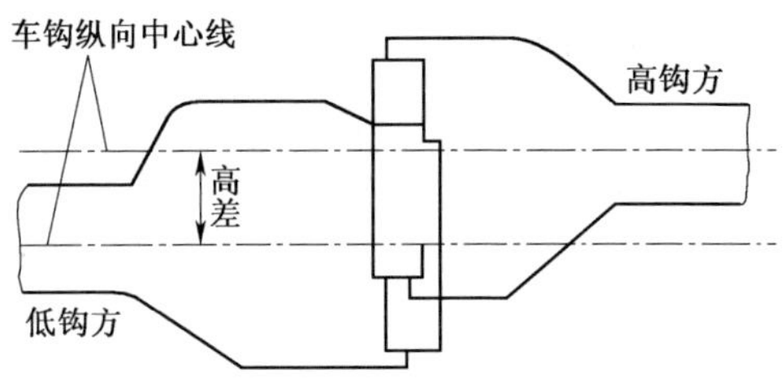

图 264-1　车钩中心水平低高度差示意图

第 265 条　列车中车辆的连挂，由调车作业人员负责。软管的连结，有列检作业的始发列车由列检人员负责；无列检作业的，由调车作业人员负责。

动车组采用机车调车作业时，随车机械师或动车段(所)胜任人员负责过渡车钩和专用风管的安装与拆卸、电气连接线的连结与摘解并打开车门，调车人员负责车钩连结与摘解、软管摘结。

动车组无动力回送或被救援时，过渡车钩、专用风管的安装与拆卸由随车机械师负责，司机配合。

考虑列车编组相关作业(调车、列检)程序，明确了车辆与车辆之间车钩连挂、软管连结的工作分工。车辆间的连挂，由调车作业人员负责。车辆软管的连结，凡有列检作业的始发列车，由列检人员负责；无列检作业的，由调车作业人员负责。软管指制动软管。

动车组采用机车调车、无动力回送及救援时，须加装过渡车钩，过渡车钩和专用风管的安装与拆卸、电气连接线的连结与摘解均由随车机械师负责，在动车段(所)内调车而无随车机械师时，由动车段(所)指派胜任人员负责。动车组无动力回送或被救援时，过渡车钩、专用风管的安装与拆卸由随车机械师负责，司机配合。

*第266条　列车机车与第一辆车的连挂，由机车乘务员负责。单班单司机值乘的由列检人员负责；无列检作业的列车，由车辆乘务员负责；无车辆乘务员的列车，由车站人员负责。

列车机车与第一辆车的车钩摘解、软管摘结，由列检人员负责。无列检作业的列车，车钩、软管摘解由机车乘务员（单班单司机值乘的由车辆乘务员）负责，软管连结由车辆乘务员负责；无车辆乘务员的列车，由机车乘务员（单班单司机值乘的由车站人员）负责。

列车机车与第一辆车电气连接线的连结与摘解由客列检作业人员负责，无客列检作业人员时，由车辆乘务员负责。

货物列车本务机车在车站调车作业时，无论单机或挂有车辆，与本列的车辆摘挂和软管摘结，均由调车作业人员负责。

旅客列车在途中摘挂车辆时，车辆的摘挂和软管摘结，由调车作业人员负责，密封风挡和电气连接线的连结与摘解由车辆乘务员负责，其他由列检作业人员负责，无列检作业人员时，由车辆乘务员负责，必要时打开车门，以便于调车作业。装有密接式车钩的客车车辆摘挂时，过渡车钩的安装与拆卸由列检人员负责，无列检人员时由车辆乘务员负责。

列车机车与动车组过渡车钩的连结与摘解、软管摘结、电气连接线的连结与摘解，由随车机械师负责。

本条明确了列车中机车与车辆之间车钩连挂、软管（指制动软管）及电气连接线摘结的工作分工。

1. 机车与第一辆车的车钩连挂分工：由机车乘务员负责。但是遇单班单司机值乘的，由列检人员负责；无列检作业的列车，由车辆乘务员负责；无车辆乘务员的列车，由车站人员负责。

2. 机车与列车第一辆车的车钩摘解分工：由列检人员负责。无列检作业的列车，由机车乘务员负责；单班单司机值乘的，由车辆乘务员负责，无车辆乘务员的，由车站人员负责。

3. 机车与第一辆车的软管摘解、连结分工：由列检人员负责。无列检作业的列车，软管摘解由机车乘务员负责，单班单司机值乘的由车辆乘务员负责，无车辆乘务员的，由车站人员负责；软管连结由车辆乘务员负责，无车辆乘务员的列车，由机车乘务员负责，单班单司机值乘的由车站人员负责。

4. 双机或多机挂车：机车重联时，车钩的摘挂及软管的摘结工作，均由前位机车乘务组负责（如 3 台机车重联，2、3 两台间由第 2 台机车负责，以此类推）。

5. 机车与第一辆车电气连接线的连结与摘解分工：电气连接线是对旅客列车而言，其摘结由客列检作业人员负责；无客列检作业人员时，由车辆乘务员负责。

6. 货物列车本务机车在车站调车（指车站利用本务机车进行调动车辆作业）：货物列车本务机车在车站进行调车作业时，无论单机或带有车辆，与本列的车辆连挂，车钩的摘挂和软管摘结工作，均由调车作业人员负责。

7. 列车在途中摘挂车辆：旅客列车在途中因故摘挂车辆时，车辆车钩的摘挂和软管摘结，由调车作业人员负责，密封风挡和电气连接线的连结与摘解由车辆乘务员负责，其他由客列检作业人员负责，无客列检作业人员时，由车辆乘务员负责，必要时应打开相应车门，以便调车作业。

8. 装有密接式车钩的客车车辆摘挂：过渡车钩的安装和拆卸均由客列检人员负责，无客列检作业人员时，由车辆乘务员负责。

9. 列车机车连挂动车组：机车与动车组连挂时，须加装过渡车钩，机车与过渡车钩的连结与摘解、软管摘结、电气连接线的连结与摘解，由随车机械师负责。

列车到达车站停车时，机车乘务员必须使列车保持制动状态。摘开机车前，有关作业人员必须确认列车停妥、车列保持制动状态后，方可摘解软管和提钩摘车。需采取其他防溜措施时，按有关规定办理。

第 267 条　两列动车组重联或解编时，由动车组机械师负责引导，司机确认。动车组重联时，被控动车组应退出占用，主控动车组使用调车模式与被控动车组连接。解编操作时，主控动车组转换为调车模式后，必须一次移动 5 m 以上方可停车。

本条对动车组重联及摘解作业有关分工和要求进行了规定。

1. 明确两列动车组重联或解编时，由动车组机械师负责引导，司机确认。

2. 动车组重联后，须重新配置动车组控制系统数据，被控动车组必须退出占用模式后，动车组控制系统的网络单元才能重新配置成功。

3. 为避免重联动车组解编后关闭导流罩时，因距离过近损坏导流罩，规定主控动车组必须移动 5 m 以上后方可停车。

列车中的车辆检查及修理

第 268 条 列检作业应按规定范围和技术作业过程进行。货物列车停车技术作业的，检查与修理应有分工，现场检查和修理应进行平行作业；不停车技术作业的，应对危及行车安全的车辆故障及时报告拦停，并由故障专修人员对故障进行确认和处理。应积极利用专用修理机具在列车或车列中修理车辆故障，减少摘车临修，充分利用技术作业时间并在规定时间内完成技术作业，保证发出列车符合质量标准。应建立车辆故障诊断指导组，对途中车辆故障进行远程诊断、指导和故障处置确认。

无列检车站始发的货物列车，应在途经第一个列检作业场安排停车技术作业。对长期不经列检进行停车技术作业的固定编组、循环使用车组，铁路局应按照列检安全保证距离的要求，制定上述车组的列车技术作业办法，跨局运行时由相邻铁路局联合制定。

动车组运行(含回送)途中不进行客列检作业。

1. 为使车辆保持良好的技术状态，列检作业场应按规定对列车中的车辆进行技术检查、制动机性能试验和故障修理工作。列检作业应根据列检作业场的分类、列车技术作业性质的不同，按规定的检查范围和质量标准进行检查和修理，对到达列车不能在列车中修复的故障应摘车修理，对始发或中转列车的故障尽量组织不摘车修理，减少摘车临修，维护车辆质量，保证行车安全。

2. 特级列检作业场设置在路网性和区域性编组站的车场；一级列检作业场设置在列车编组作业量较大或大量装卸货物的其他编组站、区段站的车场，以及停车技术作业中转列车较多的区段站、中间站；二级列检作业场设置在利用 TFDS 进行通过作业，且列车编组、摘挂作业量较小的区段站、中间站。对现场进行列检技术作业的货物列车要按规定的检查范围和质量标准进行检查和修理，根据劳动组织要求，按实际配备故障专修组，检查与修理应有分工，现场检查与修理应进行平行作业。

3. 列检作业场对不停车技术作业的货物列车实行动态检查，发现配件丢失及影响行车安全的重点故障，与运输部门联系后利用换乘、换挂时间，组织故障专修组快速处理；对不停车及无站停处理故障时间的，按规定拦停处理，其他故障向列车运行方向的下一个列检作业场进行预报，具体重点故障预报范围、预报办法和预报标准由铁路局制定，跨局运行时由相邻铁路局联合制定，报铁路总公司备案。

4. 为增加运用车，加速车辆周转，充分利用技检时间和车辆停站时间，要求尽量组织不摘车修，保证列车按运行图规定的时间发车，列检作业应在规定的时间内完成，并保证发出的列车符合相应的技术质量标准。

5. 为确保沿途故障车辆得到及时抢修恢复运用，车辆段根据实际在段或运用车间设置铁路货车运用故障诊断指导组，利用铁路货车安全防范系统及信息化手段，对管辖区域内的车辆故障进行及时的诊断、处置指导及处置结果的确认。

6. 为确保无列检作业场车站始发的货物列车运行安全，列车调度员应在途经第一个列检作业场安排停车进行列检技术作业；在本铁路局未途经列检作业场时，由车站所在铁路局与有关铁路局确定跨局运行列车列检技术作业地点，在相关文件中明确并发布执行。对长期不经列检进行停车技术作业的固定编组、循环使用车组货物列车，各铁路局应制定列车技术作业办法，确保行车安全。

7. 动车组检修作业执行特定的检修规程，因此规定动车组运行（含回送）途中不进行客列检作业。

第 269 条 车辆编入列车须达到运用状态。下列主要部件，必须作用良好，并符合质量要求。

1. 转向架：

(1)轮对、轴承、摇枕、侧架（构架）、弹簧、吊轴、制动盘；

(2)同一转向架旁承游间左右之和(弹性旁承及旁承承载结构的除外),客车为 2～6 mm,货车为 2～20 mm;常接触式旁承上下无间隙;

(3)车辆轮对的允许限度应符合第 28 表的要求。

第 28 表　车辆轮对允许限度表

<table>
<tr><th colspan="3">允许限度(mm)　分类
项目</th><th>客　车</th><th>货　车</th></tr>
<tr><td rowspan="3">车轮轮辋厚度</td><td colspan="2">客车各型</td><td>≥25</td><td></td></tr>
<tr><td rowspan="2">货车</td><td>无辐板孔</td><td></td><td>≥23</td></tr>
<tr><td>有辐板孔</td><td></td><td>≥24</td></tr>
<tr><td colspan="3">车轮轮缘厚度</td><td>≥23</td><td>≥23</td></tr>
<tr><td colspan="3">车轮轮缘垂直磨耗(接触位置)高度</td><td>≤15</td><td>≤15</td></tr>
<tr><td rowspan="4">车轮踏面擦伤及局部凹下深度</td><td colspan="2" rowspan="3">滚动轴承</td><td>本属客车出库 ≤0.5</td><td rowspan="3">≤1</td></tr>
<tr><td>外属客车出库 ≤1</td></tr>
<tr><td>途中运行 ≤1.5</td></tr>
<tr><td colspan="2">滑动轴承</td><td></td><td>≤2</td></tr>
<tr><td rowspan="4">车轮踏面剥离长度</td><td rowspan="2">滚动轴承</td><td>一处时</td><td>≤30</td><td>≤50</td></tr>
<tr><td>二处时(每一处)</td><td>≤20</td><td>≤40</td></tr>
<tr><td rowspan="2">滑动轴承</td><td>一处时</td><td></td><td>≤70</td></tr>
<tr><td>二处时(每一处)</td><td></td><td>≤60</td></tr>
<tr><td colspan="3">车轮踏面圆周磨耗深度</td><td>≤8</td><td>≤8</td></tr>
</table>

2. 自动制动机、人力制动机和货车的自动制动机空重车调整装置状态良好、位置正确,制动梁及吊、各拉杆、杠杆无裂损。

制动缸活塞行程按第 29 表规定。

第 29 表　制动缸活塞行程表

项　目　名　称	限度(mm)	备　注
装有自动间隙调整器的复式闸瓦客车	175～205	
装有 ST1-600 型闸调器的复式闸瓦客车	180～200	

续上表

项目名称			限度(mm)	备注	
装有闸调器的单式闸瓦货车	356×254 制动缸	空车位	115～135	未装闸调器(mm)	85～135
		重车位	125～160		110～160
	305×254 制动缸	空车位	145～165		
		重车位	145～195		
	254×254 制动缸	空车位	145～165		
		重车位	145～195		
	203×254 制动缸	空车位	115～145		
		重车位	125～160		
装有闸调器的复式闸瓦货车	B21、B22-1 型车	空车位	120～130		
		重车位	150～160		
	B19、B22-2、B23 型车		130～150	不分空重车位	

3. 车钩、尾框、从板座、缓冲器无裂损。

车钩中心水平线至钢轨顶面高度按第 30 表规定。

第 30 表　车钩中心水平线高度表

项　　目	车　　种	高　　度(mm)
最　　大	客车、货车	890
最　　小	空货车	835
	客　车	830
	重货车	815

4. 车底架的中、侧、枕、端梁无裂损，罐体卡带无裂损、无松动，罐体无漏泄。

车体的弯曲下垂、胀出、倾斜允许限度按第 31 表规定。

第 31 表　车体异状允许限度表

允许限度(mm)　分类 项目	客　　车	货　　车	
		空	重
中、侧梁在枕梁间下垂		40	80
敞车车体胀出		80	150
车体倾斜	50	75	

1. 转向架作为车辆的走行部，对保证列车运行的动力学性能有重大作用，其主要部件是轮对，因此在第 28 表中规定了车轮各部的允许限度，并在对转向架旁承游间的要求中增加了对常接触式旁承上下无间隙的要求。

2. 由于车辆制动机对保证列车运行安全的重要性，明确规定对制动机达到运用状态的要求，因此在第 29 表中规定了制动缸活塞行程的允许限度。

3. 根据车辆牵引连结部的作用，要求保持车钩、尾框、从板座、缓冲器的正常运用状态。

4. 本条为车辆车体保持正常运用状态的基本要求。在第 31 表规定了车体及底架变形的允许限度。

第 270 条 上线运营的动车组须符合出所质量标准。遇下述情况时，须安排动车组试运行：

1. 新型动车组运营、新线开通前；
2. 动车组新造出厂、高级检修修竣后；
3. 临修更换转向架、轮对、万向轴、主变压器、牵引电机后；
4. 重要部件、软件加装、升级后。

为保证动车组运行安全，上线运营的动车组须符合出所质量标准，包括车体及车端连接、转向架、高压牵引系统、辅助电气系统、供风及制动系统、网络控制系统、旅客信息系统、车内环境控制系统、给排水及卫生系统、车内设施、驾驶设施等系统质量符合标准。

遇下述情况时，须先安排动车组进行试运行，再安排动车组正式上线运营。

1. 新型动车组运营、新线开通前须安排动车组进行模拟试运行，主要对动车组与线路、站台设施、接触网供电、通信、信号设备等正式运营线路环境的适应性进行进一步检验，对机务、车务、电务、车辆、客运等运营各专业有关人员进行业务培训，并为开展作业演练、检验作业流程、磨合结合部、优化作业组织提供条件。

2. 动车组新造出厂后须安排进行新造试运行，是在线路上以动车组最高允许速度进行的试运行，主要是调试、整定动车组相关参数，检查各系统功能是否正常，是否满足合同技术规格要求。

3. 动车组高级检修修竣后须安排进行检修试运行，三级检修试运行主要是对动车组走行及专项检修改造部件进行检验，重点检查动车组转向架、制动系统、网络控制系统以及车端连接部位，检验动车组轮对轴箱、牵引电机、齿轮箱、电务车载设备运行状态；四、五级检修试运行主要是对转向架、制动系统、牵引系统、行车安全设备、电务车载设备、网络系统、空调、供电照明、车载设备、给水、卫生、信息等系统及门、窗、坐椅等设备及改造部件进行检验。

4. 动车组临修更换转向架、轮对、万向轴、主变压器、牵引电机后须安排进行临修试运行，主要是为了确认动车组主要部件更换后的运转性能符合正式上线运营要求。

5. 动车组重要部件、软件加装、升级后须安排进行专项试运行，是指经铁路总公司审批同意进行动车组部件改造、软件升级后，按铁路总公司批准的专项试验大纲开展的动车组试运行，目的是对重要部件、软件加装、升级后的动车组安全可靠性进行检验和验证。

第271条 在有列检作业的车站，发现列车中有技术不良的车辆，因条件限制不能修理时，应由列车中摘下修理。在其他车站发现列车中有技术不良的车辆，因特殊情况不能摘下时，如能确保行车安全，经车辆调度员同意，可回送到指定地点进行处理。

动车组列车运行途中遇空气弹簧故障时，运行速度不得超过160 km/h(CRH2、CRH380A/AL型为120 km/h)，其他旅客列车运行途中遇车辆空气弹簧故障时，运行速度不得超过120 km/h。采用密接式车钩的旅客列车，在运行途中因故障更换15号过渡车钩后，运行速度不得超过140 km/h。

---

1. 旅客列车在有库、客列检的车站，货物列车在有列检现场技术作业的车站，列检人员发现技术不良车辆时，应尽量在列车中修复。如在技检时间内不能修复时，应及时通知列检值班员与车站办理扣修手续，将技术不良车送往站修作业场或指定的地点修理。

列车在其他车站，发现技术不良车辆，因特殊情况不能摘下时，如能确保行车安全，在铁路局管内需取得铁路局车辆调度同意，跨铁路局时需取得铁路总公司车辆调度同意，回送到指定地点进行施修。

2. 采用空气弹簧悬挂的动车组，空气弹簧故障后应急弹簧可保证速度不超过 160 km/h(CRH2、CRH380A/AL 型为 120 km/h)安全运行，舒适度有所影响，因此规定在运行途中遇空气弹簧故障时应按规定限速运行。动车组以外的其他旅客列车，运行途中遇车辆空气弹簧故障时，同样存在运行的安全要求和旅客舒适度的问题，因此规定运行速度不得超过 120 km/h。当采用密接式车钩的旅客列车，在运行途中临时故障更换 15 号过渡车钩后，为保证运行安全，规定运行速度不得超过 140 km/h。

第 272 条 编入列车的国际铁路联运车辆，应符合国际铁路联运有关车辆交接技术条件。

编入列车参加国际铁路联运的车辆，由于各国的车辆限界、设备标准、行车速度和车辆配件的限度要求不同，所以一定要符合《国际联运货车使用规则》的技术要求。如技术状态不合标准，势必在国境站换装，这样既造成国境站工作上的困难，又可能使外贸物资延期交付。因此，对国际联运车辆的技术条件必须严格掌握。

关于国际联运车辆技术条件的具体要求，应按《国际联运货车使用规则》和《国境铁路会议议定书》中的规定办理。

第 273 条 运用中的车辆应按规定的周期检修。扣修和出入厂、段的车辆应建立定时取送制度，并纳入车站日班计划。

1. 运用中的车辆，应按规定的定期检修周期进行检修。客车由配属车辆段按规定自行掌握扣修；货车检修周期到期、过期的车辆，由列检作业场按规定办理扣修(包括重车插票)。

2. 为保证按计划检修车辆，缩短修车时间，加速车辆周转，车站与车辆段双方签订取送车协议书。车站应按协议书的规定，将取送车辆计划纳入车站日、班计划。车辆段扣修车辆时，应及时办理手续。

3. 车辆段调度员和列检值班员，要经常掌握扣车情况，与车站调度员加强联系，紧密配合，车站应做到及时取送列检扣修的厂修、段修、辅修、临修检修车和出入厂、段的车辆。

第 274 条 动车组以外的列车自动制动机应按下列规定进行试验。

1. 全部试验

(1)货车列检对解体列车到达后施行一次到达全部试验，对编组列车始发前施行一次始发全部试验，对有调车作业中转列车到达后首先施行到达全部试验，发车前只施行始发全部试验中的漏泄试验；

(2)货车特级列检和安全保证距离在 500 km 左右的一级列检对无调车作业中转列车始发前施行一次始发全部试验；

(3)无列检作业场车站始发的列车，在途经第一个列检作业场进行无调车中转技术检查作业时施行一次始发全部试验；

(4)列检作业场对运行途中自动制动机发生故障的到达列车；

(5)旅客列车库内检修作业；

(6)在有客列检作业的车站折返的旅客列车。

站内设有试风装置时，应使用列车试验器试验，连挂机车后只做简略试验。对装有空气弹簧等装置的旅客列车应同时检查辅助用风系统的泄漏。

2. 简略试验

(1)货车列检对始发列车、中转作业列车连挂机车后；

(2)客列检作业后和旅客列车始发前；

(3)更换机车或更换机车乘务组时；

(4)无列检作业的始发列车发车前；

(5)列车软管有分离情况时；

(6)列车停留超过 20 min 时；

(7)列车摘挂补机，或第一机车的自动制动机损坏交由第二机车操纵时；

(8)机车改变司机室操纵时；

(9)单机附挂车辆时；

(10)列车进行摘、挂作业开车前。

在站简略试验：有列检作业的由列检人员负责，无列检作业的由车辆乘务员负责，无车辆乘务员的由车站人员负责。挂有列尾装置的列车由司机负责(挂有列尾装置的旅客列车，始发前、摘挂作业开车前及在途中换挂机车站、客列检作业站，有列检作业的由列检人员负责，无列检作业的由车辆乘务员负责)。

3. 持续一定时间的全部试验

有列检作业场的车站发出的货物列车运行前方途经长大下坡道区间的，在始发、中转作业时应进行持续一定时间的全部试验，列检应填发制动效能证明书交给司机；在有列检作业场车站至长大下坡道区间的各站始发或进行摘挂作业的列车，是否进行持续一定时间的全部试验并填发制动效能证明书交给司机，由铁路局规定。具体试验和凉闸的地点、办法，由铁路局规定。

旅客列车出库前应进行持续一定时间的全部试验，在接近长大下坡道区间的车站，是否进行持续一定时间的全部试验，由铁路局规定。

长大下坡道为：线路坡度超过6‰，长度为8 km及以上；线路坡度超过12‰，长度为5 km及以上；线路坡度超过20‰，长度为2 km及以上。

列车自动制动机是保证列车运行安全的关键设备。在列车制动试验时，要认真确认列车制动主管风压漏泄程度、贯通状态和制动作用是否良好，以便发现故障及时处理。列车制动试验分为全部试验、简略试验和持续一定时间的全部试验三种。其试验项目、方法和技术要求如下：

1. 全部试验

准备：在列车尾部安装列检试验风表，确认最后一辆车辆制动管风压达到规定压力，客车尾部车辆压力表与试验风表的压力差不得超过20 kPa，货物列车以尾部达到定压且稳定为判断标准。

漏泄试验(到达列车不做)：将自动制动阀手把置于保压位或关闭机后第一辆车的前端折角塞门，保压1 min，列车管压力下降不得超过20 kPa。

制动缓解感度试验：自动制动阀手把置于常用制动位，减压 50 kPa（编组 60 辆以上的货物列车减压 70 kPa），全列车须起制动作用，并在 1 min 内不得发生自然缓解。然后将自动制动阀手把移至运转位，确认全列车制动机须在 1 min 内缓解。

制动安定试验：列车制动主管达到规定压力，自动制动阀手把置于常用制动位，列车制动管压力为 500 kPa 时，减压 140 kPa；列车制动管压力为 600 kPa 时，减压 170 kPa。确认全列车制动机不得发生紧急制动作用，同时，制动缸活塞行程须符合规定，超过标准时应调整。

2. 简略试验

由于进行列车自动制动机的简略试验属于专业性、技术性较强的工作，关系到列车运行的安全，因此对列车在车站按规定需要进行简略试验时，其分工为：挂有列尾装置的列车由司机负责，其中挂有列尾装置的旅客列车，始发前、摘挂作业开车前及在途中换挂机车站、客列检作业站，有列检作业的由列检人员负责，无列检作业的由车辆乘务员负责；未挂列尾装置的列车，有列检作业的由列检负责，无列检作业的由车辆乘务员负责，无车辆乘务员的由车站人员负责。

3. 持续一定时间的全部试验

为了保证列车在长大下坡道上安全运行，有列检作业场的车站发出的货物列车运行前方途经长大下坡道区间的，在始发、中转作业时应进行持续一定时间的全部试验，由列检填发制动效能证明书交给司机。对部分在有列检作业场车站至长大下坡道区间间的各站始发或进行摘挂作业的列车，是否进行持续一定时间的全部试验并填发制动效能证明书交给司机，由铁路局规定。货物列车具体试验和凉闸的地点、办法，由铁路局规定。旅客列车出库前，除进行制动机全部试验外，还应进行持续一定时间的制动保压试验。旅客列车在接近长大下坡道区间的车站，是否进行持续一定时间的全部试验，由铁路局规定。

试验的方法是在全部试验结束，对全列车充风达到规定压力后，将自动制动阀置于常用制动位，减压 100 kPa 后按规定时间保压，制动机不得发生自然缓解。此外，还应对制动部分进行彻底检修，如调整制动缸活塞行程，更换过限闸瓦，并做好防止因制动引起火星造成车辆或货物燃烧的措施。

第 275 条 动车组制动试验规定：

1. 动车组在出段(所)前或折返地点停留出发前需要进行全部制动试验，一级检修作业后的动车组在出发前不再进行全部制动试验；

2. 动车组列车在始发前需在操纵端进行简略制动试验；

3. 动车组列车更换动车组司机(同向换乘除外)或操纵端后，需进行简略制动试验；

4. 动车组列车在途中重联或解编后，开车前需在操纵端进行简略制动试验；

5. 动车组列车使用紧急制动停车后，开车前需进行简略制动试验；

6. 动车组在采用机车救援、无动力回送联挂机车或回送过渡车时，按动车组无动力回送作业办法进行制动性能确认。

动车组制动装置是保证动车组运行安全的关键设备。在动车组制动试验时，要认真确认动车组制动作用是否良好，制动主管压力是否正常，以便发现故障及时处理。动车组制动试验分为全部试验、简略试验两种。其试验项目、方法和技术要求按照各型动车组制动试验办法执行。

动车组在采用机车救援、无动力回送联挂机车或无动力回送需联挂回送过渡车时，按各型动车组无动力回送作业程序进行制动性能确认。

第 276 条 车辆上翻车机前和翻卸后，以及进入解冻库前和解冻后，必须由所在地车辆段派列检人员对车辆进行技术检查，对解冻后车辆进行制动机性能试验。具体技术检查作业地点由铁路局规定。

1. 翻车机及解冻库的使用和检查应符合国家标准《铁路货车翻车机和散装货物解冻库检测技术条件》(GB/T 18818—2002)的规定。

2. 由于冬季上翻车机的车辆需对冻结的煤炭等进行加温解冻后才

能进行翻卸，其解冻温度较高，易导致车辆制动阀及管系连接橡胶件发生材质变化，将影响车辆制动机性能，为此对解冻后车辆需进行制动机性能试验。具体技术检查作业地点由铁路局规定。

第 277 条 货物列车在编组站、区段站发车前，有关人员应做到：

货运检查人员应认真执行区段负责制，按规定检查列车中货物装载、加固、施封及篷布苫盖状态，以及车辆的门窗关闭情况，发现异状时，应及时处理。对无列检作业的车站，还应检查自动制动机的空重位置，不符合时应进行调整。

车号人员应按列车编组顺序表核对现车和货运票据，无误后，按规定与机车乘务员办理交接。

列检人员检查车辆，发现因货物装载超载、偏载、偏重、集重引起技术状态不正常时，应及时通知车站处理；车辆自动制动机的空重位置不符合时，应进行调整。

由于装车源头装载加固不当，或在运输过程中车辆经过多次甩挂、运行震动，可能会使货物发生移动、滚动、坠落、倒塌、窜出或压、撞坏车辆等情况，直接影响安全。所以，为保证运输过程货物完整无损和列车运行的安全，在编组站、区段站应配备货运检查人员，按规定对货物装载、加固、施封及篷布苫盖状态，以及车辆门窗的关闭情况等进行复查，发现异状及时处理。对无列检作业的车站，还应检查自动制动机的空重位置，不符合时应进行调整。货车施封的目的，是根据货物性质，为了贯彻负责制而采取的一种手段，把它作为铁路与托运人、收货人及铁路内部互相交接的依据。如果发现铅封失效、丢失时，应按有关规章规定处理。

用篷布苫盖的货物，一般都是怕湿、易燃的货物。苫盖的篷布，是起防水、防火和加固的作用，一旦篷布苫盖不严、脱落或捆绳不牢，易使货物湿损，甚至造成意外铁路交通事故。所以，发现异状应及时处理。

货车车辆门窗若不关闭，列车在运行中由于震动，容易引起车门掀动，如超出机车车辆限界，则会刮坏设备和建筑物、危及人身安全；如其坠落，则可能带来列车脱轨等安全隐患。所以，编组站、区段站的货运检查人员发现异状或未按规定关闭时，应及时处理。

货物在装运过程中，货物装载的位置、重量和加固技术条件是否正确，对车辆的技术状态有直接关系。如货物装载超载、偏载、偏重、集重时，容易将车辆压坏，甚至造成切轴，中、侧梁裂损，弹簧折损，旁承无间隙，车体倾斜和引起热轴等问题。因此，检车人员检查车辆时，发现因属货物装载所引起的技术状态不正常超过规定限度，应通知车站处理。

偏载是指装车后货物总重心横向偏离量超过 100 mm；偏重是指装车后，每个车辆转向架所承受的货物重量超过货车容许载重量的二分之一，或两转向架承受重量之差大于 10 t。

集重是指货物装车后车体主要部件（中梁、侧梁、横梁、枕梁等）的工作应力（或工作弯曲力矩）超过其许用应力（或最大容许弯曲力矩）。集重货物是指重量大于所装车辆负重面长度的最大容许载重量的货物。各类敞车、平车、长大平车车底板负重面最大容许载重量按铁路总公司相关规定办理。

第 278 条 动车组不办理编组顺序表交接。动车组以外的旅客列车编组顺序表按以下规定办理交接：

1. 在始发站由车站人员按列车编组顺序表核对现车，无误后，与司机办理交接。

2. 中途换挂机车时，到达司机与车站间、车站与出发司机间办理交接。仅更换机车乘务组时，机车乘务组之间办理交接。

3. 途中摘挂车辆时，车站负责修改列车编组顺序表。

4. 列车到达终到站后，司机与车站办理交接。

车站与司机的交接地点均为机车停留位置。

---

1. 动车组为固定编组，不办理编组顺序表交接。

2. 动车组以外的旅客列车，始发站由车站人员核对列车编组顺序表与现车一致后，与司机办理交接；中途换挂机车时，到达司机与车站间、车站与出发司机间办理交接；仅更换机车乘务组时，机车乘务组之间自行办理交接；途中摘挂车辆时，车站负责修改列车编组顺序表；列车到达终到站后，司机与车站办理交接。

3. 明确车站与司机的交接地点为机车停留位置。

第十二章　调 车 工 作

一 般 要 求

第 279 条　车站的调车工作，应按车站的技术作业过程及调车作业计划进行。参加调车作业的人员应做到：

1. 及时编组、解体列车，保证按列车运行图的规定时刻发车，不影响接车；

2. 及时取送客货作业和检修的车辆；

3. 充分运用调车机车及一切技术设备，采用先进工作方法，用最少的时间完成调车任务；

4. 认真执行作业标准，保证调车有关人员的人身安全及行车安全。

调车工作是铁路运输生产过程中的基本环节，是车站工作的主要内容之一。它对及时解体、编组列车，取送旅客列车车底和货物装卸作业、检修作业的车辆，按运输需要调动机车车辆，完成列车技术检查、整备作业，保证按运行图行车、安全正点发车，缩短车辆停留时间、加速车辆周转，全面提高服务质量，完成铁路运输的数量与质量指标任务，都有着十分重要的意义。

车站技术作业过程，是在现有技术设备和一定的行车组织方式条件下，有效地利用车站各项技术设备，合理安排作业，组织均衡生产，在参加运输工作的各部门密切协同动作的基础上制定的技术作业标准。调车作业计划规定了每批作业的具体任务、内容、方法、顺序、完成时间及注意事项等，是调车作业的依据和具体行动计划。因此，车站的调车工作必须按车站技术作业过程和调车作业计划进行。

1. 及时编组、解体列车，保证按列车运行图规定的时刻发车，不影响接车。首先明确了接发车与调车的关系，即编组要保证发车、解体要不影响接车。及时编组列车，就是按规定的时间标准完成编组任务，从而保证列车按运行图规定的时刻正点发车。车站的编组列车顺序及每列车编完时间，应按列车运行图规定的各次列车发车时刻去安排。在不妨碍正常接车和解体的条件下，正确安排编组列车计划，完成列车编组任务，合理运用到发线。及时解体列车，就是到达列车完成技术作业后，及时进行解体作业。这样既可减少占用到发线时间，又可保证正常接发其他列车，并为中转车流接续和作业车的送车创造条件。调车作业除从编组解体方面保证列车接发以外，从行车组织的角度，还应严格执行在正线、到发线上作业的有关规定，保证调车作业不影响接发列车。

2. 及时取送客货作业和检修的车辆。一是要快速取送旅客列车车底，保证车辆技术检查和客运整备作业所需时间，保证旅客列车安全正点始发；二是及时取送货物装卸和检修的车辆，确保货物装卸及车辆检修作业，缩短车辆停留时间，加速车辆周转。旅客列车始发量较大的车站，应从保证旅客列车正点始发的原则出发，加强与车辆及客运部门的联系，做到车底编组与车底取送兼顾；货物作业量较大、取送地点较多的车站，应从压缩车辆停留时间和加速货物送达的原则出发，合理安排取送车计划，兼顾取送作业与列车编解作业。检修车辆按需要应实行定点、定量、定时取送，以利于检修作业的正常进行。车站与专用线、段管线所属部门应签订取送车协议，明确各自的管理职责，加强专用线、段管线的管理，在《站细》中应明确规定专用线、段管线取送车办法。

3. 调车工作应充分运用调车机车及一切技术设备，采取先进的作业方法，用最少的时间完成调车任务。一方面要经济合理地运用调车机车及一切技术设备，采用先进工作方法，周密计划，合理安排，做到快编、快解、快取、快送，尽可能组织平行作业，充分挖掘设备潜力，压缩各种非生产时间，提高调车效率，最大限度地发挥调车机车和技术设备的效能；另一方面要发挥调车人员的积极性，各工种间密切配合、协同动作，不断提高劳动生产率。这是对调车工作的一项基本要求，也是衡量车站行车组织工作水平的一个重要标志。

4. 认真执行作业标准，保证调车有关人员的人身安全及行车安全。调车工作是在动态中进行的，作业组织复杂，多工种联合动作，时常面对恶劣的天气、多变的环境，影响因素诸多，多年来调车事故在行车事故中所占比重最大，所以在调车工作中，必须认真执行规章制度，落实作业标准，遵章守纪，防止一切可能发生的事故，保证调车有关人员的人身安全及行车安全。

第280条 调车工作要固定作业区域、线路使用、调车机车、人员、班次、交接班时间、交接班地点、工具数量及其存放地点。

作固定替换用的调车机车及小运转机车，应符合调车机车的条件（有前后头灯、扶手把、防滑踏板等）。

调车工作的“九固定”是安全、迅速地进行调车作业的行之有效的制度，有助于提高调车工作效率，保证调车安全。固定作业区域、线路使用、调车机车、人员和班次，能够充分合理运用调车设备和调车机车，组织平行作业，提高劳动生产率。由于调车工作的多变性、环境的复杂性，除必须加强计划指挥管理外，还必须从固定调车设备、工具，固定人员制度上加以保证，特别对于调车工作繁忙，有数台调车机、数个调车组同时作业的车站尤为重要。

1. 固定调车作业区域，就是在技术站或者调车作业繁忙、配线较多、调车作业种类多的中间站，大多配有两台或多台调车机车，为避免同时作业相互间的干扰，提高调车效率和保证调车作业的安全，把每台调车机的作业范围固定在一定区域之内，按分工进行相对固定的作业，便于调车作业人员掌握设备情况，熟悉本区作业性质，也有利于提高调车工作效率和保证调车作业的安全。

2. 固定线路使用，主要是指对调车线按列车编组计划车流组号、车流性质和车流量，以及特殊用途等，结合线路的配置情况，合理安排线路的使用方案，从而有效地使用线路，减少重复作业，缩短调车行程，并有利于提高调车计划质量和保证安全生产。

3. 固定调车机车。为便于调车领导人、调车指挥人和其他调车人员熟悉调车机车性能、特点如换长、功率、制动性能等，科学、合理地编制或执行调车作业计划，调车机车应相对固定。

4. 固定人员和班次，调车作业是由多工种配合进行的，包括调车组人员、机车乘务组人员和扳道人员等，由于单位不同、工种不同，他们长期固定在一起工作(俗称"对班"),有利于各工种间的互相了解,密切配合,协调作业,有利于提高工作效率和保证作业安全。

5. 固定交接班时间和地点,可以避免互相等待,有利于压缩非生产时间,便于管理。

6. 固定工具数量及存放地点。调车工具如铁鞋、叉子等,要按需固定数量、固定地点存放,保证能够交接清楚,不仅有利于日常使用和保管,当发生损坏或短少时,也便于及时发现和补充,消除安全隐患,保证正常作业需要。

因为调车机车与本务机车担当的任务不同,机车装备要求也不同,除配备列车运行监控装置、列车无线调度通信设备及防溜、救援、消防等设备外,调车机车应配备无线调车灯显车载设备、具备前后瞭望的条件,有条件的还应装备无线调车机车信号和监控系统,为便于调车组人员上下和站立,前后均应有扶手把和防滑踏板。固定替换的调车机车和小运转机车其装备也应符合调车机车的要求,以利于调车作业。

第 281 条 调车工作繁忙、配线较多的车站,可划分为几个调车区。

没有做好联系和防护,不准越区或转场作业。

调车机车越区作业的联系和防护办法,应在《站细》内规定。

在调车作业繁忙、配线较多的车站,配有两台及以上调车机车时,应根据车站(车场)布局特点、调车作业性质、车流特点和车站配线等情况,划分每台调车机车相对固定的作业区域,简称调车区。每个调车区一般情况下只有一台机车按固定范围作业(驼峰有预推进路者除外),可避免调车作业的互相干扰、抵触,便于机车乘务人员和调车人员熟悉作业区域设备特点和工作条件,有利调车安全。但对于车流量大、作业繁忙的车站,设有驼峰调车场,为提高调车效率,及时完成调车任务,在同一驼峰或峰尾调车区配备二台或以上调车机,这样在驼峰调车场,驼峰头部设有双推设备、峰尾设有两条及以上牵出线(平行进路),能满足调车机车间平行作业,减少交叉干扰,提高效率,保证安全。

划分调车区的基本原则是:各调车机车在作业上互不干扰和抵触,调车机车、驼峰、牵出线及调车线负担的任务相对均衡合理；加速编解作业，减少重复作业，充分挖掘潜力；保证调车作业和接发列车的安全。

划分调车区的方法，应根据车站的调车任务、车流和调车设备配置等情况而定，并在《站细》中规定。一般采用两种方法：

1. 对于调车作业互不干扰，设有牵出线和一定数量调车线的独立车场，可单独划区管理。在调车作业量较大的货场、交接场和专用线，在配有专用的取送调车机车时，也可以划为单独的调车区。

2. 对于两端均设有牵出线和驼峰，或一端设有牵出线、一端设有驼峰的车场，可实行横向划区或纵向划区。

横向划区的办法是在调车场中部特设分界标或利用固定建筑物作为调车区的分界线，两端各为一个调车区，两调车区之间应设立安全区。为了保证重点和适应不同作业的需要，通常把分界线划在靠近担负编组或辅助工作的一端，尽量使担负解体或主体调车一端保证有较长的线路。有的车站由于线路短，不宜用固定分界线方法划分调车区，而是规定当线路上有停留车时，就以该线内停留车为分界标，两端调车作业均不准触动该分界车。只有当线路空闲时，才以固定的分界标为界。在横向划区的调车场任何一端调车时，越过分界线或触动分界车均为越区作业。

纵向划区是调车（编发）场的任何一端都有两条及以上的牵出线或驼峰溜放线，且分别配有固定的调车机车，共同担负车场一端的调车工作，或调车（编发）场两端各有一台机车因设备、车流等原因分线束划区作业。一般是按照每条牵出线或驼峰溜放线直接接通的线束来划分，每个调车区分配几条线路，规定一定的工作任务，固定一台调车机车，这样便于各台调车机车平行作业。遇有交叉作业时，按越区作业办理。

在集中联锁的车站，一般以独立的集中操纵楼（信号楼）来划分调车区，固定一台或多台调车机车共同作业。调车（编发）场为共同作业区域，在横列式车站到发场亦为共同作业的区域，在共同区域作业时，应相互做好联系。

越区和转场调车，是车站调车作业中一项比较复杂的工作。越区作业，是指调车机车或带有车辆越出本调车机固定的作业区域，进入其他调车区作业；转场作业，是指调车机车或带有车辆由一个车场去另一个车场的作业。越区既可能在同一车场也可能在不同车场间进行，转场既可能在同一调车区内也可能在不同调车区内进行。越区或转场调车，不仅关系到调车区和车场之间作业的安排，而且有时还要经过许多线路和道岔，跨越正线和其他车场，如果没有做好联系和防护，不但要影响调车效率，而且会危及行车安全。因此，要求在越区或转场作业时，两区（场）调车领导人或车场值班员之间必须事先做好联系，停止相抵触的作业，确认线路，准备好进路，并做好防护。没有做好联系和防护，不准越区或转场作业。

划区（场）的车站，均应根据车站的技术设备、作业特点等情况，制定越区（转场）的联系、防护办法，纳入《站细》，作业时必须按照《站细》中的有关规定办理。

第282条 使用机车进行调车作业时，应采用无线调车灯显设备（机车摘挂、转线等不进行车辆摘挂的作业，列车在到达线路内拉道口、直接后部摘车除外），并使用规定频率，其显示方式须符合有关要求。无线调车灯显设备应与列车运行监控装置配合使用。

无线调车灯显设备正常使用时停用手信号，对灯显以外的作业指令采用通话方式；无线调车灯显设备发生故障时，改用手信号作业。

无线调车灯显设备、无线调车机车信号和监控系统的使用、维修及管理办法由铁路局规定。

20世纪90年代初期推广使用的无线调车灯显设备，具有调车作业指令无线传输功能，即将调车指挥人通过专用电台发出的调车指令以不同颜色的灯光显示在机车控制器上，指挥机车乘务员、调车组作业（通过语音合成技术，在将调车指令显示于机车控制器的同时，辅以语音提示）；还具有调车组、机车乘务组及调车领导人之间通话功能。为防止信号的串扰，每套无线调车灯显设备都有自己固定的频点，同一调车组人员所使用的每部电台均有相应的编码，当某一制动员发出紧急停车指令后，只有该制动员发出解锁指令才能解锁，其他任何人的指令均不可能使其解锁。另外，当调车长按压电台指令键后，发生调车长电台故障或电力不足等情况，造成不能发出指令时，机车控制器可测出上述故障，同时自动发出“故

障停车"的指令。该设备可与列车运行监控装置连接,将各种调车指令转换为列车运行监控装置控制机车作业的数据、指令。该设备还具有数据采集和记录系统,可以记录调车指令的内容、发出时间,采集调车速度,以便分析作业情况。

随着现代电子技术的发展,铁路加快了运输设备的现代化步伐,调车解体作业从简易驼峰、机械化、半自动化驼峰发展到自动化驼峰;通信联络从使用站场扩音广播、站场对讲电话到无线通信联系;调车作业指挥方式从灯旗指挥到无线调车灯显设备,调车作业的现代化程度越来越高,通信联系和作业指挥越来越灵活可靠。随着无线调车灯显设备在全路的广泛应用,实现了"调车作业不使用灯旗指挥"的目标,在调车作业中,消除了确认信号困难、联系不彻底等安全隐患,提高了调车效率。无线调车灯显设备的记录功能为分析事故或问题提供了有效、可靠的依据,能够找到问题的根源,真正的吸取教训,避免类似问题的再次发生。

1. 使用机车进行调车作业时,应采用无线调车灯显设备。对于以机车为动力的调车作业,应采用无线调车灯显设备进行调车作业指令无线传输和通话联系,不使用灯旗指挥,提高调车效率,消除确认信号困难、联系不彻底等安全隐患。

2. 机车摘挂、转线等不进行车辆摘挂的作业,列车在到达线路内拉道口、直接后部摘车除外。考虑这几类具体调车作业的性质和实际,作业过程简单,没有调车指挥人和调车人员参与,若使用无线调车灯显设备反而需增加设备和作业环节。对于此类不使用无线调车灯显设备即可安全、高效的完成调车任务的情形,不要求采用无线调车灯显设备。

3. 无线调车灯显设备应与列车运行监控装置配合使用。列车运行监控装置实现了对列车运行的监控与记录,无线调车灯显设备与列车运行监控装置配合使用,可以监控和记录调车作业过程,将无线调车灯显设备的指令纳入列车运行监控装置进行控制,充分体现了科技保安全、设备保安全的理念。

在无线调车灯显设备未与列车运行监控装置配合使用的情况下,在调车作业过程中,由于调车组人员或机车乘务组人员不执行作业标准或无线调车灯显设备发生故障时,列车运行监控装置不能发挥控制调车车列的作用,难以有效防止调车作业事故或问题的发生。为充分发挥设备安全控制作用，规定无线调车灯显设备应与列车运行监控装置配合使用，就是将无线调车灯显设备的机控器与列车运行监控装置相联，使列车运行监控装置接收无线调车灯显设备发出的指令，并按指令的要求限制调车速度，对调车作业情况进行监控，必要时停车，在调车作业中能够有效地防止调车超速连挂、调车冲突等事故。

无线调车灯显设备的机控器与列车运行监控装置的连接：担任固定调车作业的机车，无线调车灯显设备的机控器应与列车运行监控装置固定连接；由本务机车、小运转机车（含调度机车）担当调车作业时可使用便携式无线调车灯显设备机控器，作业开始前无线调车灯显设备的机控器临时与运行监控装置连接，作业完了由调车人员取回。

4. 无线调车灯显设备正常使用时停用手信号，对灯显以外的作业指令采用通话方式；无线调车灯显设备发生故障时，改用手信号作业。为了避免灯显和手信号同时使用，增加调车作业环节和作业人员负担，形成“双指令”，也给司机带来识别困难，明确规定无线调车灯显设备正常时，调车作业人员应停用手信号，使用该设备指挥调车作业。考虑到目前灯显设备存在部分作业指令和作业联系等无法显示的情况，对灯显以外的作业指令采用通话方式。无线调车灯显设备发生故障时，应暂时停止作业，更换备用灯显设备后再继续作业。考虑一批或一钩作业过程中，难以中途更换备用灯显设备，以及没有良好的备用灯显设备等情形，应恢复手信号作业，完成作业任务。如调车组人员间电台通话功能良好时，作业中仍可使用电台相互联系，但调车长须改用手信号方式指挥司机。

5. 无线调车机车信号和监控系统（Shunting Train Protection，简称STP）设备是使用无线传输方式把地面信号及调车作业计划等数据传送到机车上，由车载监控系统对相关信息进行分析利用，实现站场图显示、作业计划显示、站场调车作业安全控制、作业过程记录等功能，可有效防止冒进信号和超速造成事故，并实时记录相关数据，便于对作业过程和事故原因的分析，提高调车作业安全性。

第 283 条　动车段（所）设动车组地勤司机，负责动车组在动车段（所）内调车、试运行等调移动车组作业。

考虑动车段(所)担负着动车组日常检修任务,动车组在动车段(所)内还有大量转线、出入洗刷、检修线和重联、解编作业,为此,需在动车段(所)设动车组地勤司机,专职负责动车组在动车段(所)内调车、试运行等调移动车组的作业。

领导及指挥

第284条 车站的调车工作,由车站调度员(未设车站调度员的由调车区长,未设调车区长的由车站值班员)统一领导。分场(区)时,各场(区)的调车工作,由负责该场(区)的车站调度员或该场(区)的调车区长领导。

动车段(所)调车工作的领导及指挥由铁路局规定。

调车工作是由调车组人员、扳道(信号集中操纵)人员、机车乘务人员等共同完成的,多工种在不同的条件和环境下联合作业,为了安全、迅速、准确、协调地完成调车作业任务,必须有统一领导。即在同一时间内对于一个车站或一个调车场(区)的工作,只能由该站的车站调度员(未设车站调度员的由调车区长,未设调车区长的由车站值班员)一人负责领导。所有车站的调车工作,都应根据调车领导人的命令、计划办理;所有与调车工作有关的人员,必须认真执行调车领导人的命令、指示和工作计划。

1. 设有车站调度员、调车区长的车站,车站及各调车场(区)互相间关联的工作,由车站调度员的统一领导;各调车场(区)内的调车工作,由负责该场(区)的调车区长领导。

2. 设有车站调度员未设调车区长的车站,调车工作由车站调度员领导,作业计划由其直接布置。设有调车区长未设车站调度员的车站,调车工作由调车区长领导。

3. 未设车站调度员和调车区长的车站,一般为中间站,调车作业量较小,调车工作由车站值班员领导。

4. 动车段(所)设备及管理模式不尽相同,调车工作的领导及指挥与车站有所区别,具体由铁路局规定。

第 285 条　调车作业由调车长单一指挥。利用本务机车进行调车作业时，可由车站值班员或助理值班员担任指挥工作。遇有特殊情况，可由经鉴定、考试合格取得调车长资格的胜任人员代替。

调车作业实行单一指挥的制度，是为了保证调车作业有关人员行动一致、密切配合，在保证安全的基础上提高效率，更好地完成调车任务。

单一指挥就是对每台担当调车作业的机车在同一时间内只准由调车指挥人一人指挥。所有调车有关人员（调车组、扳道组、机车乘务组）都必须按调车指挥人的指挥进行作业。

调车指挥人的确定，按人员配备与作业要求的不同，有以下几种情况：

1. 调车组均配有调车长，配有调车组的车站，调车作业应由调车长单一指挥。

2. 未设调车组的车站或调车组正在进行其他调车作业，如需利用本务机车进行调车作业时，可由车站值班员或助理值班员担任指挥工作。

3. 如因特殊情况，上述指定人员不能指挥调车作业时，只准许由经鉴定、考试合格取得调车长资格的胜任人员担当调车指挥工作。

第 286 条　调车长在调车作业前，必须亲自并督促组内人员充分做好准备，认真进行检查。在作业中应做到：

1. 组织调车人员正确及时地完成调车任务；

2. 正确及时地显示信号（发出指令），指挥调车机车的行动；

3. 负责调车人员的人身安全和行车安全。

在调车作业中，调车长既是组织者又是指挥者，对组织调车人员执行规章制度、落实作业标准，严格按《站细》的规定和调车作业计划进行工作，保证安全，提高效率，全面完成任务，负有重要责任。因此，调车长不仅要做好本身的工作，还要组织、督促并指挥调车人员共同完成调车任务。

调车作业的准备工作，是保证顺利完成调车任务的前提。调车作业准备工作主要包括以下几个方面：

1. 在计划安排方面，要传达核对计划，制定作业方法，进行作业分工，并针对重点工作进行安全预想；

2. 在工具准备方面，要对调车组的每台无线调车灯显设备进行检查试验，特别是须与司机确认无线调车灯显设备作用良好，要准备好铁鞋、叉子、安全带、灯具及防溜器具等；

3. 在了解情况方面，要掌握是否空线、各线车辆停留位置、停留车组间隔、检修及装卸作业是否完成和防护用具是否撤除等；

4. 在需要提前行动方面，摘管、排风、选择人力制动机，对专用线、段管线的线路、道岔、大门、停留车辆、堆放货物距离、有无障碍物等进行检查。

做好准备是调车作业的关键环节之一，也是保证调车作业安全的关键，上述准备工作，有的需调车长亲自进行，有的是督促有关人员去做；有的需接班开始后进行准备，有的则在连续作业中进行准备。有关人员必须认真做好，有关责任必须落实到人。

在调车作业中，调车长首先要组织调车人员正确及时地完成调车任务。“正确”是指按“调车作业通知单”的要求进行作业，做到溜放调车时不混线、不堵门，尽量缩小车组间隔距离；取送客车、作业车和检修车时，要对好位置；编组列车时，要连挂正确，对好列车试风器位置，并要注意重点检查“关门车”、车下不压铁鞋等等。“及时”是指按“调车作业通知单”要求的时刻，及时完成列车编组、解体及车辆取送、转线等作业。

调车长显示的调车手信号或使用无线调车灯显设备发出的指令，是对调车作业行动发出的命令，有关人员必须认真执行，所以信号显示或发出的指令必须正确、及时。“正确”是指信号显示方式或发出的指令意义必须符合有关规定，并做到规范化。如手信号显示要横平、竖直、灯正、圈圆等。“及时”是指根据不同作业要求及距离、速度、作业方法等，及时显示信号或发出指令。

保证调车作业中的人身安全和行车安全，是调车长最重要的责任之一。要求调车长认真学习规章制度，掌握调车作业标准，在作业中认真落实作业标准化，严格要求，并随时地掌握参加作业人员的动态，了解他们执行作业标准情况，确认其所在位置及信号显示，发现情况不明、信号不清及其他特殊情况危及作业安全时，应立即采取停车措施，以确保人身安全和调车作业安全。

第 287 条 司机在调车作业中应做到：

1. 组织机车乘务人员正确及时地完成调车任务；
2. 负责操纵调车机车，做好整备，保证机车质量良好；
3. 时刻注意确认信号，不间断地进行瞭望，认真执行呼唤应答制，正确及时地执行信号显示（作业指令）和调车速度的要求，没有信号（指令）不准动车，信号（指令）不清立即停车；
4. 负责调车作业的安全。

司机负责调车机车的操纵，是保证调车安全和完成调车任务的关键环节。因而司机应做到：

1. 接收作业计划，确认调车作业方法与注意事项，并及时传达给本组人员，组织本组人员正确及时地完成调车任务。

2. 接班后，组织本组人员按规定做好机车整备，确保机车质量良好，确认列车运行监控装置良好。使用无线调车灯显设备调车作业时，还应与调车长共同确认无线调车灯显设备作用良好。调车作业中负责操纵机车。

3. 调车手信号和无线调车灯显设备发出的指令是对调车作业发出的命令，作业中要认真确认、执行信号显示（作业指令）和调车速度的要求。没有信号或指令不准动车，遇有固定信号、手信号显示不明或不正确和无线调车灯显设备故障、指令不清、错误显示、无信号显示或接到紧急停车指令时，要立即停车，确认信号或指令后再行作业，严禁臆测作业。

4. 确认信号显示（作业指令），不间断地瞭望，督促本组人员注意瞭望、互控，认真执行呼唤应答制度，发现危及人身或作业安全时，要立即采取措施。

计划及准备

第 288 条 调车领导人应正确及时地编制、布置调车作业计划。布置调车作业计划，应使用调车作业通知单。中间站利用本务机车调车，应使用有示意图的调车作业通知单（示意图可另附）。使用无线调车灯显设备的车站，调车作业计划布置方法，由铁路局规定。

列车在到达线路内拉道口、对货位、直接后部摘车、本务机车（包括重联机车、补机）摘挂及转线、企业自备机车进入站内交接线整列取送作业，可不使用调车作业通知单。

自轮运转特种设备调车作业是否需要使用调车作业通知单由铁路局规定。

调车领导人与调车指挥人必须亲自交接计划。由于设备原因，亲自交接计划确有困难以及设有调车作业通知单传输装置的车站，交接办法在《站细》内规定。

调车指挥人应根据调车作业计划制定具体作业方法，连同注意事项，亲自向司机交递和传达；对其他有关人员，应亲自或指派连结员进行传达。具体传达办法，在《站细》内规定。

调车指挥人确认有关人员均已了解调车作业计划后，方可开始作业。

动车段（所）调车工作的计划编制及下达办法由铁路局规定。

调车作业计划是调车人员的行动依据，调车领导人是通过调车作业计划来实现对调车工作的领导，完成调车工作任务。调车领导人必须根据车站技术作业过程所规定的各项技术作业时间标准和班计划、阶段计划的任务要求，结合站内或有关区域内现在车分布情况和列车到达确报，按始发列车的编组要求、到达列车的编组内容、旅客列车车底、货物作业车和检修车取送安排、接发列车与调车作业的进展情况等，正确及时地编制、布置调车作业计划。

编制调车作业计划，应根据列车到发计划、列车编组计划、车流接续要求和货物作业情况，确定合理的作业顺序；最大可能地实现解体照顾编组，编解与取送、取送与货物作业和检修作业结合，使各项作业均衡衔接；及时取送旅客列车车底，并进行必要的倒调作业，有足够的时间使车辆部门进行检修作业和客运部门进行整备作业，保证旅客列车的正点始发。在保证安全的前提下，调车作业要充分利用线路，合理运用调车机车，做到计划周密、安排详细，正确无误。

编制调车作业计划时,在充分考虑各方面因素的基础上,要努力提高作业效率,用最少的作业钩数,最短的调车行程,占用最少的线路,消耗最少的时间,完成阶段计划所规定的各项调车工作任务。

调车作业计划的编制和布置,要做到及时、正确、完整。这就是在编制计划前要根据列车确报等资料,全面了解列车到达和始发情况,提前做好计划,使调车作业连续衔接,前一批作业为后一批作业打好基础;计划内容要正确,注意事项齐全,避免错漏,要有充分的预见性,减少变更;根据有关规定及实际作业需要,用易懂易记的符号或标记对禁止溜放的情况和限速连挂、禁止过峰、禁止使用铁鞋制动的车辆、空车及易碎易窜货物的车辆等加以注明,以便作业中执行和引起调车作业人员的注意。

布置调车作业计划是一项十分严肃认真的工作。调车领导人编制的调车作业计划,应采用"调车作业通知单"布置计划。

在"调车作业通知单"上,应明确调车作业的调车组(只有一个调车组时除外)、编解列车的车次、作业的计划开始与终了时间、使用的线路、摘挂的辆数、应注意的事项及经由的车场线路等。

"调车作业通知单"的填记必须准确、清楚。"注意事项"包括的内容、符号、填记方法,由各站自行规定,填记在记事栏内。编制调车计划的调车领导人应签名(打印姓名或代号)。

由于本务机车通常担当的是列车牵引任务,有时在区段内不固定的车站进行调车作业,考虑到司机对车站线路、站场设备不够熟悉,所以规定中间站利用本务机车进行调车时,不论作业计划或变更计划钩数多少,均使用附有示意图的"调车作业通知单",使司机熟悉和掌握设备情况,为作业提供方便条件。

考虑近年来大量采用计算机系统编制、传输调车作业计划,示意图难以植入系统,还有一些中间站站场较大、线路复杂,调车作业通知单上的示意图受页面大小限制看不清,因此示意图可在调车作业通知单外另附。

如何使用无线调车灯显设备布置计划,由铁路局根据设备情况和作业特点统一规定。

列车在到达线路内拉道口、对货位、直接后部摘车、本务机车(包括重联机车、补机)摘挂及转线、企业自备机车进入站内交接线整列取送作业,作业简单,可不使用调车作业通知单。

自轮运转特种设备主要担当施工、维修及相关配合作业，一般不进行车辆摘挂作业，是否需要使用调车作业通知单由铁路局规定。

调车领导人和调车指挥人亲自交接计划不仅能够防止误传计划，而且能交换更多的情况，全面了解作业任务及意图，及时准确地掌握各种注意事项，有利于保证安全，提高效率。如确因连续作业，调车指挥人不能离机车时，调车领导人应将计划亲自送到作业场所，当面交与调车指挥人。如因设备和劳动组织的原因，调车领导人与调车指挥人不能亲自交接计划时，交接办法在《站细》内规定。但无论用人工传递、固定设备传递或电话抄收等，都必须保证调车计划能够交接清楚。随着现代化传输设备的应用，调车计划的传达方式越来越先进，自动化驼峰设备可将计划直接传输至自动控制系统，有的还采用调车通知单传输系统(传统机械、有线或无线设备等)、计算机网络传输、电话传真等，但计划接收人均应与计划编制人进行认真的核对，以免计划接收不正确影响作业，具体核对方法应在《站细》内规定。

为正确及时地完成调车作业计划，调车指挥人每次接受调车作业计划后，应根据计划内容和要求，结合设备、车辆停留、人员配备等情况，制定具体的调车作业方法，连同注意事项亲自向司机交递和传达；对其他人员也应亲自传达，使参加调车作业的人员明确作业方法和注意事项，按照计划统一协调行动。线路比较分散、业务量比较大的车站，调车指挥人亲自传达计划有困难时，可指派连结员进行传达，具体传达办法在《站细》内规定。比如由调车领导人将调车作业计划向信号员传达；驼峰作业时，调车领导人向峰顶提钩人员及峰下铁鞋制动长传达；未设调车组的中间站利用本务机车作业时，由车站值班员向扳道员传达等等。

调车作业计划的传达，有一个最根本的要求，那就是无论采取何种传达和联系方法，最后都必须由调车指挥人确认有关人员均已正确了解调车作业计划、掌握作业要求及注意事项后，方可开始作业。

动车段(所)设备及管理模式不尽相同，调车内容和调车工作计划的编制及下达办法也与车站有所区别，具体由铁路局规定。

第289条 一批作业(指一张调车作业通知单)不超过三钩或变更计划不超过三钩时，可用口头方式布置(中间站利用本务机车调车

除外)，有关人员必须复诵。变更股道时，必须停车传达。仅变更作业方法或辆数时，不受口头传达三钩的限制，但调车指挥人必须向有关人员传达清楚，有关人员必须复诵。

驼峰解散车辆，只变更钩数、辆数、股道时，可不通知司机，但调车机车变更为下峰作业或向禁溜线送车前，须通知司机。

由于调车作业涉及的环节多且现场情况多变，变更调车作业计划在所难免，但是及时了解和准确掌握实际情况，增强预见性，做到不变更或少变更计划，是对调车领导人的一项重要要求。变更调车作业计划，会打乱调车长已经布置的作业方案，而且常常因为传达不彻底，造成调车人员预想不够，失去协调，以至发生错漏，破坏工作秩序，引发混乱，甚至酿成事故。因此，遇变更计划，必须把住传达彻底这一关。

考虑到变更计划多在作业过程中发生，重新填写书面计划影响作业效率，但又考虑到人的记忆能力有限，所以规定一批作业不超过 3 钩或变更计划不超过 3 钩时可用口头方式布置。为了确保作业人员协调一致，传达必须清楚彻底，重点工作和注意事项要布置清楚，接受计划人员必须复诵，对重点工作和注意事项做好预想，做到心中有数。

调车作业线路的有效长、停留车、作业要求各不相同，为此变更股道，牵涉面较广，是调车计划主要内容的变更，因而对调车安全的危害也最大。在执行调车作业计划中，因某种原因，不得不改变原来计划的股道时，为安全起见，调车指挥人必须停止作业，重新传达给有关人员。

仅变更作业方法或辆数时，主要是指溜放与推送方法的变更、摘挂车数的变化，因而不受口头传达三钩的限制，但调车指挥人必须向有关人员传达清楚，推送变更溜放时，有关人员要提前做好车辆制动的准备工作。

驼峰作业，由于司机按信号显示要求推峰，如驼峰解散作业只变更钩数、辆数、股道时，对司机操纵影响不大，可不通知司机。但变更为调车机车下峰作业或向禁溜线送车时，涉及调车作业方法的改变，下峰作业或向禁溜线送车时如果速度掌握不好，容易发生问题，对安全危害较大，因此必须向司机传达清楚。

去货物线、专用线调车时，遇现场的实际情况与原计划不符时，准许调车指挥人根据实际情况，自行变更或制定作业计划，但使用无线调车灯显设备能够与调车领导人取得联系时，须取得其同意；同时中间站利用本务机车调车时，也可以采用改写调车作业通知单的方式向司机传达，但作业完了后，必须及时向调车领导人汇报计划变更和车辆停留情况。

第290条 调车作业必须做好下列准备：

1. 提前排风、摘管，核对计划，确认进路，检查线路、道岔（集中联锁区除外）、停留车及车辆防溜等情况；
2. 人力制动机的选闸、试闸，系好安全带；
3. 准备足够的良好制动铁鞋和防溜器具；
4. 无线调车灯显设备试验良好。

提前做好调车作业前的准备工作，搞好安全预想，才能顺利地进行调车作业，安全迅速地完成调车工作任务。调车作业前主要做好下列准备工作：

1. 作业开始前要事先做好排风、摘管工作。排风，是指由专人拉动待解车列每辆车的缓解阀，将副风缸、制动缸的风排净，防止因副风缸内余风漏泄发生制动，造成车辆作业中抱闸，危及溜放车辆的安全。摘管，是指按调车作业计划的要求，将摘开车组处的车辆软管摘开，方便提钩作业，以免在解散或溜放过程中停车摘管，延长解体时间。

在调车作业开始前，为了使调车人员进一步清楚作业计划和分工，有关人员应进一步核实确认计划，明确各自的作业分工、并做好安全预想。特别是对调车指挥人不能亲自传达布置的人员，更要认真核对计划防止错漏。在填写或抄收、传收“调车作业通知单”的过程中，也要认真核对，防止传错、抄错。

确认进路、检查线路、道岔（集中联锁区除外）和停留车位置等工作，都是确保调车作业安全的重要环节。在集中区调车时，要确认进路上所有调车信号机都处于开放状态；在非集中区调车时，要确认扳道人员的开通信号，无扳道人员时调车组人员要确认道岔开通位置。确认进路，调车人员必须做到钩钩确认。

在轨道电路分路不良区段进行调车作业时，调车组人员（司机）还应在确认调车车列（机车）到达指定地点后通知准备进路人员，准备进路人员方可排列进路，防止因轨道电路分路不良造成道岔中途转换，危及调车安全。

要提前检查线路、道岔(集中联锁区除外)、停留车位置，尤其是去货物线、专用线、段管线取送车辆时，应事先派人检查线路、道岔(集中联锁区除外)、车辆、大门、货物堆放距离及安全防护用具使用情况，因路途较远或受人员、设备的限制，可在进入上述线路前检查，具体办法应在《站细》内规定。货物线、专用线、段管线由于作业特点、人员和管理方面的问题，不确定的因素多，作业条件变化大，因此要认真检查确认，不得简化作业过程、臆测作业和盲目图快，同时要有联控制度，以防疏漏，确保安全。

检查停留车辆的防溜措施，主要是指去货物线、专用线、段管线及其他停有采取防溜措施车辆的线路上摘挂车辆时，应先检查停留车是否采取了防溜措施。牵出或推进车列时，要检查车下有无铁鞋、止轮器，人力制动机是否松开，防止因拉鞋、轧止轮器或抱闸造成事故。对摘下需要采取防溜措施的车辆，要检查是否按规定采取了防溜措施。

2. 人力制动机制动时，要事先做好选闸和试闸工作。在选闸和试闸中，一般要做到“四选四不选”，即选前不选后，选重不选空，选大不选小，选高不选低和“一闸两试”(停车试和走行试)等方法。这样，才能保证溜放的车组有足够的制动力，防止选闸不当制动力不够或未试闸等，致使人力制动机制动力不强或不制动造成事故。

为了保证调车作业人员的人身安全，使用人力制动机制动的人员，必须按规定挂好安全带。

3. 为满足调车作业过程中溜放车组制动和机车车辆停留后防溜需要，作业前应准备足够、良好的制动铁鞋和防溜器具。铁鞋制动时，包线制动员要根据溜放车组的空重及辆数的多少，提前在上鞋地点备好足够的制动铁鞋。

铁鞋无论用于制动还是防溜，都应该良好，必须认真检查，不合格的铁鞋禁止使用，并应及时更换。

铁鞋具有下列不良情况之一者，禁止使用：

(1)支座有裂纹；

(2)没有挡板或挡板损坏；

(3)底板扭曲；

(4)鞋尖与轨面不密贴；

(5)鞋尖破损、压扁或弯曲；

(6)鞋尖宽度超过轨面宽度；

(7)支座或底板的焊接破裂或铆钉松动；

(8)底板边缘损坏、磨耗过甚或弯曲；

(9)铁鞋尺寸与轨型不符；

(10)铁鞋底板有冰雪、油渍或盐碱等润滑物质。

发现不合格的铁鞋，当时不能更换的，应放在线路中间或集中放置在一处，不得与合格的铁鞋混在一起，以免用错造成事故。

4. 无线调车灯显设备作为指挥调车作业的关键设备，调车作业过程中必须时刻保持良好的状态，因此作业开始前必须进行试验，主要包括调车组人员间的试验和调车长与司机间的试验，以防作业过程中发生故障，影响调车作业的正常进行。

对于固定调车组和调车机车的车站，无线调车灯显设备也是固定使用，一一对应，一般要求调车组人员和机车乘务组人员接班后进行一次试验，确保无线调车灯显设备状态良好，在本班时间内，无需每批作业前进行无线调车灯显设备试验。但遇班中更换无线调车灯显设备或更换机车时，应在更换后对无线调车灯显设备试验良好。对于不固定作业机车的车站，如利用本务机车进行调车作业时，每次作业前均需对无线调车灯显设备试验良好。

调车作业

第291条 调车作业时，调车人员必须正确及时地显示信号；机车乘务人员要认真确认信号，并回示。

推进车辆连挂时，要显示十、五、三车的距离信号，没有显示十、五、三车的距离信号，不准挂车，没有司机回示，应立即显示停车信号。

推送车辆时，要先试拉。车列前部应有人瞭望，及时显示信号。

当调车指挥人确认停留车位置有困难时，应派人显示停留车位置信号。

调车人员不足2人，不准进行调车作业。

调车作业时，调车组、扳道组、信号操纵人员等所有调车作业人员，显示信号或使用无线调车灯显设备发出指令时要正确、及时；机车乘务人员须不间断地确认地面固定信号和调车人员显示的手信号（无线调车灯显设备发出指令），并须及时回示，表示确已了解。

推进连挂车辆时，调车指挥人应根据停留车位置的距离，显示“十、五、三车”距离信号或发出相应的指令。在调车车列前端距离被连挂车辆十车（约 110 m）时，显示十车信号或发出“十车”指令；距离五车（约 55 m）时，显示五车信号或发出“五车”指令；距离三车（约 33 m）时，显示三车信号或发出 “三车”指令。如距离不足十车时，仅显示“五、三车”信号或发出“五、三车”指令；不足五车时，仅显示“三车”信号或发出“三车”指令；不足三车时，仅显示接近连挂信号或发出相应指令。接近连挂信号比照向显示人稍行移动信号显示。

推进连挂车辆时，司机须时刻注意确认“十、五、三车”距离信号或无线调车灯显设备的指令，并回示。同时，应按信号或指令的要求正确控制速度。为避免司机误认，调车指挥人在距停留车十车以内，不要再显示减速手信号。调车指挥人显示“十、五、三车”距离信号或发出指令后，如发现司机未回示或没有按规定减速时，应立即显示停车信号或发出紧急停车指令。调车作业中往往会出现很多意外情况，调车人员除应认真瞭望信号、注意调车车列及周围情况外，处理好紧急情况也是一项重要的要求。以往调车作业中发生过很多因处理突发事件不妥当而发生的调车事故，主要是调车人员执行这一规定不坚决、不果断所致，也有部分人员在紧急情况下，忙中出错，忘记或不知道显示停车信号或发出紧急停车指令。

单机挂车时，因司机视线不受影响，所以调车指挥人可不显示“十、五、三车”距离信号，使用无线调车灯显设备时可不发出“十、五、三车”指令。

推进车辆时，要先试拉，以检查车钩连挂状态，防止车钩没有挂好，导致推进中车辆溜走。在同一线路内，连续连挂车辆时，可不停车连挂，但要确认连挂状态，车组间距超过十车以上时，必须顿钩或试拉。一批作业过程中牵出后折返推进时，不需进行试拉。被连挂车辆距警冲标较近时，须采取相应安全措施。列车编组完了最后一钩，应进行试拉。推进车辆运行或连挂其他车辆时，调车指挥人确认前方进路和“十、五、三车”距离有困难时，可指派制动员、连结员在推进车辆的前部进行瞭望确认，有关人员须及时显示信号或发出指令，推进车辆较多时应派中转人员按规定中转信号，调车长应掌握显示信号或发出指令情况，发现盲目推进等情况时，要及时采取减速或停车措施。

遇有天气不良、照明不足或地形地物影响，调车指挥人看不清停留车位置时，应派人在停留车的连结一端显示停留车位置信号。

调车作业是一项复杂的工作，涉及进路、信号的确认，停留车及线路的检查，防溜措施的采取与撤除及机车车辆的移动等，一个人很难完成上述工作，同时为保证调车作业安全和人身安全，更好地完成调车任务，参加作业的调车组人员必须达到 2 人及以上时，方准进行调车作业。

---

* **第 292 条**　在调车作业中，单机运行或牵引车辆运行时，前方进路的确认由司机负责；推进车辆运行时，前方进路的确认由调车指挥人负责，如调车指挥人所在位置确认前方进路有困难时，可指派调车组其他人员确认。

没有看到调车指挥人的起动信号，不准动车（但单机返岔子或机车出入段时，可根据扳道员显示的道岔开通信号或调车信号机显示的允许运行的信号动车）。无扳道员和调车信号机时，调车指挥人确认道岔开通正确（如为集中操纵的道岔，还须与操纵人员联系）后，向司机显示起动信号。

非集中区调车作业时，要认真执行要道还道制度。扳道员之间的要道还道办法及集中区与非集中区间的作业办法，在《站细》内规定。连续溜放和驼峰解散车辆时，第一钩应实行要道还道制度（集中联锁设备除外），从第二钩起，按调车作业通知单的要求扳动道岔。

调车作业就是将机车车辆有目的进行移动，因此调车进路的正确与否对调车作业的安全与效率有着直接的影响。调车作业中调车人员必须确认调车信号机的显示状态或扳道人员的开通信号。

为了明确司机和调车指挥人确认进路的责任分工，根据作业中他们所处的位置和所具备的瞭望条件，规定单机运行或牵引车辆运行时，前方进路的确认由司机负责；推进车辆运行时，前方进路的确认由调车指挥人负责。在推进车辆运行中，调车指挥人应站在既易于确认前方进路，又能使司机看见其显示信号的位置。如两者不能兼顾时，调车指挥人应站在能使司机看见其显示信号的位置，车列前部再指派其他调车人员确认进路，并及时向调车指挥人显示信号或使用无线调车灯显设备发出指令。

司机须凭调车指挥人显示的信号或无线调车灯显设备的指令动车，以便其他调车作业人员做好各项工作，保证作业安全。遇无扳道员和调车信号机时，调车指挥人确认道岔开通正确（如为集中操纵的道岔，调车指挥人还应与操纵人员联系确认）后，向司机显示起动信号或发出起动指令，司机凭调车指挥人的起动信号或起动指令动车。

单机（包括重联机车）返岔子或机车出入段，由于无调车指挥人参加作业，可根据扳道员的道岔开通信号或调车信号机显示的允许运行的信号动车。

为保证调车进路的正确，防止调车作业中挤岔子或进入异线等事故的发生，非集中区调车作业时，调车有关人员要认真执行"要道还道"制度。

要道的方法有两种：一是单机或牵引运行时，由司机要道；二是推进车辆运行时，由车列前端的调车人员要道。还道时扳道员必须在确认进路准备正确、道岔尖轨密贴后，方可显示道岔开通信号。为避免误认，扳道员应先显示开通的股道号码，再显示道岔开通信号。当同一个进路由多名扳道员准备时，扳道员间在准备好进路后，先行对道，然后一般由来车方向的第一个扳道员向调车组人员或司机还道。由于设备的不同，扳道员间的要道还道办法应在《站细》内规定。

由集中区到非集中区或由非集中区到集中区的调车作业，应制定要道还道或作业联系办法，由于集中区作业繁忙，涉及接发列车等多项作业，由非集中区到集中区，必须提前做好联系，合理安排，减少作业等待及其他不安全因素。根据各站设备的不同，具体的要道还道办法和非集中区与集中区间的联系办法应在《站细》内规定。

随着无线调车设备的广泛采用，为保护环境，减少噪声干扰，要道还道可以通过无线调车设备进行，具体办法和用语应在《站细》内规定。

要道还道时，应统一为"出×道要×道"，"进×道要×道"。考虑到连续溜放和驼峰解散车辆作业的特点，规定连续溜放和驼峰解散车辆时，第一钩应实行要道还道制度，从第二钩起，按“调车作业通知单”的要求扳动道岔。集中联锁的调车区，装设了调车信号机，调车作业按信号机显示的要求进行，因此第一钩可不执行要道还道制度。

第293条 调车作业要准确掌握速度及安全距离，并遵守下列规定：

1. 在空线上牵引运行时，不准超过 40 km/h；推进运行时，不准超过 30 km/h。

2. 调动乘坐旅客或装载爆炸品、气体类危险货物、超限货物的车辆时，不准超过 15 km/h。

3. 接近被连挂的车辆时，不准超过 5 km/h。

4. 推上驼峰解散车辆时的速度和装有加、减速顶的线路上的调车速度，在《站细》内规定。经过道岔侧向运行的速度，由工务部门根据道岔具体条件规定，并纳入《站细》。

5. 在尽头线上调车时，距线路终端应有 10 m 的安全距离；遇特殊情况，必须近于 10 m 时，要严格控制速度。

6. 电力机车、动车组在有接触网终点的线路上调车时，应控制速度，距接触网终点标应有 10 m 的安全距离；遇特殊情况，必须近于 10 m 时，要严格控制速度。

7. 旅客未上下车完毕，除本务机车、补机摘挂作业外，不得进行旅客列车（车底）的连挂作业。

8. 遇天气不良等非正常情况，应适当降低速度。

调车作业的最高速度是根据调车作业的特点规定的，要求参加调车作业的人员必须认真遵守。

1. 调车作业时，车辆的自动制动机多数情况下不加入机车操纵的制动系统，车列的减速和停车都要靠机车本身的制动力；又因调车机车在作业中经常牵出和推进作业交替进行；再有调车作业所经线路的标准、等级及道岔的辙叉型号等可能比正线、到发线低，因此规定在空线上牵引运行时，不得超过 40 km/h。在空线上推进运行时，除同样受到上述限制外，又因车列在前，司机不便于瞭望前方的进路和信号，只依靠车列前端负责瞭望的调车人员向调车指挥人显示信号或发出指令，再由调车指挥人显示减速或停车信号（指令），由于中转信号需要时间，一旦发生险情，司机制动的时机将要推迟，容易造成事故，所以从调车速度上加以限制，规定为不得超过 30 km/h。

2. 为了保证旅客的安全和舒适，防止装载爆炸品、气体类危险货物（压缩气体、液化气体等）、超限货物等物品的车辆因制动或制动不及产生冲撞等情况而发生意外，所以规定调动这类车辆时，不准超过 15 km/h。

3. 连挂车辆时，为了避免损坏机车车辆和所装载的货物不至于发生窜动、倒塌和损坏，必须严格控制速度。因此规定接近连挂车辆时，不准超过 5 km/h。

4. 我国驼峰设备的峰高、道岔区长短、制动方法等各不相同；同时在调车场（编发场）的线路上还装设有加速顶、减速顶和停车器等设备，由于上述设备的构造不同，限制了机车车辆经过的速度。因此，推峰解散车辆的速度和经过装设有加速顶、减速顶和停车器等设备线路的调车速度，由车站在《站细》内规定。

为了检测车辆是否超载，部分车站在牵出线、走行线、交接线等处所装设了轨道衡等测重设备，为保证测重的准确性，机车车辆接近轨道衡等测重设备时，应限制运行速度，具体限速由车站根据设备的限制在《站细》内规定。

由于调车作业主要在调车场、货物线、段管线和专用线进行，进路上的道岔型号复杂，各种道岔的结构、尺寸标准、性能等有所不同，所以应由工务部门根据道岔具体条件，明确经过道岔侧向运行的速度，纳入《站细》。

5. 尽头线的终端不是车挡就是尽头站台，一旦掌握速度不当，可能造成前端车辆冲上车挡或与尽头站台发生冲突，所以规定距尽头线的终端留 10 m 的安全距离。在尽头式站台上进行装卸作业等特殊情况，必须进入 10 m 安全距离以内时，要严格控制速度，保证安全。

6. 在电气化铁路的部分线路上，根据技术条件和作业需要并未完全挂网，为了区分有电区与无电区，接触网的终点均挂有终点标。为了防止担当调车作业的电力机车或动车组越过终点标进入无电区，造成刮弓、塌网或将高压电带入无电区造成损害等事故，电力机车或动车组在该线路上调车时，调车人员与司机应严格控制速度，距接触网终点标应有 10 m 的安全距离。

遇特殊情况，必须近于接触网终点标 10 m 进行调车作业时，须严格控制速度。

7. 为防止调车作业中连挂冲撞、超速连挂等影响旅客上下车平稳、安全，提高服务质量，确保安全，规定在旅客上下车期间，除本务机车、补机摘挂作业外，不得进行旅客列车(车底)的连挂作业。

8. 天气不良是不利于调车作业的客观因素，对调车的影响程度很难预先确定，因此调车领导人、调车指挥人和司机可根据气候情况适当降低速度。调车作业中还会遇到很多不正常情况，例如邻线施工或发生事故，人员和机具随时可能侵入本线限界等等，此时，亦可依情况适当降低速度。

***第 294 条** 禁止溜放的车辆、线路及其他限制：

1. 装有禁止溜放货物的车辆；

2. 非工作机车、铁路救援起重机、大型养路机械、机械冷藏车、凹型车、落下孔车、客车、动车组和特种用途车；

3. 乘坐旅客的车辆及停有该车辆的线路，停有动车组的线路；

4. 超过 2.5‰坡度的线路(为溜放调车而设的驼峰和牵出线除外)；

5. 停有正在进行技术检查、修理、装卸作业车辆及无人看守道口的线路；

6. 停有装载爆炸品、气体类危险货物车辆的线路；

7. 停留车辆距警冲标的长度，容纳不下溜放车辆(应附加安全制动距离)的线路；

8. 中间站正线、到发线及与其衔接而未设隔开设备的线路；

9. 调车组不足 3 人时，禁止溜放作业；

10. 不准采用牵引溜放法调车。

溜放调车和驼峰解散车辆，可以缩短调车行程、压缩调车钩分、提高调车效率。但为了确保人身、调车作业和货物的安全，对溜放调车和驼峰

解散车辆，本条规定了如下限制：

1. 装有禁止溜放货物的车辆，按国家和铁路总公司铁路危险货物运输管理相关规定执行。

2. 对于特种车辆，如非工作机车、铁路救援起重机、大型养路机械、机械冷藏车、凹型车、落下孔车、客车、动车组和特种用途车（发电车、无线电车、轨道检查车、钢轨探伤车、试验车、通信车等）等，有的因车体构造特殊，不宜通过驼峰或不能使用铁鞋、人力制动机进行制动，或装有精密仪器，需要匀速、平稳作业，所以对这些车辆禁止溜放。

根据《轨道车管理规则》，轨道车也禁止溜放。

3. 由于调车溜放时，车辆速度难以控制，容易发生冲撞等问题，为了保证旅客舒适和人身安全，对乘坐有旅客的车辆及停有该种车辆的线路，禁止溜放作业。由于动车组是独立固定编组，正常情况下不具备与其他机车、车辆连挂的条件，调车溜放时，车辆速度难以控制，容易发生与停留动车组接触、冲撞等问题，损坏动车组，规定停有动车组的线路，禁止溜放作业。

4. 禁止溜放的线路有：

（1）超过 2.5‰坡度的线路（为溜放调车而设的驼峰和牵出线除外）。2.5‰坡度是指线路有效长内的平均坡度。在这样坡道的线路上溜放时，溜放车组不易在预计地点停车，所以禁止溜放。

（2）停有正在进行技术检查、修理、装卸作业车辆的线路。这是因为被溜放车组的减速与停车，是靠人力制动机和铁鞋等制动来实现的，如果人力制动机失灵、铁鞋脱落或调速不当失去控制，就将严重地威胁有关作业人员的人身安全，同时车辆也可能轧上防护用具造成脱轨等事故，所以禁止溜放。

（3）无人看守道口的线路。这是因为车组溜放后，无法控制行人、车辆横越线路；在情况突变时，对溜放的车组也难以控制停车，容易造成人员伤亡、撞坏车辆或车辆脱轨事故，所以禁止溜放。

（4）停有装载爆炸品、气体类危险货物车辆的线路。这是因为上述物品对撞击、摩擦特别敏感，一旦调速不当发生冲撞，可能发生爆炸或漏出毒气，造成人民生命财产的重大损失，所以禁止溜放。

（5）停留车距警冲标的长度容纳不下溜放车辆的线路，也就是通常所说有“堵门车”的线路，由于溜放车辆可能停留在警冲标外影响后续溜放作业安全，因此禁止溜放。

(6)中间站正线、到发线及与其衔接而未设隔开设备的线路。随着我国铁路的几次大提速，列车运行速度普遍提高，中间站的作业更加繁忙，正线、到发线及与其衔接而未设隔开设备的线路上溜放车辆一旦失控，有可能进入区间，危害十分严重；同时中间站的正线、到发线主要是用于接发列车，也不宜大量利用其进行调车作业，为保证接发列车作业安全，因此禁止溜放作业。

5. 调车组不足 3 人时。在进行溜放作业时，至少要有一人指挥，一人提钩，一人制动，这样才能保证溜放调车安全，所以规定调车组不足 3 人时禁止溜放作业。

6. 牵引溜放法调车，如图 294-1 所示。

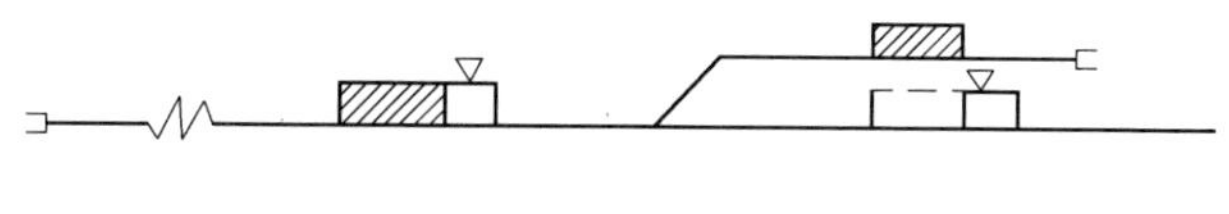

图 294-1　牵引溜放调车示意图

牵引溜放调车，是调车机车牵引调车车列快速运行，在途中摘钩后机车加速，机车与车列离开一定距离，扳动道岔，使机车与调车车列进入不同股道的调车方法。这种调车方法对司机、调车人员、扳道员相互间的配合要求较高，必须严格掌握减速、提钩、加速和扳道的时机，如果稍有不当，就可能造成前堵后追、侧面冲撞或进入“四股”的后果，因此明确规定不准采用牵引溜放法调车。

第 295 条　调车作业摘车时，必须停妥，按规定采取好防溜措施，方可摘开车钩；挂车时，没有连挂妥当，不得撤除防溜措施。

转场或在超过 2.5‰坡度的线路上调车时(驼峰作业除外)，10 辆及以下是否需要连结软管及连结软管的数量，11 辆及以上必须连结软管的数量，以及以解散作业为目的的牵出是否需要连结软管，由车站和机务段根据具体情况共同确定，并纳入《站细》。

停留在线路上的车辆，在重力及风力、震动和冲撞等其他外力作用

下，静止的车辆有可能溜走，运行中的车辆，在势能和运动惯性的作用下，将加快走行速度，失去控制的车辆将造成可怕后果，因此必须对停留车按不同车站、不同线路的具体防溜规定采取防溜措施。需要摘下车辆时，必须停妥，没有按规定采取好防溜措施，不得摘开机车，防止因坡道或震动等造成车辆溜逸；连挂车辆时，要先检查防溜措施后再连挂，挂好后方可撤除全部防溜措施，防止因先撤除防溜措施或防溜措施不起作用，在机车连挂过程中因坡道或机车车辆的冲撞等造成车辆溜逸。

但影响摘挂车的防溜器具，在其他防溜措施作用良好的情况下，在摘挂车前可先行撤下，如防溜枕木、防溜脱轨器、铁鞋等，此时应派人在现场看护。

防溜器具是指人力制动机、人力制动机紧固器、防溜铁鞋、防溜枕木、防溜脱轨器、止轮器等。

转场作业运行距离长，需要跨越正线或影响其他调车区作业，所以应加强车列的制动能力，以便遇到特殊情况可以随时停车。在超过 2.5‰坡度的线路上（是指线路有效长内的平均坡度，驼峰作业除外）调车，特别是去坡度较大的专用线取送作业，需要较强的制动力。因此转场或在超过 2.5‰坡度的线路上调车时，11 辆及以上必须连结软管，以保证按要求减速或停车。

为了既能保证作业安全，又不至于影响作业效率，兼顾调车作业“提前排风、摘管”的要求，对于 11 辆及以上必须连结软管的数量、10 辆及以下是否需要连结软管及连结软管的数量，以及以解散作业为目的的牵出是否需要连接软管，由车站与机务段根据机车类型、线路坡度、挂车多少、走行速度等情况，研究确定并纳入《站细》。

驼峰主要是为溜放作业所设置的调车设备，线路的坡度会超过 2.5‰，作业中需要频繁的摘开车钩，连结软管对作业影响较大，因此为了适应驼峰作业的需要，驼峰作业时可不连结软管。

****第 296 条**　机车（调车机车除外）、铁路救援起重机、客车、动车组、大型养路机械、凹型车、落下孔车、钳夹车及其他涂有禁止上驼峰标记的车辆禁止通过驼峰。装载活鱼（包括鱼苗）、跨装货物的车辆（跨及两平车的汽车除外）等，是否可以通过驼峰，由车站会同车辆*

段等有关单位做出具体规定，并纳入《站细》。

如因迂回线故障等原因，机械冷藏车必须通过设有车辆减速器(顶)的驼峰时，以不超过 7 km/h 的速度推送过峰。不得附挂机械冷藏车溜放其他车辆(推峰除外)。

曲线外轨、调车场以外的线路和外闸瓦车、直径 950 mm 及以上的大轮车，严禁使用铁鞋制动。

---

1. 机车(调车机车除外)、铁路救援起重机、客车、动车组、大型养路机械、凹型车、落下孔车、钳夹车，由于自身构造和工作原理，通过驼峰可能会对自身或驼峰设备造成危害，危及安全，所以禁止通过驼峰。

根据《轨道车管理规则》，轨道车也禁止通过驼峰。

例如 D17 型落下孔车，其结构如图 296-1 所示。

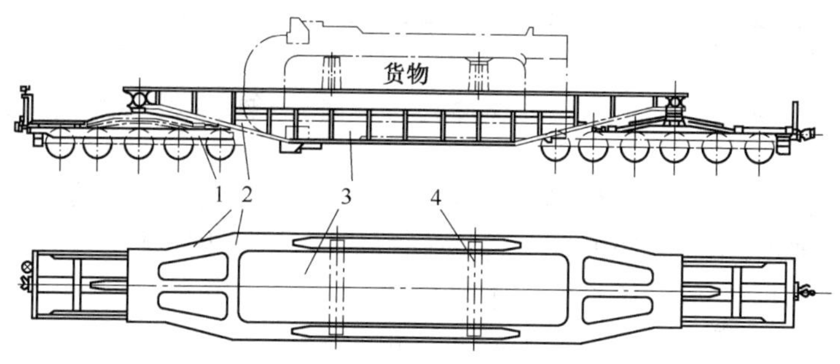

图 296-1　D17 型长大货车示意图

1—转向架；2—车底架；3—落下孔；4—支承梁

D17 型落下孔车车体全长 25.942 m，转向架为五轴构架，转向架中心距离为 17.5 m，比一般货车长 75%左右(普通货车的转向架中心距离大部分为 10 m 左右)。当它经过驼峰时，其车钩与相邻车钩钩舌高差和夹角偏大，可能损坏钩托板螺栓、钩舌销等配件，甚至造成断钩或自动脱钩。同时峰顶平台一般为 10 m 左右(如图 296-2 所示)。D17 型落下孔车转向架中心距离大于峰顶平台，车底构件距轨面距离仅有 200 mm，过峰时必然“爬峰”，刮坏设备和车辆，因此严禁通过驼峰。

2. 由于特殊货物运输需要，我国针对性的生产一些特殊、专用车辆，这些车辆在构造如车辆走行部、轴距、车底高和机械原理等方面存在特殊尺寸和要求，一般在定型、生产前就明确不能通过驼峰，在出厂时涂打禁止上峰的标记，如图 296-3 所示。

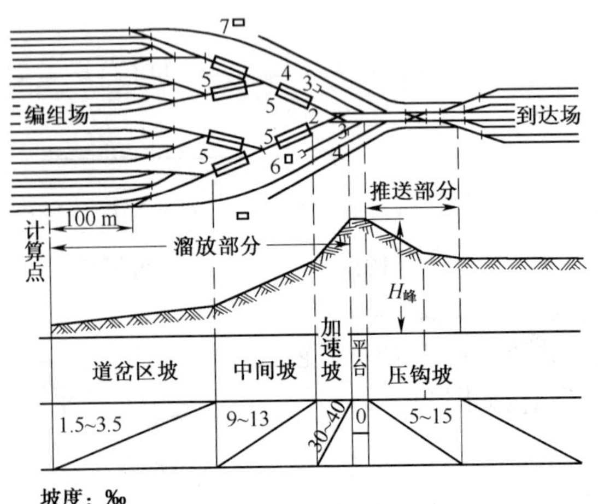

图 296-2　机械化(半自动、自动化)驼峰平纵断面图

图 296-3　车辆禁止上峰标记

涂打禁止上峰标记的车辆，属于自身构造禁止通过驼峰的车辆，因其特殊的轴距、车底高等因素限制，若强行过峰，易发生车体摩擦、碰撞地面设备甚至脱轨问题，所以禁止通过驼峰。

3. 装载活鱼(包括鱼苗)、跨装货物的车辆(跨及两平车的汽车除外)等，是否可以通过驼峰，不宜作统一规定，由车站会同车辆段等有关单位做出具体规定，并纳入《站细》。

(1)装载活鱼(包括鱼苗)的车辆，在通过驼峰时，如果坡度很大、很陡，活鱼和水将会大量从容器中溢出，造成活鱼死亡，所以也必须根据实际情况确定。其过峰情况如图 296-4 所示。

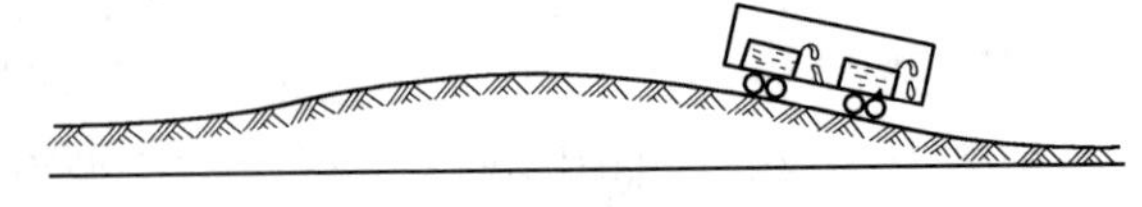

图 296-4　装载活鱼车过峰示意图

(2)跨装货物的车辆(指重量或长度不能由一车装载的跨装货物的车辆)，是否能通过驼峰，应考虑竖曲线状态的影响。对两辆及其以上的车

辆连成一体的跨装货物，车辆通过坡度较大的竖曲线驼峰时，应经过计算或试验，确定是否可以通过驼峰，以防产生货物窜动、车辆脱轨或车钩损坏等严重后果。跨装货物车辆越峰如图 296-5 所示。

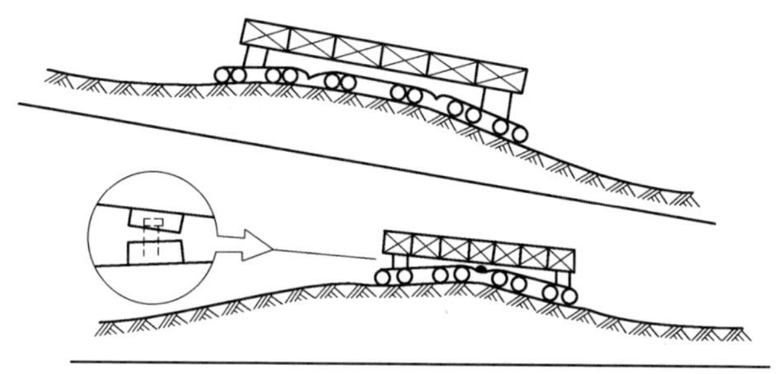

图 296-5　跨装货物过峰示意图

对以上车辆经过计算或试验后，将不准通过驼峰的车辆纳入《站细》，以便贯彻执行。

4. 机械冷藏车内各种机械、仪表设备和各种管道，牢固性差，尽可能避免通过设有车辆减速器（顶）的驼峰，应经迂回线送至峰下。如因迂回线故障等原因，必须通过设有车辆减速器（顶）的驼峰时，应由机车推送下峰，速度不得超过 7 km/h。除推峰外，不得附挂机械冷藏车溜放其他车辆，主要是避免溜放作业中车列急起急停造成的车辆冲动，以保证车内精密仪器、机械不受损伤和车辆连结管路的完好。

第 297 条　线路两旁堆放货物，距钢轨头部外侧不得小于 1.5 m。站台上堆放货物，距站台边缘不得小于 1 m。货物应堆放稳固，防止倒塌。

不足上述规定距离时，不得进行调车作业。

为保证调车工作的安全与作业方便，线路两旁堆放货物，距钢轨头部外侧，不得少于 1.5 m，如图 297-1 所示。

从图中可以看出，由线路中心线起至堆放货物的距离为：轨距 1 435 mm 的二分之一，加钢轨头部宽（50 kg 或 43 kg 轨）70 mm，再加钢

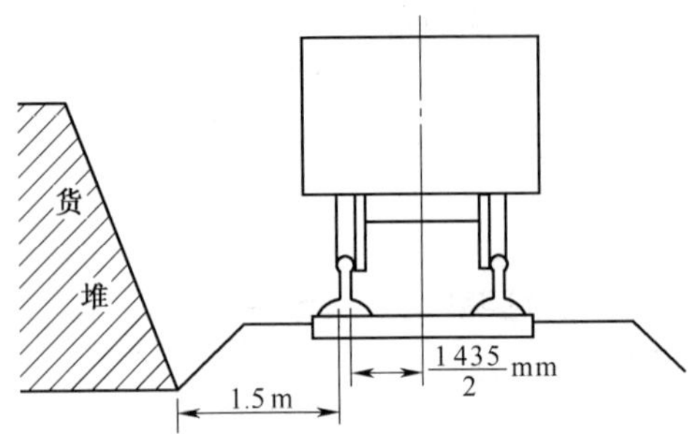

图 297-1　线路旁堆放货物距离示意图

轨头部外侧至堆放货物距离 1.5 m，即

$$1\ 435\times1/2+70+1\ 500=2\ 288\quad(\text{mm})$$

由线路中心起至堆放货物距离，减去机车车辆限界自线路中心线计算 1 700 mm，为堆放货物与机车车辆间的距离，即

$$2\ 288-1\ 700=588\quad(\text{mm})$$

这个距离为调车人员走行与显示信号所必需的空间。在一般情况下，一个人的身宽为 500 mm，588 mm 的间隔距离，是保证调车人员安全通行的最低要求。

站台上堆放货物时，考虑调车人员及其他有关作业人员作业条件，保证人身安全，防止货物倒塌掉在线路上，影响行车安全，所以规定站台上堆放货物，距站台边缘不得少于 1 m。

货运人员要经常检查货物堆放距离、堆放的稳固程度，保证距离够、不倒塌。

货物堆放，不足上述规定距离时，不得进行调车作业。

第 298 条　手推调车，须取得调车领导人的同意，人力制动机作用必须良好，有胜任人员负责制动。手推调车速度不得超过 3 km/h。下列情况，禁止手推调车：

1. 在正线、到发线及超过 2.5‰坡度的线路上（确需手推调车时，须经铁路局批准）；

2. 在停有动车组的线路上；

3. 遇暴风雨雪或夜间无照明时；

4. 接发列车时，与接发列车进路没有隔开设备或脱轨器的线路，向能进入接发列车进路的方向；

5. 装有爆炸品、气体类危险货物的车辆；

6. 电气化区段，接触网未停电的线路上，对棚车、敞车类的车辆。

手推调车是通过人力在短距离内移动车辆位置，一般不是由专业的调车人员进行，为保证手推调车作业的安全，应遵守下列限制：

1. 调车领导人应全面掌握线路使用、设备特点和作业进度等情况，因此手推调车必须取得调车领导人的同意。

2. 为了保证手推调车的顺利进行，要认真检查人力制动机的状态，确认作用良好，并派胜任人员负责制动。

3. 为了便于随时按要求停车，手推调车的速度不得超过 3 km/h。

4. 以下六种情况禁止手推调车：

(1)在正线、到发线及实际坡度超过 2.5‰的线路上不准手推调车。这主要考虑正线、到发线主要办理接发列车作业，安全要求高，禁止手推调车；在超过 2.5‰坡度的线路上手推调车时，若制动不及时或制动不当，容易造成车辆溜逸。但由于线路条件限制或特殊作业需要，必须在正线、到发线及超过 2.5‰坡度的线路上进行手推调车时，车站应制定安全措施，经铁路局批准，纳入《站细》。

(2)由于动车组是独立固定编组，正常情况下不具备与其他机车、车辆连挂的条件，若手推调车制动不及时或制动不当，容易造成车辆接触或碰撞动车组，损坏动车组，所以在停有动车组的线路上不得手推调车。

(3)天气不良，遇有暴风雨雪时，作业条件不好，外界环境因素影响大，车辆有可能在外力的作用下溜逸，因此不得手推调车。夜间无照明，无法确认进路、作业人员动作难以协调，同时又难以照顾推车人员安全，因此也不得手推调车。

(4)接发列车时，为防止手推调车制动不当越过警冲标进入接发车进路，影响列车运行安全，与接发列车进路没有隔开设备或脱轨器的线路，向能进入接发列车进路的方向不准进行手推调车。

(5)装载爆炸品、气体类危险货物的车辆不准手推调车，是因为上述车辆手推调车如制动不当溜逸时，将造成严重后果，所以为防止意外，不准进行手推调车。

(6)电气化区段在接触网未停电的线路上，对棚车、敞车类的车辆不准手推调车。因为棚车、敞车类的车辆大都是高闸台，因接触网的限制制动人员不能使用人力制动机实施制动，不能确保手推调车的有效制动，容易造成车辆溜逸。

手推调车除严格执行上述规定外，各站还应制定具体安全措施，如每批推车的辆数、车组间的间隔距离、推车人员的人身安全、现场监督指挥等，均应在《站细》内规定。

第299条 动车组调车作业时原则上采用自走行方式，并应执行下列规定：

1. 司机应在动车组运行方向的前端操作，前方进路的确认由动车组司机负责。在不得已情况下必须在后端操作时，应指派随车机械师或其他胜任人员站在动车组运行方向的前端指挥，发现危及行车或人身安全时，应立即使用紧急停车按钮（紧急制动装置）或通知司机停车。后端操作时，速度不得超过15 km/h。

2. 禁止连挂其他机车车辆（救援机车、附挂回送过渡车、动车组无动力调车时的调车机车、公铁两用牵引车除外）调车。

动车组自带动力，基于安全、构造特点、作业方式等原因，一般情况下动车组进行调车作业应采用自走行方式（故障救援、非电化区段调车等必要时才采用动车组无动力调车方式），司机根据调车作业计划和凭地面信号机的显示进行作业。

动车组自走行调车作业时，司机应在动车组运行方向的前端操作，前方进路的确认由动车组司机负责。在不得已情况下必须在后端操作时，应指派随车机械师或其他胜任人员站在动车组运行方向的前端指挥，发现危及行车或人身安全时，应立即使用紧急停车按钮（紧急制动装置）停车或通知司机停车。为保证安全，后端操作时速度不得超过 15 km/h。

动车组是固定编组、单独运用，从其自身构造和安全要求出发，动车组禁止连挂其他机车车辆调车。但是动车组故障时连挂救援机车，动车组连挂附挂回送过渡车以及动车组无动力调车时的调车机、公铁两用牵引车，是特殊情况下的必要方式，不在此禁止之列。

在正线、到发线上的作业

第300条 在正线、到发线上调车时，要经过车站值班员的准许。在接发列车时，应按《站细》规定的时间，停止影响列车进路的调车作业。

车站的正线、到发线主要办理列车接发、通过、会让。在正线、到发线上调车时，应遵守下列要求：

1. 要经过车站值班员的准许。车站值班员负责掌握正线、到发线的使用，了解列车运行情况，对保证不间断地接发列车负有直接责任。因此，占用或影响正线、到发线的调车，必须经过车站值班员的准许，特别是设有车站调度员的车站更应注意，以免妨碍列车的接发。在调度集中区段，由列车调度员办理接发列车，掌握车站的正线、到发线运用的情况下，在正线、到发线上调车时，必须取得列车调度员的准许。

2. 在接发列车时，车站值班员应掌握调车作业的实际情况，并应按《站细》规定的时间，确认影响列车进路的调车作业已停止，再排列接发车进路，开放信号。

列车进路系指：

(1)接车进路，是指由进站信号机起至接车线末端计算该线有效长的警冲标或出站信号机(若有延续进路，为至延续进路末端)止的一段线路，如图300-1所示。

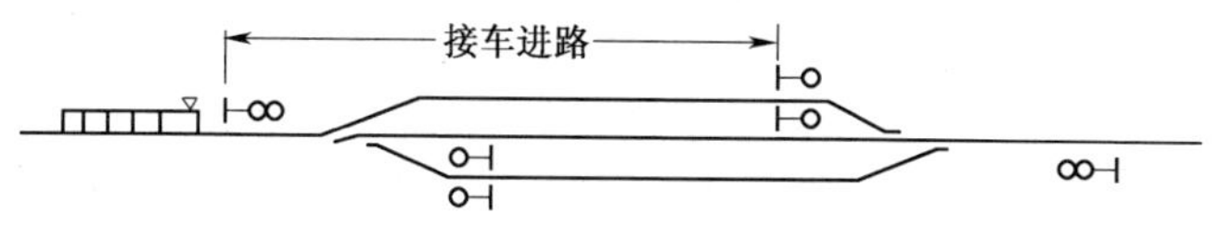

图300-1 接车进路示意图

(2)发车进路，是指由列车前端起至相对进站信号机或站界标止的一段线路，如图 300-2 所示。

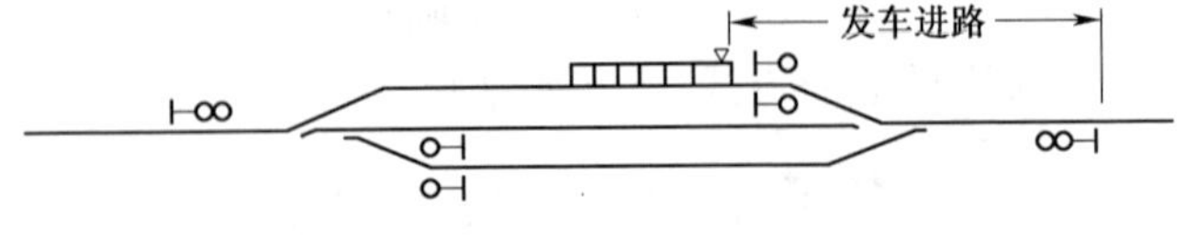

图 300-2　发车进路示意图

(3)通过进路，为该列车通过线路两端进站信号机或站界标间的一段线路，如图 300-3 所示。

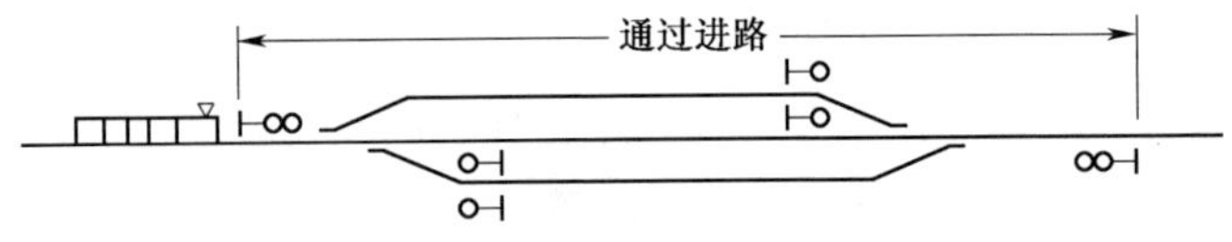

图 300-3　通过列车进路示意图

占用或穿越上述列车进路直接影响接发列车的调车活动，以及在接发超限货物列车进路的邻线，线间距离不足 5 000 mm 的线路上调车，或接发非超限列车而在线间距离不足 5 000 mm 的邻线调动有超限货物的车辆等情况，均称为影响列车进路的调车作业。

3. 影响列车进路的调车作业，应在《站细》规定的开放信号时机前停止，严禁抢钩作业。

第 301 条　接发旅客列车时，与接发列车进路没有隔开设备或脱轨器的线路，不准向能进入接发列车进路的方向调车。本务机车在停留线路内摘挂、列车拉道口时除外。

有特殊困难的车站，确需调车时，制定安全措施，由铁路局批准。

在接发旅客列车时，除遵守正线、到发线调车作业及影响接发列车进路的调车作业等相关规定外，为防止其他调车作业中的机车车辆因溜逸、冒进信号等进入接发列车进路，与正在进出站的旅客列车发生冲突，规定在接发旅客列车时，与接发列车进路没有隔开设备或脱轨器的线路，不准向能进入接发列车进路的方向调车。

为了尽可能地压缩非生产等待时间，并考虑本务机车在停留线路内摘挂、列车拉道口等作业机车车辆移动范围小、目的明确，允许接发旅客列车时，在与接发列车进路没有隔开设备或脱轨器的线路，进行本务机车摘挂、列车拉道口作业，但须严格控制速度，只能在本线路内进行。

有特殊困难的车站，确需调车时，应根据作业特点和设备实际制定相应的安全措施，由铁路局批准。接发空载动车组有特殊困难的动车段（所），可比照有特殊困难的车站办理。

第302条 越出站界调车时，双线区间正方向，必须区间（自动闭塞区间为第一个闭塞分区）空闲；单线自动闭塞区间，闭塞系统必须在发车位置，第一个闭塞分区空闲，经车站值班员口头准许并通知司机后，方可出站调车。

单线半自动闭塞区间和双线反方向出站调车时，须有停止使用基本闭塞法的调度命令，与邻站办理闭塞手续，并发给司机出站调车通知书（附件5）。

越出站界调车是受车站调车设备限制，在区间空闲（自动闭塞为第一个闭塞分区空闲）的情况下，越过进站信号机或站界标进入区间调车的一种方法。由于是进入区间，不同一般的站内调车作业，为了保证列车运行和调车作业的安全，应遵守下列要求：

1. 双线区间正方向越出站界调车

（1）当区间为自动闭塞时，必须从监督器上确认第一个闭塞分区空闲，车站值班员口头准许并通知司机，即可出站调车。

（2）当区间为半自动闭塞时，必须区间空闲，车站值班员口头准许并通知司机，即可出站调车。

上述双线（1）、（2）情况，因发车权属于正方向办理越出站界调车的车站，对方站不能发车，所以可不与对方站办理占用区间闭塞手续，只要区间（自动闭塞为第一个闭塞分区）空闲，车站值班员口头准许并通知司机即可。

2. 双线区间反方向越出站界调车

双线区间反方向越出站界调车时，因正常情况下占用区间的权限不属于本站，同时列车运行情况由列车调度员掌握，必须取得占用区间的权限，即停止基本闭塞法改用电话闭塞法（得到列车调度员发布的停止基本闭塞法改用电话闭塞法的调度命令），确认区间空闲后，由车站值班员与邻站办理电话闭塞手续，发给司机出站调车通知书，方可出站调车。

3. 单线区间越出站界调车

（1）当区间为自动闭塞时，闭塞系统必须在发车位置，由办理越出站界调车的车站控制发车权，只要第一个闭塞分区空闲，经车站值班员口头准许并通知司机，即可出站调车。

（2）当区间为半自动闭塞时，区间必须空闲，得到停止基本闭塞法改用电话闭塞法的调度命令，与邻站办理电话闭塞手续取得占用区间的权限，并发给司机出站调车通知书，方可出站调车。

4. 无论单线或双线，在区间已改为电话闭塞法行车的情况下，越出站界调车时须经列车调度员口头准许，在确认区间空闲，与邻站办理闭塞手续取得占用区间的权限，发给司机出站调车通知书后，方可出站调车。

出站调车通知书由车站值班员填写，当调车机车距行车室较远时，可由扳道员、助理值班员等按车站值班员的指示填写，其格式为《技规》附件5。

5. 越出站界调车作业完毕，应将出站调车通知书收回注销，具体收回注销办法由铁路局规定。当出站调车车列回站待避列车后，如需继续出站调车时，应重新办理手续。

越出站界调车时，为了防止错办，车站值班员应在控制台上揭挂"出站调车"表示牌（安全帽）。

6. 由于本版《技规》未统一规定自动站间闭塞的行车办法（第317条，由铁路局规定），区间为自动站间闭塞时的越出站界调车，亦由铁路局规定。

第303条 跟踪出站调车，只准许在单线区间及双线正方向线路上办理，并须经列车调度员口头准许，取得邻站值班员承认的电话记录号码，发给司机跟踪调车通知书（附件5）。在先发列车尾部越过预告、接近信号机（或靠近车站的第一个预告标）或《站细》规定的间隔时间后，方可跟踪出站调车，但最远不得越出站界500 m。

遇下列情况，禁止跟踪出站调车：

1. 出站方向区间内有瞭望不良的地形或有长大上坡道（站名表由铁路局公布）；

2. 先发列车需由区间返回，或挂有由区间返回的后部补机；

3. 一切电话中断；

4. 降雾、暴风雨雪时；

5. 动车组调车作业。

跟踪调车作业完毕，车站值班员确认跟踪调车通知书收回后，向邻站发出电话记录号码。列车虽已到达邻站，但跟踪调车通知书尚未收回时，禁止办理区间开通手续。

跟踪出站调车是指在列车由车站发出后，尚未到达前方站（线路所），间隔一定的距离或时间，即跟随前行列车，越出站界在规定距离内进行的调车作业。

跟踪出站调车只能在单线区间或双线正方向的线路上办理，并按下列要求进行，以确保安全。

1. 为使跟踪出站调车不影响列车运行，在办理时须经列车调度员口头准许。

2. 为了更好地掌握区间占用情况，防止跟踪出站调车的机车车辆返回车站前，两站错误办理闭塞，办理跟踪出站调车时，须在取得邻站车站值班员的承认的电话记录号码后，方可填写跟踪调车通知书，组织跟踪出站调车。

3. 发给司机的跟踪调车通知书，即《技规》附件5。填写时应将"出站"字样抹掉。跟踪调车通知书允许由扳道员、助理值班员等根据车站值班员的指示填发。

4. 办理跟踪出站调车时，为了防止错办，车站值班员应在控制台上揭挂"跟踪调车"表示牌（安全帽）。

5. 跟踪调车作业完毕，车站值班员确认跟踪调车通知书收回后，向邻站发出电话记录号码。列车虽已到达邻站，但跟踪调车通知书尚未收回时，禁止办理区间开通手续。

6. 承认跟踪出站调车及跟踪出站调车完毕发出电话记录号码及发

出的时间填写在《行车日志》相应栏内。

7. 跟踪出站调车，因调车与列车运行是平行作业，能够缩短调车等待时间，充分利用通过能力。但由于调车与列车运行先后进入同一区间或闭塞分区，因而存在不安全因素，必须对跟踪出站调车进行严格的限制：

（1）跟踪出站调车只准在单线区间及双线正方向办理，双线反方向线路上不准办理。因为双线反方向行车已是特殊情况行车，再跟踪反方向运行的列车出站调车，增加不安全因素。

（2）为保证跟踪出站调车的车列与前行列车保持一定距离，只有前发列车尾部越过预告、接近信号机或靠近车站的第一个预告标后，方可跟踪出站调车。如受地形地物影响，看不见预告信号机或站界标，确认前发列车位置有困难时，应按《站细》规定的间隔时间进行。跟踪出站调车与前行列车距离，如图 303-1 所示。

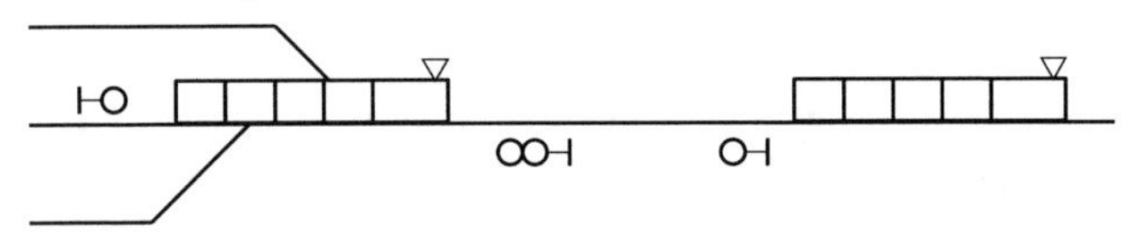

图 303-1　跟踪出站调车示意图

（3）跟踪出站调车的机车、车辆最远不得越出站界 500 m，这是考虑前发列车有途中退行的可能。按《技规》规定，退行列车在未得到后方站车站值班员准许时，不得退行到车站的最外方预告标或预告信号机的内方，也就是不能退到距进站信号机 800～1 100 m 以内，这样退行的列车与跟踪调车的机车车辆尚有 300～600 m 的安全间隔距离。

（4）出站方向区间内有瞭望不利的地形或有长大上坡道时，禁止跟踪出站调车。因为出站方向区间内有瞭望不利的地形时，调车作业或由区间退回的列车瞭望困难，一旦出现问题，不能及时停车，容易发生冲突等事故；因为区间有长大上坡道时，一旦前发列车制动失效，即有溜回的可能时，如再跟踪出站调车，就可能发生冲突。

区间有长大上坡道禁止跟踪出站调车的站名由铁路局公布。

“长大上坡道”是指《技规》中“长大下坡道”的反向。

（5）前发列车需由区间返回或挂有区间返回的后部补机时，禁止跟踪调车，以防止返回的列车或补机与正在跟踪出站调车的机车车辆发生冲突。

(6)一切电话中断，禁止跟踪调车。这是因为电话中断后行车联络办法比较复杂，不易保证安全。

(7)降雾、暴风雨雪等，因瞭望困难，作业不便，禁止跟踪出站调车。

(8)为确保动车组安全，禁止动车组跟踪出站调车作业。

第 304 条 车站值班员要认真掌握机车出入段的经路。

有固定机车走行线时，出入段机车必须走固定走行线。机车固定走行线上禁止停留机车车辆。

没有固定走行线或临时变更走行线时，应通知司机经路(集中联锁的车站除外)，司机按固定信号或扳道员显示的允许运行的信号行车。

设有机务段(折返点)的车站，机车出入段是一项频繁的调车作业。它不仅关系到加速出入段机车的放行，保证机车按停留时间标准进行作业，而且对到发线、咽喉道岔能力的运用，有着直接的影响。因此，车站值班员必须认真掌握机车出入段的时机和经路。

有固定走行线时，出入段机车必须走固定走行线。因为设计、确定机车走行线时，对机车走行线的配置已经综合考虑车站技术作业进行了科学划分，使机车出入段的走行更便利、更合理，最大限度地减少机车出入段与接发列车的相互干扰，因此必须按固定走行线走行。

为了保证固定走行线的正常运用，禁止在固定走行线上停留机车车辆。因为一旦停留机车车辆，将引起出入段变更走行线，打乱机车出入段顺序，而且因变更走行线司机对线路不熟，有可能延长出入段时间。

当车站没有机车出入段固定走行线或临时变更走行线时，为保证安全和加速机车出入段工作，应事先通知司机走行经路，司机按固定信号或扳道员显示的允许运行的信号行车。集中联锁的车站，机车出入段时，司机按地面调车信号机的显示运行，故不必通知司机，司机按信号显示运行即可。

机车车辆的停留

第305条 机车车辆必须停在警冲标内方。调车作业中，车辆临时停在警冲标外方时，一批作业完了后，应立即送入警冲标内方。因特殊情况需在警冲标外方进行装卸作业时，须经车站值班员、调车区长准许，在不影响列车到发及调车作业的情况下方可进行，装卸完了后，应立即送入警冲标内方。

安全线及避难线上，禁止停留机车车辆；在超过6‰坡度的线路上，不得无动力停留机车车辆。

装载爆炸品、气体类危险货物的车辆及救援列车，必须停放在固定的线路上，两端道岔应扳向不能进入该线的位置并加锁；临时停留公务车线路上的道岔也应扳向不能进入该线的位置并加锁。集中操纵的道岔可在控制台上进行单独锁闭。

警冲标是指示机车车辆停留时，满足机车车辆限界、不准向道岔方向或线路交叉点方向越过的限制点。如果越过警冲标，可能侵限妨碍邻线机车车辆的运行，有可能发生侧面冲突，所以规定列车及机车车辆必须停在警冲标内方。

1. 遇下列特殊情况，在不影响接发列车和调车作业的条件下，准许临时停在警冲标外方。

(1)因溜放车组速度不当或借线停留等情况，车组未进入警冲标内方，在确认不妨碍其他作业进路时，准许临时停在警冲标外方。这样，可以在保证安全的前提下，提高调车效率。但最迟在该项作业，即一批作业完了后，必须立即将该车组送入警冲标内方，以免遗忘，造成不应有的损失。

(2)特殊情况，确需在警冲标外方装卸作业时，由于与邻线作业相互影响，必须经车站值班员、调车区长确认不影响列车到发及调车作业，或者停止相关调车作业后，方可准许。装卸作业完了后，应立即取走或送入警冲标内方，并报告车站值班员、调车区长。

2. 安全线及避难线是特殊用途的线路，禁止停留机车车辆；在超过

6‰坡度的线路上，极易发生机车车辆溜逸，安全风险大，因此禁止无动力停留机车车辆。该处超过6‰坡度是线路的实际坡度，机车车辆无动力停留的地点不得在超过6‰的坡度上。

3. 爆炸品、气体类危险货物等危险品，对冲击、火焰敏感，万一发生意外，其后果严重。为此，对装载这些物品的车辆，必须停放在固定线路上，两端道岔应扳向不能进入该线的位置并加锁，以防其他车辆进入。集中操纵的道岔，应在控制台上将道岔开通邻线，并将道岔单独锁闭。在选择停留这些车辆的固定线时，应尽可能远离房舍、住宅及其他建筑物，并应与列车运行和调车繁忙的线路保持一定间隔。

4. 救援列车担负着事故救援的紧急任务，为保证在需要时能及时出动，亦必须停放在固定的线路上。该线路不得停放其他机车车辆，并将两端道岔置于其他机车车辆不能进入该线的位置并加锁。集中操纵的道岔，应在控制台上将道岔开通邻线，并将道岔单独锁闭。

5. 为了保证公务车上有关人员的正常工作和休息，对临时停留公务车的线路，除应将道岔置于不能进入该线的位置并加锁外，一般不准利用该线进行与其无关的调车作业。集中操纵的道岔，应在控制台上将道岔开通邻线，并将道岔单独锁闭。

第306条 编组站、区段站在到发线、调车线以外的线路上停留车辆，不进行调车作业时，应连挂在一起，并须拧紧两端车辆的人力制动机，或以铁鞋(止轮器、防溜枕木等)牢靠固定。因装卸车对货位等情况，不能连挂在一起时，应分组做好防溜措施。

中间站停留车辆，无论停留的线路是否有坡道，均应连挂在一起，拧紧两端车辆的人力制动机，并以铁鞋(止轮器、防溜枕木等)牢靠固定。因装卸车对货位等情况，不能连挂在一起时，应分组做好防溜措施。一批调车作业中临时停留的车辆，须拧紧两端车辆的人力制动机或以铁鞋(止轮器)止轮。

编组站和区段站的到发线、调车线是否需要防溜以及作业量较大中间站执行上述规定有困难时，由铁路局规定。

---

1. 编组站、区段站的到发线、调车线以外的线路上，在一般情况下车

辆停留时间较长，如遇大风天气或邻线行车震动等，容易造成车辆溜逸，特别是我国铁路车辆大多数采用滚动轴承，基本阻力小，更容易溜逸，所以不进行调车作业时，应连挂在一起，并须拧紧两端车辆的人力制动机，或以铁鞋、止轮器、防溜枕木等牢靠固定。这样，既能保证停留车辆安全，缩短占用线路长度，又便于以后取送作业。因装卸车对货位等情况，不能连挂在一起时，应分组做好防溜措施。

2. 在中间站由于配线较少，基本上所有线路都与正线、到发线相衔接，一旦发生车辆溜逸，将造成站内正线、到发线等设备的损坏，或侵入列车进路危及接发列车安全，严重时可能溜入区间与列车发生冲突等。为此在中间站停留车辆，无论是停在到发线、调车线还是货物线、专用线等线路上，也无论停留的线路是否有坡道，均应连挂在一起，拧紧两端车辆的人力制动机，并以铁鞋（止轮器、防溜枕木等）牢靠固定。因装卸车对货位等情况，不能连挂在一起时，应分组做好防溜措施。在分组采取防溜措施时，除两端车组外侧须至少采取二道防溜措施外，其余车组及两端车组的内侧可拧紧两端车辆的人力制动机，或以铁鞋（止轮器、防溜枕木等）牢靠固定，保证至少一道防溜措施。

考虑到中间站线路较少，为提高中间站调车作业效率，同时也为了保证调车作业的安全，对一批调车作业中临时停留的车辆，可拧紧两端车辆的人力制动机或以铁鞋（止轮器）止轮，采取一道有效的防溜措施。

3. 编组站、区段站的到发线、调车线，由于日常接发列车、调车作业繁忙，车辆无动力停留时间较短，同时大部分的编组站、区段站一般设置在平直或锅底形线路上，满足日常调车作业和停留机车车辆的要求，其设备条件和作业量不同，因此编组站、区段站的到发线、调车线是否需要采取防溜措施、什么时候采取什么防溜措施，由铁路局规定。

作业量较大的中间站执行“双防溜”措施有困难时，也可由铁路局根据实际情况，制定防溜措施。

4. 电气化区段，部分车辆不能采用人力制动机防溜时，应使用人力制动机紧固器防溜。

人力制动机故障的车辆或车组不能按规定采取防溜措施时，应与人力制动机作用良好的车辆连挂在一起，禁止单独停留。执行“双防溜”措施时，遇该最外方车辆人力制动机故障时，可顺延使用下一车辆人力制动机，两端车组外侧仍须采取铁鞋防溜。

5. 车辆的防溜措施，均须确认止轮牢固可靠。使用人力制动机或人力制动机紧固器防溜时，须拧紧制动机；使用铁鞋、止轮器防溜时，鞋尖（止轮器）应紧贴车轮踏面，牢靠固定；使用防溜枕木防溜时，应在距停留车辆不大于5 m处放置。对于近些年开始使用的新型防溜设备，由铁路局根据技术条件和车站特点制定使用办法。

6. 因车辆进行技术检查或故障处理，列检（维修）人员在撤除车站采取的防溜措施时，技术检查或故障处理完毕，应及时恢复原防溜措施。

---

*<u>**第307条**</u>　动车组无动力停留时，有停放制动装置的动车组，由司机负责将动车组处于停放制动状态；动车组无停放制动装置或在坡度为20‰以上的区间无动力停留时，由司机通知随车机械师进行防溜，防溜时使用铁鞋牢靠固定。动车段（所）内动车组防溜办法由铁路局规定。

动车组固定编组，调车作业大多是自走行作业，除使用机车调车作业外不需要车站人员参与，而且动车组大多带有停放制动装置，可保证动车组无动力停留安全。为减少作业环节、消除结合部隐患，统一动车组防溜办法，动车组防溜原则上优先使用停放制动装置，动车组无停放制动装置或在坡度为20‰以上的区间无动力停留时，由动车组随车机械师使用铁鞋进行防溜。动车段（所）设备及管理模式不尽相同，动车组停留时防溜措施的设置和撤除办法，由铁路局规定。

第十三章　行车闭塞

一般要求

第308条　列车运行是以车站、线路所所划分的区间及自动闭塞区间的通过信号机所划分的闭塞分区作间隔。

区间及闭塞分区的界限，按下列规定划分：

1. 站间区间

(1)在单线上，车站与车站间以进站信号机柱的中心线为车站与区间的分界线；

(2)在双线或多线上，车站与车站间分别以各该线的进站信号机柱或站界标的中心线为车站与区间的分界线。

2. 所间区间

两线路所间或线路所与车站间，以该线上的通过信号机柱的中心线为所间区间的分界线。设有进站信号机的线路所，所间区间的分界方法与站间区间相同。

3. 闭塞分区

自动闭塞区间同方向相邻的两架色灯信号机间，以该线上的通过信号机柱的中心线为闭塞分区的分界线。

本条明确列车运行的间隔，明确区间及闭塞分区的界限。为列车运行、调度指挥、车站技术管理等提供依据。

为保证列车运行的安全，使同方向列车不致发生追尾冲突，对向列车不致发生迎面相撞，列车运行必须有间隔；同时，在满足列车长度、速度、密度、制动力和信号显示距离等条件下，划分列车运行间隔有利于提高铁路通过能力。

目前，保持列车运行之间有一定的间隔距离的办法有两类：

1. 空间间隔法——以车站、线路所所划分的区间，自动闭塞区间的通过信号机所划分的闭塞分区，作为两列车间隔的行车方法。即在正常情况下，每个区间(或闭塞分区)，在同一时间内，只准有一个列车占用。

2. 时间间隔法(又称隔时续行法)——按一定的时间间隔开行续行列车。即第一列车发车后，经过一定的时间，再发出下一列列车。

我国铁路列车运行一般采用空间间隔法。《技规》明确规定"列车运行是以车站、线路所所划分的区间及自动闭塞区间的通过信号机所划分的闭塞分区作间隔"。就是将铁路正线分别用车站、线路所和自动闭塞区间的通过信号机(三者统称为分界点)，划分为站间区间、所间区间和闭塞分区，作为列车运行的间隔。

区间及闭塞分区的界限划分

1. 站间区间——车站与车站间的线段。

(1)单线站间区间，以进站信号机柱中心线为车站与区间的分界线，如图 308-1 所示。

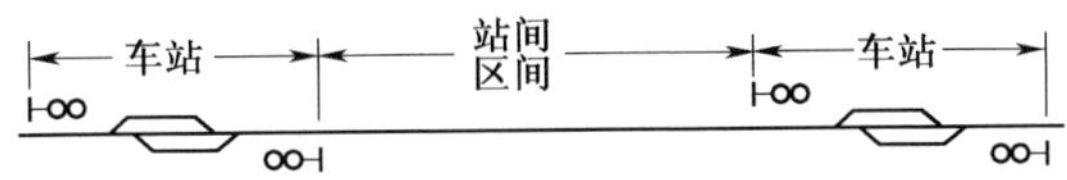

图 308-1　单线区段站间区间界限示意图

(2)双线或多线站间区间：分别以各该线的进站信号机柱或站界标的中心线为车站与区间的分界线，如图 308-2 所示。

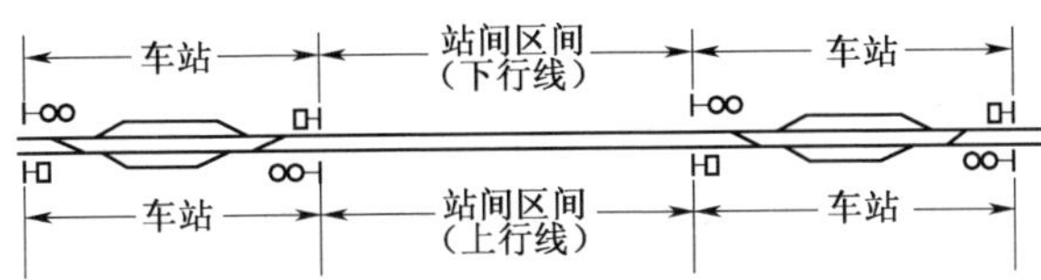

图 308-2　双线区段站间区间界限示意图

2. 所间区间——两线路所间或线路所与车站间的线段。

(1)单线所间区间，以该线上的线路所通过信号机柱的中心线为所间区间的分界线。设有进站信号机的线路所，所间区间的分界方法与站间区间相同。

线路所只设有通过信号机，无管辖地段的，如图 308-3 所示。

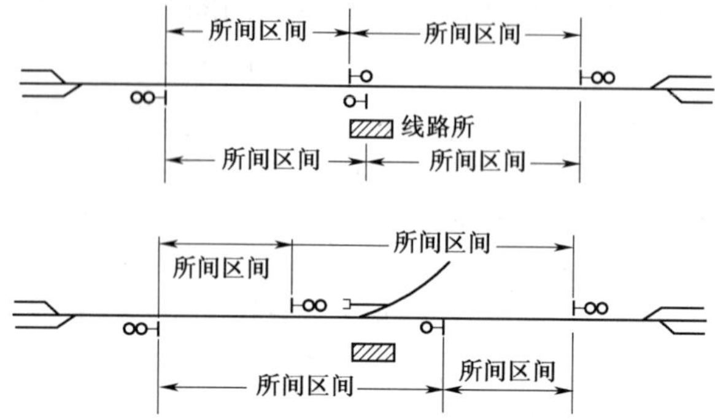

图 308-3　单线区间只设有通过信号机的所间区间界限示意图

线路所设有进、出站信号机，并有管辖地段的，如图 308-4 所示。

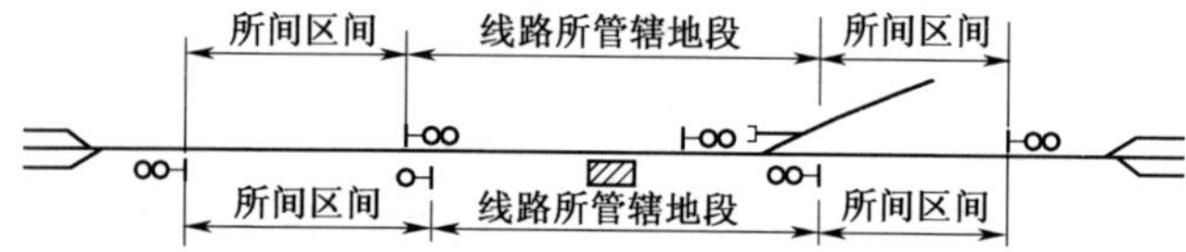

图 308-4　单线区间设有进、出站信号机的所间区间界限示意图

(2)双线所间区间，其划分方法与单线所间区间相同。

线路所只设有通过信号机，无管辖地段的，如图 308-5 所示。

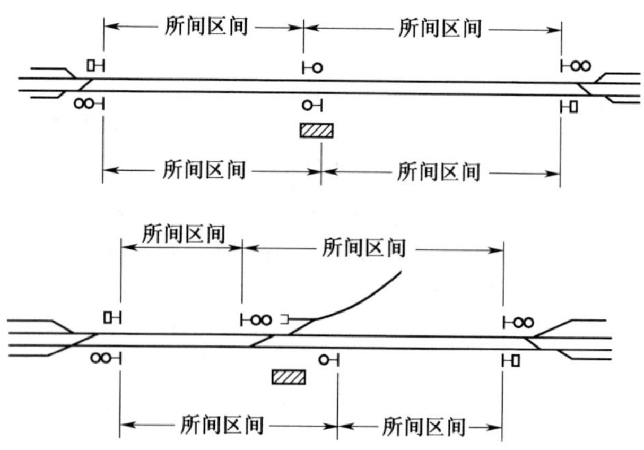

图 308-5　双线区间只设有通过信号机的所间区间界限示意图

线路所设有进、出站信号机，并有管辖地段的，如图 308-6 所示。

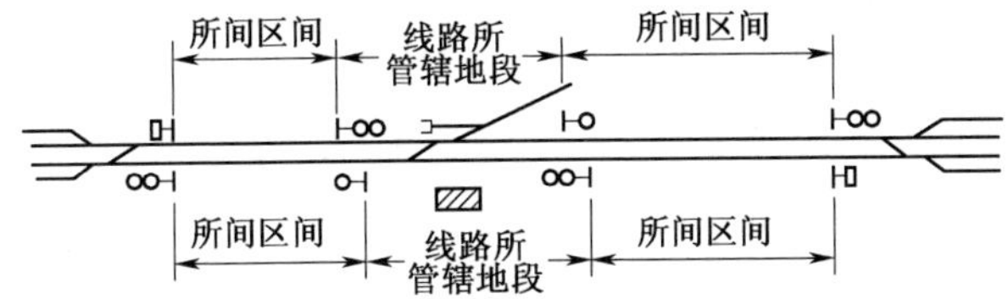

图 308-6　双线区间设有进、出站信号机的所间区间界限示意图

3. 闭塞分区——自动闭塞区间同方向相邻的两架通过色灯信号机间或进站信号机与通过色灯信号机间的线段。

自动闭塞区间的闭塞分区，以该线上同方向相邻的两架通过色灯信号机柱的中心线为分界线。

单线区间闭塞分区分界线，如图 308-7 所示。

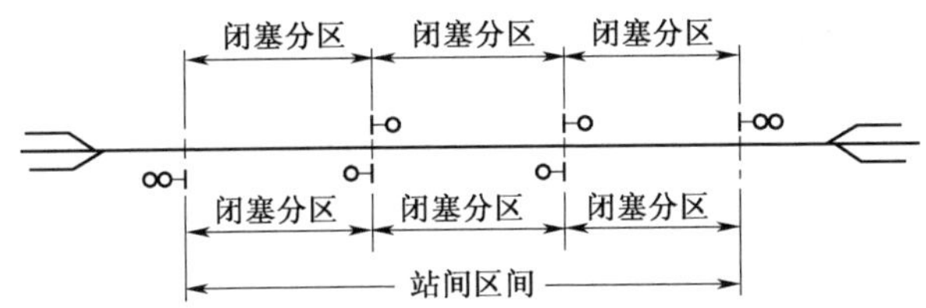

图 308-7　单线区间闭塞分区界限示意图

双线区间闭塞分区分界线，如图 308-8 所示。

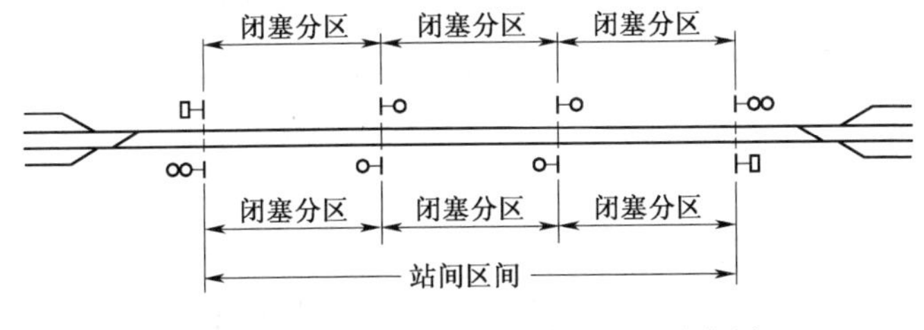

图 308-8　双线区间闭塞分区界限示意图

第 309 条　车站均须装设基本闭塞设备。行车基本闭塞法采用下列三种：

1. 自动闭塞；

2. 自动站间闭塞；

3. 半自动闭塞。

电话闭塞法是当基本闭塞法不能使用时所采用的代用闭塞法。

原则上不使用隔时续行办法，如必须使用时，由铁路局规定。

基本闭塞设备是控制一个区间（或闭塞分区）同一时间内，只准许一个列车运行的设备。通过调度所、相邻车站、线路所、闭塞分区的设备或人为控制，使列车与列车相互间保持一定间隔，以保证列车安全运行的行车方法，称为行车闭塞法。

我国铁路采用的行车基本闭塞法有自动闭塞、自动站间闭塞、半自动闭塞三种。其中：自动闭塞以闭塞分区作为列车间隔；自动站间闭塞、半自动闭塞都是以站间（所间）区间作为列车间隔；其列车运行间隔均属于空间间隔法。

电话闭塞是在基本闭塞法不能使用的条件下，主要靠人工检查确认和联系制度来保证实现列车运行空间间隔的代用闭塞方法。使用电话闭塞法行车须有列车调度员的命令，并按有关电话闭塞接发列车规定的程序、制度办理行车作业。

原则上不使用隔时续行方法。由于按隔时续行方法行车，不易保持后行列车和前行列车的安全间隔，如果办理疏忽或司机操纵不当，很容易发生尾追事故，因此规定隔时续行办法原则上不使用。在特殊情况下必须使用时，由铁路局规定，并制定具体行车办法和安全措施。

---

* **第310条** 当基本闭塞法不能使用时，应根据列车调度员的命令采用电话闭塞法行车。遇列车调度电话不通时，闭塞法的变更或恢复，应由该区间两端站的车站值班员确认区间空闲后，直接以电话记录办理。列车调度电话恢复正常时，两端站车站值班员应及时向列车调度员报告。

车站值班员在办理接发列车时，遇行车设备故障、施工、自然灾害等情况造成基本闭塞法不能使用或在特定行车条件下需停止使用基本闭塞法时，须向列车调度员报告。列车调度员详细了解现场情况后，向有关处所和人员发布停止使用基本闭塞法改按电话闭塞法行车的调度命令。

行车闭塞法的变更或恢复，列车调度员须发布调度命令。但遇特殊情况列车调度电话不通（指两端站列调电话都不通）时，为减少对运输秩序的影响，由该区间两端车站值班员共同确认区间空闲后，直接以电话联系办理，并发出电话记录号码。

第311条 遇下列情况，应停止使用基本闭塞法，改用电话闭塞法行车：

1. 基本闭塞设备发生故障导致基本闭塞法不能使用、自动闭塞区间内两架及以上通过信号机故障或灯光熄灭时；

2. 无双向闭塞设备的双线区间反方向发车或改按单线行车时；

3. 发出由区间返回的列车，或发出挂有由区间返回后部补机的列车时；

4. 自动站间闭塞、半自动闭塞区间，由未设出站信号机的线路上发车，或超长列车头部越过出站信号机并压上出站方面轨道电路发车时；

5. 在夜间或遇降雾、暴风雨雪，为消除线路故障或执行特殊任务，开行轻型车辆时。

自动站间闭塞设备故障，半自动闭塞设备良好时，可根据调度命令改按半自动闭塞法行车。

---

1. 基本闭塞设备发生故障导致基本闭塞法不能使用、自动闭塞区间内两架及其以上通过信号机故障或灯光熄灭时。

（1）自动闭塞设备发生故障导致基本闭塞法不能使用，不能保证列车按自动闭塞方式行车时，应停止使用改按电话闭塞法行车。

自动闭塞区间两架及其以上通过信号机发生故障或灯光熄灭，如按《技规》第316条组织行车，势必造成列车在区间一再停车，不仅会降低列车运行速度，而且危及行车安全。因此，遇两架及其以上通过信号机故障或灯光熄灭时，改按电话闭塞法行车。

(2)半自动闭塞设备故障，如：出站信号机内方轨道电路故障、出站信号机故障或灯光熄灭，由于不能形成半自动闭塞控制条件或不能开放出站信号机作为列车占用区间的行车凭证，因此，应停止使用，改按电话闭塞法行车。

(3)自动站间闭塞设备故障，导致自动站间闭塞、半自动闭塞法均不能使用时，如不能开放出站信号机作为列车占用区间的行车凭证，应停止使用自动站间闭塞改按电话闭塞法行车。

2. 无双向闭塞设备的双线区间反方向发车或改按单线行车时。

无双向闭塞设备的双线区间反方向发车时，由于反方向无闭塞设备，必须改用电话闭塞法行车。无双向闭塞设备的双线区间改按单线行车时，虽然正方向闭塞设备可以使用，但反方向行车时无闭塞设备保证安全，办理上容易混淆，极易引发错误，所以也要停止使用基本闭塞法改按电话闭塞法行车。

3. 发出由区间返回的列车，或发出挂有由区间返回后部补机的列车时。

发出由区间返回的列车时，在其返回前，车站无法从设备上控制不再向该区间放行列车，为防止人为失误造成严重后果，应停止基本闭塞法改按电话闭塞法行车。发出挂有由区间返回后部补机的列车，车站无法从设备上控制在列车到达前方站后、补机返回前不再向该区间放行列车，为防止人为失误造成严重后果，因此，应停止基本闭塞法，改按电话闭塞法行车。

4. 自动站间闭塞、半自动闭塞区间，由未设出站信号机的线路上发车，或超长列车头部越过出站信号机并压上出站方面轨道电路发车时。

自动站间闭塞、半自动闭塞列车占用区间的行车凭证，为出站信号机显示的允许运行的信号。由未设出站信号机的线路上发车，或超长列车头部越过出站信号机并压上出站方向轨道电路发车时，因无法取得占用区间的行车凭证，须改按电话闭塞法行车。

5. 在夜间或遇降雾、暴风雨雪，为消除线路故障或执行特殊任务，开行轻型车辆时。

轻型车辆装有绝缘车轴，不能通过轨道电路确定其位置，为确保安全，轻型车辆仅限昼间封锁施工作业时使用，此时不按列车办理；同样为确保安全，在夜间或遇降雾、暴风雨雪等天气不良瞭望条件不好的情况下，为消除线路故障或执行特殊任务须使用轻型车辆时，应按列车办理，此时应停止基本闭塞法，改按电话闭塞法行车。

6. 自动站间闭塞设备故障，半自动闭塞设备良好时，可根据调度命令改按半自动闭塞法行车。

部分自动站间闭塞是在半自动闭塞的基础上，增加了计轴设备自动检查区间空闲，从而实现了自动站间闭塞，此时，仅计轴设备故障停用，半自动闭塞设备仍作用良好时，可使用另一基本闭塞法——半自动闭塞法组织列车运行，但必须得到列车调度员准许并发布调度命令。

第312条 设有双向闭塞设备的自动闭塞区间，遇轨道电路发生故障等情况，需使用总辅助按钮改变闭塞方向时，车站值班员必须确认区间空闲后，根据列车调度员命令，使用总辅助按钮改变闭塞方向，并在《行车设备检查登记簿》内登记。

在半自动闭塞区间，遇接车站轨道电路发生故障，闭塞设备停电后恢复供电，列车因故退回原发车站等情况时，车站值班员确认列车整列到达后，根据列车调度员命令，使用故障按钮，办理人工复原，并在《行车设备检查登记簿》内登记。

设有双向闭塞设备的自动闭塞区间，遇轨道电路发生故障等情况，控制台出现“双接”，或虽区间空闲但因设备故障造成“监督区间”表示灯亮红灯，不能按正常方式操作改变闭塞方向时，则需附加使用总辅助、辅助按钮办理。使用总辅助按钮前，车站值班员应互相联系，必须共同确认该区间空闲，然后再向列车调度员报告。列车调度员接到使用总辅助按钮的请求后，向该区间两端车站发布调度命令。车站值班员接到调度命令后，使用总辅助按钮，并在《行车设备检查登记簿》内登记。

半自动闭塞区间遇接车站轨道电路发生故障，闭塞设备停电后恢复供电，列车因故退回原发车站等情况，两端站不能正常使用闭塞机，需使用故障按钮办理复原时，车站值班员应互相联系，共同做到“三确认”（即确认列车没有出发、确认区间没有列车、确认列车整列到达），然后再向列车调度员报告。列车调度员接到使用故障按钮的请求后，向该区间两端车站发布调度命令。车站值班员接到调度命令后，使用故障按钮，并在

《行车设备检查登记簿》内登记。

第 313 条　线路所和区间内设有辅助所的行车闭塞办法，由铁路局规定。

线路所为行车分界点。为提高区间通过能力或管理区间分歧线路(道岔)，有些站间区间线路上设有线路所，虽不办理客货业务，但与邻站办理行车工作。为便于区间岔线取送作业，在区间正线与岔线接轨地点设有辅助所，办理临时往返岔线作业和区间开通手续。

线路所和区间内的辅助所因设备条件不同，全路不宜统一规定行车闭塞办法。要求铁路局根据具体情况，制定有关行车闭塞办法。行车闭塞办法应符合铁路行车组织的基本原则和行车闭塞法的基本要求。

自动闭塞

第 314 条　使用自动闭塞法行车时，列车进入闭塞分区的行车凭证为出站或通过信号机显示的允许运行的信号。

自动闭塞区段的车站，办理发车前应向接车站预告；单线自动闭塞区段的车站，还须得到列车调度员的同意(列车调度员已下达列车运行调整计划时除外)。已向接车站预告，但列车不能出发时，发车站须通知接车站取消预告。

1. 使用自动闭塞法行车时，列车是根据进出站信号机和通过信号机的显示运行，在运行过程中通过轨道电路检查闭塞分区的占用与空闲，并通过信号机显示的不同颜色的灯光指示后续列车的运行，由此来自动完成闭塞作用。这种方式不需要办理闭塞手续，又可以在同一区间内开行多列追踪运行的列车，并有必要的空间间隔，既保证了行车安全又提高了区间通过能力。

目前，我国自动闭塞区段大多采用四显示的通过色灯信号机，当其显示一个绿色灯光时，表示列车运行前方至少有三个闭塞分区空闲，准许列车进入闭塞分区后按规定速度运行；当其显示一个绿色和一个黄色灯光时，表示列车运行前方有两个闭塞分区空闲，准许列车进入闭塞分区后按规定速度运行，要求注意准备减速；当其显示一个黄色灯光时，表示列车运行前方只有一个闭塞分区空闲，要求列车注意或减速运行，按规定限速要求越过该信号机；当其显示一个红色灯光时，要求列车应在该信号机前停车。

部分自动闭塞区段采用三显示的通过色灯信号机，当其显示一个绿色灯光时，表示列车运行前方至少有两个闭塞分区空闲，准许列车进入闭塞分区后按规定速度运行；显示一个黄色灯光时，表示前方只有一个闭塞分区空闲，要求列车注意或减速运行，按规定限速要求越过该信号机；当其显示一个红色灯光时，要求列车应在该信号机前停车。

2. 自动闭塞区段，出站或通过信号机的显示，能表示出闭塞分区空闲或占用的情况，不同的信号显示对列车运行速度分别有不同的限制，按信号显示行车可以保证列车的运行安全，所以规定以出站或通过信号机显示的允许运行的信号作为列车占用闭塞分区的行车凭证。

3. 自动闭塞区段的车站控制台上，在四显示、三显示区段分别有邻近车站的三或二个闭塞分区的占用情况表示，即四显示区段有第一、第二、第三接近和第一、第二、第三离去，三显示区段有第一、第二接近和第一、第二离去，车站值班员可以了解列车在邻近闭塞分区的占用情况。出站信号机的开放受第一离去占用的限制。车站值班员在开放出站信号机发出列车前，须确认第一离去分区的空闲情况。当闭塞分区空闲符合列车发车条件后，即可开放出站信号机准备发车。发车站在办理发车前，应向接车站通报列车车次，以使接车站做好接车准备，在接车站因特殊情况不能接车时，发车站可以及时停止发车，以防止列车在区间停车等待，造成运输堵塞。

在单线自动闭塞区段，列车是双方向运行的，为保持列车运行秩序或不影响某些重要列车的运行，车站值班员发车之前，应得到列车调度员同意，但列车调度员已下达列车运行调整计划时，可根据列车运行调整计划组织行车，不需再另行征得列车调度员同意。

无论在双线或单线自动闭塞区段，发车站在办理发车预告后，即确定了列车进入区间的顺序，接车站也应按此顺序做好接车准备。因此在列车预告后因特殊原因不能发出时，必须通知接车站取消发车预告，避免造成后续发出的列车与前次列车混淆，造成接车站接错车等事故的发生；避免接车站为接车做好准备后，却无列车到达，影响接车站的其他作业。

第 315 条 自动闭塞区段遇下列情况发车的行车凭证见第 32 表。

第 32 表 自动闭塞区段特殊情况行车凭证表

<table>
<tr><th>列车出发情况</th><th>行车凭证</th><th>发给行车凭证的依据</th><th>附带条件</th></tr>
<tr><td>1. 出站信号机故障时发出列车</td><td rowspan="5">绿色许可证（附件 2）</td><td rowspan="3">1. 监督器表示第一个闭塞分区空闲，不表示时为接到前次列车到达邻站的通知或前次列车发出后不少于 10 min 的时间
2. 确认道岔位置正确及进路空闲
3. 单线须取得对方站确认区间内无迎面列车的电话记录号码</td><td rowspan="3">从监督器上不能确认第一个闭塞分区空闲时，车站应发给司机书面通知（附件 8），司机以在瞭望距离内能随时停车的速度，最高不超过 20 km/h，运行到第一架通过信号机，按其显示的要求执行</td></tr>
<tr><td>2. 由未设出站信号机的线路上发出列车</td></tr>
<tr><td>3. 超长列车头部越过出站信号机发出列车</td></tr>
<tr><td>4. 发车进路信号机发生故障时发出列车</td><td rowspan="2">确认道岔位置正确及进路空闲</td><td rowspan="2">列车到达次一信号机按其显示的要求执行</td></tr>
<tr><td>5. 超长列车头部越过发车进路信号机发出列车</td></tr>
<tr><td>6. 自动闭塞作用良好，监督器故障时发出列车</td><td rowspan="2">出站信号机显示的允许运行的信号</td><td></td><td>与邻站车站值班员及本站信号员联系</td></tr>
<tr><td>7. 双线双向闭塞设备的车站，反方向发出列车</td><td>1. 区间占用表示灯表示区间空闲
2. 双线反方向行车的调度命令</td><td>反方向发车进路表示器显示正确（进路表示器故障时通知司机）</td></tr>
</table>

注：在四显示区段，因设备不同，执行上述条款困难的，可按铁路局规定办理。

第 32 表规定的各项内容，为自动闭塞区段特殊情况下发车的行车凭证、发给行车凭证的根据及附带条件等。自动闭塞与半自动闭塞和自动站间闭塞在部分设备故障或特殊情况下行车的最大不同，就是不需停止基本闭塞法，采用一些特殊的方式发出列车，进入区间后按自动闭塞法行车，提高运输效率。

1. 表中的第1、2、3项，是在出站信号机不能开放或未设出站信号机的情况下发出列车，此时发车进路与信号机间失去了联锁关系或无联锁关系。车站值班员必须在做好下列工作后，方准填写绿色许可证，组织发出列车。

(1)确认监督器表示第一个闭塞分区空闲，不表示时为接到前次列车到达邻站的通知或前次列车发出后不少于10 min的时间。

(2)确认道岔位置正确及进路空闲。

(3)单线区间须取得对方站确认区间内无迎面列车的电话记录号码，并填记在《行车日志》记事栏内。

因为出站信号机不能开放，如果从监督器不能确认第一个闭塞分区空闲时，第一闭塞分区情况不明，此时发车人员必须发给司机书面通知(附件8)，要求列车以在瞭望距离内能随时停车的速度运行，最高不超过20 km/h，确保安全。当列车运行到第一架通过信号机时，按其显示的要求执行。

2. 表中的第4、5项，是指发车进路信号机(同一发车进路上一架或多架进路信号机)因故不能开放的情况下发出列车时，车站值班员确认发车进路空闲、进路道岔位置正确并按规定加锁后，填发绿色许可证发出列车的作业方式。

3. 表中的第6项，是指在自动闭塞作用良好，出站信号机能正常显示允许运行的信号，但监督器对离去闭塞分区的占用与空闲因故不能表示或表示不明时，发出列车。在此种情况下，由于出站信号机能够正常开放，自动闭塞设备可以确认闭塞分区的占用与空闲状态，车站值班员与邻站车站值班员联系确认区间列车运行情况，和本站信号员联系确认自动闭塞及监督器设备状态和发出列车情况后，即可组织按出站信号机的显示发出列车。

4. 表中的第7项，是指在双线自动闭塞区间装设有双向闭塞设备，列车在正方向运行线路上运行时，可自动追踪运行，在线路反方向运行时，按站间间隔运行。由于我国铁路在双线区间实行左侧单方向行车制度，反方向行车时，应发布调度命令，在发车前必须确认无迎面列车运行，区间空闲，在控制台上确认区间占用表示灯表示区间空闲后，办理改变列车运行方向手续，排列反方向发车进路，组织反方向发出列车，列车进入区间的行车凭证为出站信号机显示的允许运行的信号。

为使发车人员和司机明确区别正、反方向发车进路，在出站信号机的正下方设有反方向发车进路表示器，当排列了反方向发车进路后，显示规定的白色灯光，外部发车人员和列车司机在反方向发车前必须确认显示正确。如遇反方向发车进路表示器故障时，发车人员应口头通知司机，使司机明确列车运行方向。

在四显示区段，由于自动闭塞设备不同，执行第 32 表中的各项规定有困难时，可由铁路局规定行车办法。

---

*第 316 条　自动闭塞区间通过信号机显示停车信号(包括显示不明或灯光熄灭)时，列车必须在该信号机前停车，司机应使用列车无线调度通信设备通知车辆乘务员(随车机械师)。停车等候 2 min，该信号机仍未显示允许运行的信号时，即以遇到阻碍能随时停车的速度继续运行，最高不超过 20 km/h，运行到次一通过信号机(进站信号机)，按其显示的要求运行。在停车等候同时，必须与车站值班员、列车调度员联系，如确认前方闭塞分区内有列车时，不得进入。

装有容许信号的通过信号机，显示停车信号时，准许铁路局规定停车后起动困难的货物列车，在该信号机前不停车，按上述速度通过。当容许信号灯光熄灭或容许信号和通过信号机灯光都熄灭时，司机在确认信号机装有容许信号时，仍按上述速度通过该信号机。

装有连续式机车信号的列车，遇通过信号机灯光熄灭，而机车信号显示允许运行的信号时，应按机车信号的显示运行。

司机发现通过信号机故障时，应将故障信号机的号码通知前方站(列车调度员)。车站值班员(列车调度员)发现或得到区间通过信号机故障的报告后，在故障修复前，对尚未进入区间的后续列车，改按站间组织行车。

本条是关于自动闭塞区间通过信号机显示停车信号(包括显示不明或灯光熄灭)时特殊行车办法的规定。

自动闭塞区间内的通过信号机显示停车信号及显示不明或灯光熄灭的原因主要有以下几项：

1. 显示红色灯光时，可能是前方闭塞分区内有列车或机车、车辆占用；也可能是由于线路上有障碍物引起轨道电路短路或钢轨折断；还可能是轨道电路故障所致；还可能是通过信号机的灯泡断丝而引起的灯光转移等。

2. 信号显示不明，可能是因天气关系，如灯光被飘雪、扬沙所遮盖等；也可能是自动闭塞系统发生故障。

3. 灯光熄灭，可能是灯泡断丝或灯泡松动，也可能是临时断电。

通过信号机显示停车信号及显示不明或灯光熄灭时均视为停车信号，列车如果贸然进入前方闭塞分区，有危及行车安全的可能性，因而列车必须在该信号机前停车，同时司机应使用列车无线调度通信设备通知车辆乘务员(随车机械师)停车原因。

由于是自动闭塞区间，列车追踪运行，作业十分繁忙，同时由于通过信号机处于区间，修复时间将会延长，如果列车长时间在显示停车信号(包括显示不明或灯光熄灭)的通过色灯信号机前停车，将使后续多列列车在区间停车，打乱运行秩序，造成运输工作的混乱，也不利于列车的运行安全。因此规定，在列车停车等候 2 min 后，该通过信号机仍未显示允许运行的信号时，即以遇到阻碍能随时停车的速度进入该通过信号机防护的闭塞分区继续运行，但最高运行速度不得超过 20 km/h。停车等候 2 min，如有列车在该闭塞分区正常运行，则有一定的时间出清该闭塞分区；如该闭塞分区有前行列车被迫停车不能继续运行时，有关人员有一定的时间按规定设置防护和作业联系；而要求列车以遇到阻碍能随时停车的速度运行(最高不超过 20 km/h)，即使进入闭塞分区后发现有列车或有危及行车安全的情况时，可随时停车，不致发生事故。

在这种情况下，列车限速进入闭塞分区后，必须在整个闭塞分区内限速运行，不能在见到前方通过信号机显示允许运行的信号时，就立即恢复相应速度运行。只有在列车头部越过次一通过信号机(进站信号机)后，才能按其显示的要求运行。

列车在显示停车信号及显示不明或灯光熄灭的通过信号机前停车等候的同时，司机必须使用列车无线调度通信设备与车站值班员或列车调度员进行联系，车站值班员、列车调度员应通过控制台、TDCS 设备等确认该闭塞分区内有无列车，在确认有列车占用后，车站值班员、列车调度员须通知司机不得进入该闭塞分区；同时，司机还应通过目视确认前方闭塞分区内是否有列车占用。司机如通过以上方式确认有列车占用时,不得进入该闭塞分区。如司机使用列车无线调度通信设备与车站值班员、列车调度员联系不上,又无法目视确认前方闭塞分区内是否有列车占用时,在停车等候 2 min 后,如该信号机仍未显示允许运行的信号,即以遇到阻碍能随时停车的速度,最高不超过 20 km/h 进入该闭塞分区,司机应加强瞭望,运行中发现前方有列车占用或有危及行车安全的情况时,立即停车。对按自动闭塞法行驶的后续列车,亦应按上述要求严格执行。

装有容许信号的通过色灯信号机显示停车信号时,准许停车后起动困难的货物列车不停车通过该信号机。由于各种货物列车牵引重量不完全相同,因此铁路局必须根据该区段使用的机车类型和线路坡度等情况,经过计算和试验,规定准许按容许信号运行的货物列车重量标准。装设容许信号的目的,主要是避免超过规定牵引重量的货物列车在此停车后起动困难,甚至请求救援打乱运行秩序。因此,当容许信号灯光熄灭时或容许信号和通过信号机灯光都熄灭时,只要司机确认信号机装有容许信号,仍可按上述速度规定,不停车通过该信号机。列车通过该信号机后,必须在整个闭塞分区以遇到阻碍能随时停车的速度运行,但最高运行速度不得超过 20 km/h,到达次一通过色灯信号机后,再按其显示的要求运行。

连续式机车信号的显示和通过信号机的显示,是通过同一个轨道电路传输的,通过信号机灯光熄灭而机车信号显示允许运行的信号时,表示前方闭塞分区处于空闲状态。因此,作为一种特殊的行车组织方式,准许列车按机车信号的显示运行。

司机发现通过信号机故障时,应将该信号机的号码通知前方站(列车调度员),以便由车站(列车调度员)通知设备部门检查修理,并组织后续列车的运行。车站值班员(列车调度员)发现或得到区间通过信号机故障的报告后,在故障修复前,对尚未进入区间的后续列车,改按站间组织行车。此时不改变原基本闭塞法,人工控制按站间间隔放行列车。

自动站间闭塞

第 317 条 使用自动站间闭塞法行车时,列车凭出站信号机或线路所通过信号机显示的允许运行的信号进入区间。

自动站间闭塞须与集中联锁设备结合使用,自动检查区间空闲,发车站办理发车进路后即自动构成站间闭塞。列车到达接车站或返回发车站并出清区间后，自动解除闭塞。

发车站在办理发车进路前，须确认区间空闲、接车站未办理同一区间的发车进路，并向接车站预告。发车站已向接车站预告，但列车不能出发时，在取消发车进路后，须通知接车站。

---

1. 自动站间闭塞是在半自动闭塞基础上发展起来的新型闭塞设备，区间两端站的出站信号机（线路所通过信号机）和轨道检查装置构成联锁关系，自动检查区间空闲，列车以站间（所间）区间为间隔运行，通过办理发车进路和检查列车出清区间的方式，自动实现区间闭塞和区间开通。

自动检查区间主要通过计轴设备或区间长轨道电路来实现。

（1）计轴设备通过设置在区间（所间）两端站的计轴磁头，对进入区间和车站（线路所）的列车轴数进行记录，并经过传输线路将两端站（线路所）所记录的轴数进行核对，当两端站（线路所）记录的轴数一致时，即确认列车整列到达，区间空闲，自动开通区间。发出由区间返回的列车时，由发车站自行检查。当计轴设备记录进出区间的列车轴数不一致时，即判定区间占用。当计轴设备发生故障不能正常计轴或判定区间占用时，不能自动解除闭塞。

（2）区间长轨道电路由三部分组成，包括上、下行接近区段轨道电路（双线时为接近和发车区段轨道电路）和中间部分轨道电路，通过轨道电路对区间是否占用、线路是否良好进行检查。在这三部分轨道电路都空闲时，排列发车进路，开放出站信号，自动完成闭塞；在列车到达前方站（返回发车站）三部分轨道电路都空闲后，自动开通区间。当区间任何一部分轨道电路处于占用状态时，不能开放出站信号机；列车虽已到达前方站（返回发车站），但不能解除闭塞开通区间。出站信号机开放后，如果区间轨道电路因故障等原因处于占用状态时，便自动关闭。

2. 使用自动站间闭塞法发出列车时，由于列车按站间间隔运行，列车进入区间的行车凭证为出站信号机或线路所通过信号机显示的允许运行的信号。

3. 由于自动站间闭塞发车前不需办理闭塞手续，排列发车进路开放出站信号后，即可发出列车，同时列车需按站间间隔行车，因此发车站在办理发车进路前，须确认区间空闲和接车站未办理同一区间的发车进路。为使接车站做好接车准备工作，发车站应向接车站发出预告。

4. 自动站间闭塞区间，发车站办理预告后，接车站必须做好接车准备。如果列车预告后因特殊情况不能发出时，发车站必须通知接车站取消预告。避免长时间占用区间，方便接车站进行其他作业，也能为其他列车运行提供条件。

第318条 自动站间闭塞的行车办法，由铁路局规定。

由于自动站间闭塞在全路应用的时间不长，相关设备在制式上也不完全统一，使用区段的行车组织方式不完全相同，因此行车组织办法不宜在全路进行统一，应由各铁路局根据设备的不同，结合运输组织方式、行车工作要求制定行车组织办法。

半自动闭塞

*****第319条** 使用半自动闭塞法行车时，列车凭出站信号机或线路所通过信号机显示的允许运行的信号进入区间。

开放出站信号机或通过信号机前，双线区段必须得到前次列车到达前方站的到达信号；单线区段必须得到接车站的同意闭塞信号。

发车站办理闭塞手续后，列车不能出发时，应将事由通知接车站，取消闭塞。

半自动闭塞是指通过两个相邻车站（线路所）的闭塞机、出站信号机（线路所通过信号机）和轨道电路构成的联锁关系。使用半自动闭塞设备时，出站或线路所通过信号机显示允许运行的信号，即表示区间已空闲、发车进路已被锁闭，当出发的列车压上出站方面的轨道电路，出站或通过信号机就立即自动关闭，在该列车运行到接车站，压上接车轨道电路之前，出站或通过信号机不能再开放。由于上述联锁关系，可以保证列车运行的安全，因此规定使用半自动闭塞方法行车时，列车凭出站或通过信号机显示的允许运行的信号进入区间。

1. 出站(线路所通过)信号机的开放条件

(1)双线半自动闭塞区间,发车站(线路所)必须在闭塞机上得到前次列车到达前方站(线路所)的到达信号后,才有权发车。因为前次列车驶过接车站接车轨道电路,闭塞机就可以解锁并开通区间。所以发车站(线路所)只要在闭塞机上得到前次列车到达前方站(线路所)的到达信号后,就可以开放出站或线路所通过信号机发车。

(2)单线半自动闭塞区间,发车站(线路所)必须在闭塞机上得到接车站(线路所)的同意闭塞信号后,才能开放出站或线路所通过信号机。而接车站(线路所)只能在区间空闲时,才能在闭塞机上发出同意闭塞信号,并在其发出同意闭塞信号后,该站(线路所)向该区间的出站或线路所通过信号机才能开放。这样就可避免同时向同一区间发出对向的列车。所以,在单线半自动闭塞区间任何一端车站(线路所),在开放出站或线路所通过信号机前,必须得到接车站的同意闭塞信号。

2. 半自动闭塞取消闭塞的办法

(1)双线半自动闭塞的车站取消闭塞

集中联锁的车站,开放出站信号后如需取消发车时,车站值班员须通知发车人员、司机,确认列车没有出发,关闭出站信号,发车进路解锁后,将事由通知接车站,即可取消闭塞。

电锁器联锁的车站,开放信号后因故需取消闭塞时,车站值班员须通知发车人员、司机,确认列车没有出发,关闭出站信号,按下闭塞按钮使发车表示灯亮黄灯,即可通知接车站取消闭塞;然后由接车站值班员登记破封,拉出故障按钮,再拉出闭塞按钮,办理区间复原。

(2)单线半自动闭塞的车站取消闭塞

如发车站已请求发车(发车表示灯亮黄灯),需要取消闭塞时,经两站车站值班员联系同意后,由发车站拉出闭塞按钮(或按下复原按钮),两站表示灯熄灭,闭塞机复原。

如接车站已按下闭塞按钮(发车表示灯亮绿灯),但发车站未开放出站信号机时,亦由发车站拉出闭塞按钮(或按下复原按钮),闭塞表示灯熄灭,闭塞机复原。

如开放出站信号机后,需取消闭塞时,集中联锁的车站,经两站联系,发车站值班员确认列车没有出发,关闭出站信号机,拉出闭塞按钮(或按下复原按钮),双方闭塞表示灯熄灭,闭塞机复原;电锁器联锁的车站,双方站车站值班员确认列车没有出发，由发车站值班员，登记破封，使用事故按钮办理复原。

第320条 半自动闭塞区段，遇超长列车头部越过出站信号机而未压上出站方面的轨道电路发车时，行车凭证为出站信号机显示的允许运行的信号，并发给司机调度命令；遇发车进路信号机故障或超长列车头部越过发车进路信号机发车时，列车越过发车进路信号机的行车凭证为半自动闭塞发车进路通知书(附件9)。

超长列车头部越过出站信号机，而未压上出站方面轨道电路时，因能使用半自动闭塞法，所以列车占用区间的行车凭证仍然为出站信号机显示的允许运行的信号，但应发给司机准许列车头部越过出站信号机发车的调度命令。

如果列车头部压上出站方面轨道电路，因无法办理闭塞，所以必须停止基本闭塞法，改用电话闭塞法行车，列车占用区间的行车凭证为路票。

因跨局运行的机车交路较为普遍，为方便司机确认发车进路信号机故障时、超长列车头部越过发车进路信号机时的行车凭证，所以对列车越过发车进路信号机的行车凭证进行了统一，统一规定为半自动闭塞发车进路通知书。

电话闭塞

第321条 使用电话闭塞法行车时，列车占用区间的行车凭证为路票(附件1)。当挂有由区间返回的后部补机时，另发给补机司机路票副页。

单线或双线反方向发车(正方向首列发车)时，根据《行车日志》查明区间已空闲，并取得接车站承认的电话记录号码，在发车进路准备妥当后，方可填发路票。双线正方向发车(首列除外)时，根据收到的前次发出的列车到达的电话记录号码，在发车进路准备妥当后，即可填发路票。

电话闭塞法是当基本闭塞法不能使用时，根据列车调度员命令所采用的代用闭塞法。

由于此种闭塞方法全由人工控制，所以两站间的闭塞手续，必须在查明区间空闲后，方可办理。

使用电话闭塞法行车时，列车占用区间的行车凭证，不论单线或双线均为路票。填写路票时，当发出挂有由区间返回后部补机的列车时，应填写一式两份(仅编号顺序不同)，其中交给后部补机的路票的右上角须加盖“㊀副”字戳记作为路票副页，作为补机司机返回发车站的行车凭证。

为避免相对方向的两端站同时发出迎面列车，规定单线或双线反方向发车时，除根据《行车日志》等查明区间空闲外，还必须取得接车站的承认后，方可填发路票。双线正方向首列发车时，为保证安全，除查明区间空闲外，也应取得接车站的承认后，方可填发路票。

在双线正方向发车时(首列除外)，不必取得接车站的承认，但应根据收到前次发出的列车已到达接车站的电话记录在发车进路准备妥当后，方可填发路票。

第 322 条 办理电话闭塞时，下列各项应发出电话记录号码，并记入《行车日志》：

1. 承认闭塞；
2. 列车到达，补机返回；
3. 取消闭塞；
4. 单线或双线反方向越出站界调车。

电话记录号码自每日 0 时起至 24 时止，按日循环编号，编号办法由铁路局规定。

办理电话闭塞时，承认闭塞、列车到达或补机返回、取消闭塞、单线或双线反方向越出站界调车等，都须发出电话记录号码。对电话记录号码要及时、准确地记入《行车日志》电话记录号码栏内。

为了便于记录和查看，电话记录号码自每日 0 时起至 24 时止，按日循环编号。编号办法一般应采用顺序编号，具体由铁路局规定。

第323条 路票应由车站值班员或指定的助理值班员填写。

对于填写的路票，车站值班员应根据《行车日志》的记录，进行认真核对，确认无误，并加盖站名印后，方可送交司机。

双线反方向行车使用路票时，应在路票上加盖“反方向行车”章；两线、多线区间使用路票时，应在路票上加盖“××线行车”章。

路票是使用电话闭塞法行车时列车占用区间的凭证。路票填写的正确与否，关系到列车是否能够安全运行。为了防止错填路票，原则上应由车站值班员亲自填写。因车站值班员作业繁忙或助理值班员室距离过远等原因时，可由《站细》指定的助理值班员填写，但应经车站值班员审核(可使用电话复诵核对，具体由《站细》规定)，方可交付使用。

填写路票时，要内容齐全，字迹清楚，不得涂改。当填写错误时，应在路票上划“×”注销，重新填写。

使用路票必须选准使用的区间，正确填写电话记录号码、车次并加盖站名印。为防止双线反方向、两线或多线区间电话闭塞法行车时，错误办理列车方向，双线反方向行车时，应在路票上加盖“反方向行车”章，两线、多线区间使用路票时，应在路票上加盖“××线行车”章。

对由区间折回的列车，路票应填写往返车次。当发出挂有需由区间返回的后部补机的列车，应填路票一式两份(仅编号顺序不同)，发给补机的路票右上角须加盖“㊖”字戳记作为副页，作为补机司机由区间返回时占用区间的行车凭证。

电话中断时的行车

第324条 车站行车室内一切电话中断，单线行车按书面联络法，双线行车按时间间隔法，列车进入区间的行车凭证均为红色许可证(附件3)。

在双线自动闭塞区间，如闭塞设备作用良好时，列车运行仍按自动闭塞法行车，但车站与列车司机应以列车无线调度通信设备直接联系(说明车次及注意事项等)。如列车无线调度通信设备故障时，列车必须在车站停车联系。

---

1. 车站行车室内一切电话中断是指车站行车室内的行车闭塞电话、调度电话、自动电话全部中断,使车站值班员无法使用电话办理行车联系事项。

2. 由于自然灾害或其他原因,车站行车室内的一切电话中断,与邻站及列车调度员均无法用电话联系时,必须采用特定的方法保证不间断行车,并发给列车占用区间的特定凭证。这种特定行车方法,就是单线行车按书面联络法,双线行车按时间间隔法。特定的凭证就是红色许可证。

3. 由于单线区间是双向行车制,两相邻站都可以向同一区间发车,因此必须通过书面联络来确定列车的开行。双线区间是上、下行分别按正方向行车,而且由于一切电话中断,列车调度员不能发布调度命令,不能办理列车反方向运行,所以可按时间间隔法行车。在这种情况下,不论单线或双线,列车进入区间的凭证均为红色许可证。红色许可证,既是列车占用区间的凭证,又附有与邻站联络行车的通知书,同时还具有提醒司机注意行车的作用。

红色许可证包括许可证和通知书两部分。司机通过它可了解到本列车前后的列车运行情况和计划,以便本列车在区间被迫停车后能采取相应措施,保证行车安全。

4. 一切电话中断后,在双线自动闭塞区间,如闭塞作用良好时,从设备上能保证行车安全。车站值班员从监督器上也能确认和监督列车运行情况,列车运行仍按自动闭塞法行车,不使用红色许可证。车站可通过列车无线调度通信设备与列车司机直接联系,了解后续列车的运行情况等,列车在车站可不停车。当列车无线调度通信设备临时故障时,为加强联系,向司机交待情况,说明注意事项,列车需在车站停车。

第 325 条　单线按书面联络法行车时,下列车站可以优先发车:

1. 已办妥闭塞而尚未发车的车站。

2. 未办妥闭塞时:

(1)单线区间为发出下行列车的车站;

(2)双线改为单线行车时,为该线原定发车方向的车站;

(3)同一线路同一方向运行的列车,有上下行两种车次时,铁路局规定优先发车的车站。

第一个列车的发车权为优先发车的车站所有，如优先发车的车站没有待发列车时，应主动用附件 3 的通知书通知非优先发车的车站。非优先发车的车站，如有待发列车时，应在得到通知书以后方可发车。

第一个列车的发车站，在发车前应查明区间已空闲，并在附件 3 的通知书上记明下一个列车的发车权。如为本条第 1 项所规定的发车站发车时，持有行车凭证的列车，还应发给附件 3 的通知书；如无行车凭证，列车应持红色许可证开往邻站。以后开行的列车，均凭附件 3 的通知书上记明的发车权办理。

附件 3 的通知书，应采取最快的方法传送，优先方向车站如无开往区间的列车时，在确认区间空闲后，可使用重型轨道车或单机传送。

为使车站在一切电话中断时尽快发出列车，应规定优先发车的车站。一旦发生一切电话中断，被规定为优先发车的车站，在与邻站取得联络之前，只要符合规定的条件，就可以向区间发出一切电话中断后的第一个列车。

1. 在电话中断前已办妥闭塞而尚未发车的车站，在一切电话中断后，可以优先向区间发出第一个列车，因为在一切电话中断前，该站已取得了发车权。

2. 在一切电话中断前未办妥闭塞时，由于发车权尚未确定，必须按照一定的方法来确定优先发车的车站，因此《技规》规定了未办妥闭塞情况下优先发车的车站的确定原则。

同一线路、同一方向的列车有上、下行车次时，条件比较复杂。所以优先发车站需由铁路局根据具体情况事先规定。

一切电话中断后，如果规定优先发车的车站没有待发列车时，应主动迅速将红色许可证的通知书送到非优先发车站。非优先发车站，只有接到优先发车站送来的红色许可证上通知书第 1 项内容，即“准接你站发出的列车”的通知后，方可发出列车。

发出第一个列车的车站，在发车前必须查明区间空闲，并在交予该列车的红色许可证上记明下一次列车的发车权。以后开行的列车，均按红色许可证上记明的发车权办理。为了防止第一个列车带有两个行车凭证进入区间，所以规定已办妥闭塞而尚未发车的车站发出第一个列车时（第1项情况），如已有行车凭证，只填写通知书。如未取得行车凭证，应发给列车红色许可证开往邻站。

第326条 双线按时间间隔法行车时，只准发出正方向的列车。非自动闭塞区间发出第一个列车时，在发车前应查明区间已空闲。

---

1. 双线按时间间隔法行车，是指前一列车发出后不论是否到达前方站，准许间隔一定的时间，再向该区间发出次一列车的行车办法。

2. 在一切电话中断后，为了保证行车安全，防止两端站同时向同一区间同一线路放行对向列车，规定双线按时间间隔法行车时，只准发出正方向的列车。

3. 在自动站间闭塞、半自动闭塞区间或自动闭塞设备故障停止使用的情况下，一切电话中断后发出第一个列车时，在发车前必须查明区间是否空闲，以防止在一切电话中断前发出的列车在区间被迫停车或退行、邻站越出站界调车未完毕、邻站发出反方向列车未到达本站等尚未腾空区间，即发出第一个列车，以致发生列车事故。

第327条 一切电话中断后，连续发出同一方向的列车时，两列车的间隔时间，应按区间规定的运行时间另加3 min，但不得少于13 min。

一切电话中断后按时间间隔法行车时，不论单线或双线区间，连续发出同一方向的列车时，均难以得到前次列车到达邻站的通知，发车站无法确知前行列车是否到达。因此，规定两列车的间隔时间，按区间规定运行时间另加3 min。这样，在一般情况下前行列车可以到达前方站，即使前行列车未到达前方站，也可保证有足够的安全间隔。按区间规定运行时间另加3 min是给接车站安排后行列车准备进路时间，或前行列车在区间被迫停车时的防护时间。在区间规定运行时间较短的情况下，为了确保与前行列车的安全间隔，所以规定不得少于13 min。

第 328 条 一切电话中断时，禁止发出下列列车：

1. 在区间内停车工作的列车(救援列车除外)；

2. 开往区间岔线的列车；

3. 须由区间内返回的列车；

4. 挂有须由区间内返回后部补机的列车；

5. 列车无线调度通信设备故障的列车。

一切电话中断时，行车组织指挥和站间联系困难，行车安全缺乏有效保证，只能开行一些必要的列车。所以禁止向一切电话中断车站相邻的区间发出可能引起不安全因素的列车。

1. 禁止发出在区间内停车工作的列车。由于一切电话中断后，对列车在区间运行的情况很难掌握，如果发出在区间停车工作的列车，就可能影响邻站待发的重要列车出发。因此，这种列车禁止开行。但准许发出到区间救援的列车。

2. 禁止发出开往区间岔线的列车。开往区间岔线的列车开出后，如待其返回或继续开往前方站，再发出其他列车，占用区间的时间太长。从岔线返回时，也很难和车站联系。因此这种列车禁止开行。

3. 禁止发出须由区间返回的列车。因为这种列车要在区间内停车进行某种作业，占用区间时间长，返回时间不易掌握，将会影响待发的其他列车。

4. 禁止发出挂有须由区间返回的后部补机的列车。由于邻站无法掌握补机返回发车站的时间，邻站发出待发列车时，就不能确保行车安全。

5. 禁止发出列车无线调度通信设备故障的列车。在车站一切电话中断情况下，如果再发出列车无线调度通信设备故障的列车，会明显增加不安全因素。

第 329 条 在一切电话中断时间内，如有封锁区间抢修施工或开通封锁区间时，由接到请求的车站值班员以书面通知封锁区间的相邻车站。

在一切电话中断时间内，如因列车在区间内发生事故或线路发生故障，造成行车中断时，必须立即组织抢救和抢修。接到请求的车站值班员，不必与邻站协商，立即封锁区间。同时将封锁区间障碍地点及是否开行救援列车等事项，以书面(应加盖站名印及车站值班员签名或盖章)通知封锁区间的相邻站。如开行救援列车时，以车站值班员的书面命令(用附件四调度命令用纸)作为进入封锁区间的凭证。

抢修或抢救工作完了，应及时开通封锁区间。此时，由接到开通封锁区间请求的车站值班员，立即以书面通知封锁区间的相邻站。

第330条 单线区间的车站，经以闭塞电话、列车调度电话或其他电话呼唤5 min无人应答时，由列车调度员查明该站及其相邻区间确无列车(包括单机、大型养路机械及重型轨道车)后，可发布调度命令，封锁相邻区间，按封锁区间办法向不应答站发出列车。

该列车应在不应答站的进站信号机外停车，判明不应答原因及准备好进路后，再行进站。司机或车站值班员应将经过情况报告列车调度员。

单线区间车站电话良好，而对某个车站用各种电话呼唤5 min得不到应答，为了避免发生列车堵塞，规定由列车调度员查明该站及两相邻区间确无列车后(包括单机、大型养路机械、重型轨道车)，方可向不应答站的两端邻站发出封锁相邻区间的调度命令，按封锁区间的办法向不应答车站办理行车。并以调度命令作为进入区间的凭证。

向不应答车站发出的列车，由于事先无法了解该站接车进路是否已准备，是否发生事故、灾害或其他情况等，为确保安全，不论进站信号机是否开放，必须在进站信号机外停车，待判明情况，并确认接车进路已准备妥当后再进入站内。列车进站后，司机或该站的车站值班员，应将经过情况及时报告列车调度员。此时，不应答站的车站值班员如能恢复正常工作，就失去了再继续封锁区间的必要性，列车调度员应以命令开通封锁区间，恢复正常行车。

第十四章　列车运行

一般要求

第331条　列车是指编成的车列并挂有机车及规定的列车标志。动车组列车为自走行固定编组列车。

单机、大型养路机械及重型轨道车，虽未完全具备列车条件，亦应按列车办理。

旅客列车的尾部标志应使用电灯，动车组以外的旅客列车尾部标志灯的摘挂、保管，由车辆部门负责。对中途转向的动车组以外的旅客列车应有备用标志灯，以备转向时使用。

按照列车编组计划、列车运行图和《技规》等有关规定编挂在一起的车列，并挂有机车及规定的列车标志，称为列车。动车组列车为自走行固定编组列车。

单机（包括单机挂车）、大型养路机械及重型轨道车，因运输需要，需要发往区间时，由于其编组内容较一般列车简单，因而部分条件可以简化，不必完全具备列车条件，即没有车列或部分列车标志，但其他运行条件，仍须符合《技规》的规定。并在办理闭塞、接发列车手续和要求上，在服从调度指挥及发生事故处理等方面，均应按照列车运行的规定办理。

为了保证旅客列车的运行安全，便于后续列车确认，列车尾部标志应使用电灯。为了加强灯具的保管、维修，规定动车组以外的旅客列车尾部标志灯的摘挂、保管由车辆部门负责。对中途转向的动车组以外的旅客列车，为了节省换挂标志灯的时间，应有备用标志灯，确保列车能正点运行。动车组尾部标志灯不能摘挂，不需要对尾部标志灯进行摘挂、保管。

第332条　特大桥梁、长大隧道、轮渡、装备区域联锁设备区段、装备列控设备区段、调度集中区段和重载列车、组合列车的特殊行车组织办法，由铁路局根据具体设备条件和作业组织需要规定。

一般来说，桥梁长度 500 m 及以上的为特大桥梁，隧道长度 3 000 m 及以上的为长大隧道。

由于我国铁路建设的发展和科学技术水平的提高，铁路线上的特大桥梁和长大隧道越来越多。为保证列车在这些设备上能按规定速度安全行驶，各铁路局有关部门除针对管辖范围内特大桥梁及长大隧道的结构特点及地质性状进行维修外，可根据实际需要，根据特大桥梁、长大隧道等的特殊设备条件和作业组织要求制定特殊行车办法。

近几年来我国跨海轮渡有了发展，粤海、烟大轮渡已投入使用。为了确保轮渡的作业安全和高效，铁路局可根据实际需要，制定有关特殊行车办法，确保车辆上船、下船及在海上运输的安全。

近几年来，普速铁路装备了区域联锁设备、列控设备(包括 CTCS-2、CTCS-3 及 ITCS 等)及调度集中设备，由于设备条件各不相同，这些设备的使用、管理以及行车办法由铁路局根据需要规定。

对重载列车、组合列车的特殊行车组织办法，由铁路局按实际情况根据需要进行规定。

第 333 条 列车运行中，各有关作业人员应按规定执行车机联控。

“车机联控”是车务、机务等行车有关人员使用列车无线调度通信设备，按规定联络，提示行车安全信息、确认行车要求的互控方式。车务、机务等行车有关人员应按车机联控有关规定执行。

第 334 条 列车应设有列车乘务组。列车乘务组按下列规定组成：

1. 动车组列车应有动车组司机，其他列车应有机车乘务人员；

2. 动车组列车应有随车机械师，其他旅客列车、特快货物班列和机械冷藏车组，均应有车辆乘务人员；

3. 旅客列车应有客运乘务组。

根据各种列车的任务，编组内容和运行条件的不同，要求配备直接为列车服务的工作人员，组成列车乘务组。列车乘务组的职责及组成是：

1. 动车组司机负责操纵动车组列车，机车乘务组负责操纵机车，完成列车牵引任务，负责本列车在区间的行车指挥工作。

2. 由于旅客列车、特快货物班列运行速度比较高，机械冷藏车组的车辆构造比较复杂，为便于途中随时进行检修、处理故障，均应配备车辆乘务人员。为便于动车组列车途中随时进行检修、处理故障，应配备随车机械师。

3. 为了做好旅客服务工作，如组织旅客上、下车，负责车内卫生、提供旅客文化生活、饮食供应以及行李包裹的运送等服务，旅客列车需有客运乘务组。客运乘务组一般由列车长、列车广播员、列车员、列车行李员及餐车工作人员等组成。

第335条 动车组以外的列车司机在列车运行中，应做到：

1. 列车在出发前输入监控装置有关数据；按规定对列车自动制动机进行试验，在制动保压状态下列车制动主管的压力1 min内漏泄不得超过 20 kPa，确认列尾装置作用良好。

装备机车综合无线通信设备的机车，开车前司机要选定机车综合无线通信设备通信模式和运行线路。在 GSM-R 区段运行时，机车综合无线通信设备、GSM-R 手持终端按规定注册列车车次，并确认正确。

2. 遵守列车运行图规定的运行时刻和各项允许及限制速度。彻底瞭望，确认信号，执行呼唤应答制度，严格按信号显示要求行车，确保列车安全正点。遇有信号显示不明或危及行车和人身安全时，应立即采取减速或停车措施。

3. 机车信号、列车无线调度通信设备、列车运行监控装置(轨道车运行控制设备)和列尾装置必须全程运转，严禁擅自关机。

运行途中，遇列尾装置、机车信号、列车运行监控装置(轨道车运行控制设备)发生故障时，司机应立即使用列车无线调度通信设备报告车站值班员或列车调度员，并根据实际情况掌握速度运行；遇机车信号、列车运行监控装置(轨道车运行控制设备)发生故障时，司机应控制列车运行至前方站停车处理或请求更换机车，在自动闭塞区间，列车运行速度不超过 20 km/h；遇列车无线调度通信设备发生故障时，司机应在前方站停车报告。

4. 起动稳，加速快，精心操纵，停车准确，按规定鸣笛，防止列车冲动和断钩。

5. 随时检查机车总风缸、制动主管的压力。检查内燃机车柴油机的润滑油压力、冷却水的温度及其转数等情况。注意电力机车的各种仪表的显示及接触网状态。

6. 在区间内列车停车进行防护、分部运行、装卸作业或使用紧急制动阀停车后再开车时，司机必须检查试验列车制动主管的贯通状态，确认列车完整，具备开车条件后，方可起动列车。

7. 单机、自轮运转特种设备在自动闭塞区间紧急制动停车或被迫停在调谐区内时，司机须立即通知后续列车司机、向两端站车站值班员（列车调度员）报告停车位置（具备移动条件时司机须先将机车移动不少于 15 m），并在轨道电路调谐区外使用短路铜线短接轨道电路。

8. 等会列车时，不准关闭空气压缩机，并应按规定显示列车标志。

9. 负责货运票据的交接与保管。

10. 将列车运行中发生的问题及使用紧急制动阀的情况，及时报告列车调度员。

动车组以外的列车司机是机车乘务组的负责人，在乘务作业中，应带领本组人员严格执行《技规》和操作规程的各项规定，保证列车安全正点运行，良好地完成铁路运输任务。同时又是列车或单机的行车指挥者，负责列车运行中特殊情况处理，以及区间被迫停车后进行防护，与车站、列车调度员进行联系等工作。

1. 列车出发前，要确认列车制动主管压力是否正常，试验列车制动主管压力 1 min 泄漏不得超过 20 kPa。因为列车制动主管泄漏超过规定标准时，会引起列车意外制动，使制动装置的作用不正常。机车综合无线通信设备有 450 MHz 和 GSM-R 通信模式，并与列车当时所在的线路相对应，在同一时间只有采用相同通信模式的无线通信设备方能进行通信，因此装备机车综合无线通信设备的机车，开车前司机要选定所在区段的通信模式和运行线路，这样才能保证司机能够与列车调度员、车站值班员等进行无线通信。在 GSM-R 区段，列车调度员（车站值班员）通过拨打车次号或机车号与司机进行无线通信，因此司机开车前要按规定注册机车综合无线通信设备及 GSM-R 手持终端的列车车次号并确认正确。

2. 为了安全、迅速、准确地完成运输任务，司机应服从命令，听从指挥，牢固树立安全、正点意识。严格遵守运行图规定的运行时刻和线路、桥隧、信号容许速度，道岔、曲线和慢行地段等限制速度，以及 LKJ（GYK）设定的限制速度。在操纵列车时，必须做到运行不超速，区间不运缓，彻底瞭望，确认信号和执行呼唤应答制度。

信号是指示列车运行的命令。应严格按信号显示的要求行车。遇有信号显示不明、不正确或灯光熄灭以及天气恶劣信号辨认不清时，必须立即采取减速或停车措施，列车运行中，如发现危及行车和人身安全时，要立即采取停车措施。

3. 机车信号、列车运行监控装置（轨道车运行控制设备）、列尾装置是控制列车运行、保证列车安全的重要设备，必须全程运转，严禁擅自关机。机车信号、列车运行监控装置（轨道车运行控制设备）发生故障时，一是通过列车无线调度通信设备向车站值班员或列车调度员报告，控制列车运行至前方站停车处理或请求更换机车；二是掌握列车运行速度。若在自动闭塞区间，机车信号、列车运行监控装置（轨道车运行控制设备）故障，列车运行速度不得超过 20 km/h，运行到前方站进行处理。若列车无线调度通信设备故障，应在前方站停车报告。

4. 为防止因列车冲动而引起旅客受伤或断钩等情形的发生，司机在起动列车提手柄时要平稳、匀速。为保证按图行车，不发生运缓，司机在列车运行中加速要快。为方便旅客乘降，防止人身伤亡事故以及防止列车越过警冲标、冒进信号及列车后部压岔子，要求司机在进站停车时，要对准停车位置标，准确停车。

5. 随时检查机车总风缸、制动主管的压力，防止欠压等危及列车安全的情况发生。

内燃机车柴油机的润滑油压力和冷却水的温度须保持规定的标准，

以保证柴油机安全运转和正常工作。运行中，司机要时刻注意油压及水温表的显示，随时观察柴油机转速是否正常。

电力机车牵引列车运行时，要注意接触网状态是否正常；注意电压表、电流表等各种仪表的显示是否正常。

6. 列车在区间内被迫停车进行防护、分部运行、装卸作业或使用紧急制动阀停车后再开车时，司机必须检查制动主管的贯通状态，确认列车完整，具备开车条件后，方可起动列车。

7. 调谐区不能准确反映列车占用状态，单机、自轮运转特种设备长度小于调谐区长度时，可能全部停留在调谐区内；单机、自轮运转特种设备紧急制动停车，会自动撒砂，因其长度短，可能全部停在撒砂的钢轨上，不能可靠分路轨道电路。在自动闭塞区间发生上述二种情况，可能会造成后方通过信号机显示升级为允许运行的信号，存在后续列车正常运行进入该闭塞分区与单机或自轮运转特种设备发生冲突的隐患。因此要求单机或自轮运转特种设备司机须立即通知后续列车司机、向列车调度员（两端站）报告停车位置（具备移动条件时司机须先将机车移动不少于15m），并在轨道电路调谐区外使用短路铜线短接轨道电路。

8. 在车站等会列车时，为了保证列车上空气制动及其他用风系统的正常工作，要求司机不准关闭空气压缩机。为保证列车安全，要求司机按规定显示列车标志。

9. 牵引货物列车或单机挂车时，司机还应负责货运票据的交接与保管，在规定车站与有关人员认真交接。

10. 为了便于列车调度员及时掌握列车运行情况，列车司机还应将列车在运行途中发生的问题以及使用紧急制动阀等情况，向列车调度员汇报（或通过车站值班员转报列车调度员）。

第336条　动车组列车司机在列车运行中，应做到：

1. 开车前司机要选定机车综合无线通信设备通信模式和运行线路，机车综合无线通信设备、GSM-R手持终端按规定注册列车车次，并确认正确。装备列车运行监控装置的动车组列车还应按规定输入监控装置有关数据。

2. 遵守列车运行图规定的运行时刻和各项允许及限制速度。

彻底瞭望，确认信号，执行呼唤应答制度，严格按信号显示要求行车，确保列车安全正点。遇有信号显示不明或危及行车和人身安全时，应立即采取减速或停车措施。

3. 机车信号、机车综合无线通信设备、列车运行监控装置、列控车载设备必须全程运转，严禁擅自关机、隔离。运行途中，遇机车信号、列车运行监控装置(列控车载设备)发生故障时，司机应立即报告车站值班员或列车调度员。动车组列车按列车运行监控装置方式行车时，遇机车信号、列车运行监控装置发生故障，应根据实际情况掌握速度运行，运行至前方站停车处理；在自动闭塞区间，机车信号、列车运行监控装置发生故障时，列车运行速度不超过 40 km/h。动车组列车按列控车载设备方式行车时，遇列控车载设备发生故障，应根据调度命令停车转为列车运行监控装置控车方式或隔离模式运行；转为隔离模式运行时，列车运行速度不超过 40 km/h。

4. 运行途中，司机不能使用机车综合无线通信设备进行通话时，应立即使用 GSM-R 手持终端或无线对讲设备报告车站值班员(列车调度员)；如 GSM-R 手持终端及无线对讲设备也不能进行通话，司机应在前方站停车报告。

5. 起动稳，加速快，精心操纵，停车准确，按规定鸣笛。

6. 注意操纵台各种仪表及车载信息监控装置的显示。

7. 正常情况在列车运行方向最前端司机室操纵，非操纵端司机室门、窗及各操纵开关、手柄均应置于断开或锁闭位。关闭非操纵端司机室机车综合无线通信设备电源。

8. 动车组列车停车后，必须使列车保持制动状态。更换动车组司机(同向换乘除外)或司机室操纵端、使用紧急制动停车、重联或解编后再开车时，必须进行相关试验。

9. 等会列车时，不准关闭辅助电源装置，并应按规定显示列车标志。

10. 将列车运行中发生的问题及使用紧急制动装置的情况，及时报告列车调度员。

动车组列车由司机负责指挥，在乘务作业中，应严格执行《技规》和操

作规程等规定，良好地完成铁路运输任务。动车组列车司机同时又是列车的行车指挥者，负责组织处理列车运行中特殊情况，与车站、调度所进行联系等工作。

1. 机车综合无线通信设备有450 MHz和GSM-R两种通信模式，与列车当时所在的线路相对应，在同一时间只有采用相同通信模式的无线通信设备方能进行无线通信，因此开车前司机要选定所在区段的通信模式，这样才能保证与列车调度员、车站值班员等进行无线通信。在GSM-R区段，列车调度员（车站值班员）通过拨打车次号或机车号与司机进行无线通信，因此司机开车前要按规定注册机车综合无线通信设备和GSM-R手持终端的列车车次号并确认正确。装备列车运行监控装置的动车组列车，司机还应在列车运行监控装置中输入车次、列车种类、重量、计长、交路号等有关数据，以便列车运行监控装置能够及时准确记录及控制列车运行。

2. 为了安全、迅速、准确地完成运输任务，动车组列车司机应服从命令，听从指挥，牢固树立安全、正点意识。严格遵守运行图规定的运行时刻和线路、桥隧、信号容许速度，道岔、曲线和慢行地段等限制速度，以及ATP或LKJ设定的限制速度。在操纵列车时，必须做到彻底瞭望、确认信号和执行呼唤应答制度。

信号是指示列车运行的命令，应严格按信号显示的要求行车。遇有信号显示不明、不正确时，必须立即减速或停车，严禁臆测行车，列车运行中，如发现危及行车和人身安全时，要立即采取停车措施。

3. 机车信号、列车运行监控装置、列控车载设备是控制列车运行、保证列车安全的重要设备，必须全程运转，严禁擅自关机、隔离。机车综合无线通信设备是列车运行时列车调度员（车站值班员）与司机联系的基本通信设备，为保证列车安全和行车信息的传递，要求全程运转，严禁擅自关机。机车信号、列车运行监控装置发生故障时，一是通过机车综合无线通信设备向车站值班员（列车调度员）报告，控制列车运行至前方站停车处理；二是掌握列车运行速度。动车组列车按列车运行监控装置方式行车时，若在自动闭塞区间，机车信号、列车运行监控装置故障，列车运行速度不得超过40 km/h，运行到前方站进行处理。动车组列车按列控车载设备方式行车时，遇列控车载设备发生故障，应通过机车综合无线通信设备向车站值班员（列车调度员）报告，根据调度命令停车转为列车运行监控装置控车方式或隔离模式运行；转为隔离模式运行时，列车运行速度不超过 40 km/h。运行途中，司机不能使用机车综合无线通信设备进行通话时，应立即使用 GSM-R 或 450 MHz 手持终端报告车站值班员（列车调度员）；如 GSM-R 及 450 MHz 手持终端也不能进行通话，司机应在前方站停车报告。

4. 起动稳，加速快，精心操纵，停车准确，按规定鸣笛。

5. 动车组操纵台各种仪表及车载信息监控装置能够显示重要运行部件和功能系统是否良好、列车允许和实际运行速度、行车许可、列车牵引和制动能力等重要信息。因此要求司机在列车运行中要密切注意。

6. 动车组两端有司机室，正常情况司机在列车运行方向最前端司机室操纵，非操纵端的机车综合无线通信设备如果不按操作规程规定注销车次功能号码，可能会影响其他列车的机车综合无线通信设备正常运用，因此对非操纵端司机室的机车综合无线通信设备应关闭其供电电源，不得使用。为防止旅客进入非操纵端司机室，因此要求非操纵端司机室门、窗及各操纵开关、手柄均应置于断开或锁闭位。

7. 为防止动车组发生溜逸，造成列车冲突，要求列车停车后，必须使列车保持制动状态。更换乘务组或司机室操纵端、使用紧急制动停车、重联或解编后再开车前，为了确认列车制动功能良好，要求进行相关试验。

8. 为保证动车组照明、电热饮水机、空调装置、通风机等设备的正常使用，等会列车时，不准关闭辅助电源装置。为保证列车安全，要求司机按规定显示列车标志。

9. 为了便于列车调度员及时掌握列车运行情况，司机还应将列车在运行途中发生的问题以及使用紧急制动装置等情况，向列车调度员汇报（或通过车站值班员转报列车调度员）。

第 337 条 车辆乘务员、客运乘务组等列车乘务人员发现下列危及行车和人身安全情形时，应使用紧急制动阀（紧急制动装置）停车：

1. 车辆燃轴或重要部件损坏；

2. 列车发生火灾；

3. 有人从列车上坠落或线路内有人死伤；

4. 其他危及行车和人身安全必须紧急停车时。

使用车辆紧急制动阀时，不必先行破封，立即将阀手把向全开位置拉动，直到全开为止，不得停顿和关闭。遇弹簧手把时，在列车完全停车以前，不得松手。在长大下坡道上，必须先看制动主管压力表，如压力表指针已由定压下降100 kPa时，不得再行使用紧急制动阀（遇折角塞门关闭时除外）。

动车组列车遇上述情况时，随车机械师、客运乘务组等列车乘务人员应立即报告司机采取停车措施；来不及报告时，应使用客室紧急制动装置停车。

列车乘务人员应将使用紧急制动阀（紧急制动装置）的情况报告司机。

紧急制动阀（紧急制动装置）是在遇有本条规定的各种危及人身和行车安全特殊情况下使用的，不能轻易使用。为慎重使用及便于检查紧急制动阀每次使用情况，平时在阀手把口施有铅封。在使用紧急制动阀时，不必先行破封，直接将阀手把向全开位置拉动，直到全开为止。在拉动过程中不得停顿和关闭阀手把，中途关闭会造成列车中部分车辆处于制动，部分车辆处于缓解，容易发生列车断钩。遇弹簧手把时，在列车完全停车以前，不得松手。

由于我国铁路采用的制动装置，不直接用总风缸的压缩空气送入制动缸，而是利用储存在副风缸中的压缩空气送入制动缸起制动作用的，不能实行连续制动，所以列车在长大下坡道上，使用紧急制动阀前，必须先看压力表。如压力表已由定压下降100 kPa时，不得再行使用紧急制动阀，以免因制动主管风压不足造成列车失控（遇折角塞门关闭时除外）。在一般情况下，列车制动主管风压下降50 kPa即起制动作用。风压下降说明司机已采取制动措施。

为确保列车运行安全，列车乘务人员如发现本条规定使用紧急制动阀的情况，按上述方法使用紧急制动阀。使用紧急制动阀后，列车到达前方有列检作业的车站，车辆乘务员应通知客列检人员检查并重新施封。

动车组列车运行速度高，遇上述情况时，随车机械师、客运乘务组等列车乘务人员应立即报告司机采取停车措施，以避免使用紧急制动装置给动车组带来损害；来不及报告时，应使用客室紧急制动装置停车。

列车乘务人员应将使用紧急制动阀（紧急制动装置）的情况报告司机，由司机报告列车调度员。

第338条 遇天气恶劣，信号机显示距离不足200 m时，司机或车站值班员须立即报告列车调度员，列车调度员应及时发布调度命令，改按天气恶劣难以辨认信号的办法行车。

1. 列车按机车信号的显示运行。当接近地面信号机时，司机应确认地面信号，遇地面信号与机车信号显示不一致时，应立即采取减速或停车措施。

2. 当无法辨认出站（进路）信号机显示时，在列车具备发车条件后，司机凭车站值班员列车无线调度通信设备（其语音记录装置须作用良好）的发车通知起动列车，在确认出站（进路）信号机显示正确后，再行加速。

3. 天气转好时，应及时报告列车调度员发布调度命令，恢复正常行车。

在天气恶劣情况下执行本行车办法的标准：信号机显示距离不足200 m。此信号机系指进站、出站、进路及自动闭塞区间通过信号机等指示列车运行的信号机。发生天气不良时，车站值班员或司机应将天气恶劣情况及发生地点报告列车调度员，列车调度员发布调度命令，改按天气恶劣难以辨认信号的办法行车。天气转好时亦由车站值班员或司机报告列车调度员，列车调度员发布调度命令恢复正常行车。执行此办法应注意以下事项：

1. 列车按机车信号显示运行，但运行中司机亦应确认地面信号机的显示。二者显示一致时，正常运行；当地面信号显示与机车信号不一致时，列车应减速或停车。

2. 车站发车时，司机可凭车站值班员（发车人员）列车无线调度通信设备的通知起动列车，但此时车站列车无线调度通信设备的语音记录装置必须作用良好。在确认出站（进路）信号机显示正确后，再行加速。

3. 使用天气恶劣难以辨认信号办法行车，以及恢复正常行车，均需发布调度命令。对恢复正常行车的调度命令，应向已收到改按天气恶劣难以辨认信号办法行车调度命令而未越过天气恶劣区间的列车司机发布。

第339条 汛期暴风雨行车应急处理：

1. 列车通过防洪重点地段时，司机要加强瞭望，并随时采取必要的安全措施。

2. 当洪水漫到路肩时，列车应按规定限速运行；遇有落石、倒树等障碍物危及行车安全时，司机应立即停车，排除障碍并确认安全无误后，方可继续运行。

3. 列车遇到线路塌方、道床冲空等危及行车安全的突发情况时，司机应立即采取应急性安全措施，并立刻通知追踪列车、邻线列车及邻近车站。配备列车防护报警装置的列车应首先使用列车防护报警装置进行防护。

工务部门应根据现场环境、气候特点、设备状况等并结合历年防洪经验，确定并公布防洪重点地段，防洪重点地段多是汛期灾害多发区域，如洪水、泥石流、山体滑坡、塌方落石等，线路、桥隧、路基、道床等稳定性会受到影响。日常当列车通过防洪重点地段时，司机要加强瞭望，并随时采取必要的安全措施。

为确保列车在汛期的运行安全，司机要认真了解担当区段的水害特点和防洪重点地段，做到心中有数。对暴风雨可能引起的洪水、泥石流、落石等应急预案要认真学习、掌握，值乘中认真瞭望，按规定速度运行，根据运行地段情况采取安全措施，遇线路塌方、道床冲空等危及行车安全的突发情况时应立即采取应急性安全措施。同时立刻以列车无线调度通信设备通知追踪列车、邻线列车及邻近车站。配备列车防护报警装置的列车可通过该装置对一定范围内的列车进行报警，所以配备列车防护报警装置时应首先使用该装置进行防护。

第 340 条 车辆乘务人员应按技术作业过程的规定检查车辆，并参加制动试验。在列车运行途中，应监控车辆运用状态，及时处理车辆故障，并将本身不能完成的不摘车检修工作，预报前方站列检。前方站列检应积极组织人力修复车辆故障，保持原编组运用。是否摘车检修，由当地列检决定并处理。

车辆乘务员应配备列车无线调度通信设备及响墩、火炬、短路铜线、信号旗(灯)等防护用品，在值乘中还应做到：

1. 列尾装置故障时，列车出发前、停车站进站前和出站后，应按规定与司机核对列车尾部风压；

2. 列车发生紧急制动停车后，联系司机，检查车辆技术状态，可继续运行时通知司机开车；

3. 向司机通报使用紧急制动阀的情况，并协助司机处理有关行车事宜。

车辆乘务人员的基本职责是：检查和维修本编组运行中的车辆，使其技术状态经常保持良好，确保安全、正点运行。对中途加挂车辆的技术状态，也要负责检查，参加制动机的试验工作，负责部分与列车运行有关的行车工作，并在司机的指示下，协助处理有关事宜。

1. 车辆乘务人员在运行途中，要掌握列车中车辆的技术状态，并在列车站停时间内重点检查车辆主要部位。旅客列车在出库前乘务人员要提前到达，对列车进行详细检查，并与库列检人员办理列车技术状态交接。

列车运行中发生车辆故障时，车辆乘务人员应及时处理。对本身不能修复的故障，应提前预报前方站列检，以便提前准备好材料、工具及人员，在列车到达前方列检作业站后，应积极配合列检人员修复。对危及行车安全的故障车辆是否摘车检修，应按当地列检的决定处理，不得盲目放行。

2. 为做好列车运行中的有关行车工作，车辆乘务人员应配备列车无线调度通信设备，携带响墩、火炬、短路铜线、信号旗(灯)等防护用品。

3. 车辆乘务人员应做好以下作业：

列尾装置故障时，列车出发前、停车站进站前和出站后，按规定检查列车尾部风压并及时向司机汇报；

列车在运行中发生紧急停车后，联系司机，检查车辆技术状态，达到运行要求后并可继续运行时，向司机报告；

负责向司机通报使用紧急制动阀的情况，协助司机处理有关行车事宜。

第341条 随车机械师应按技术作业过程的规定检查动车组；在列车运行途中，应监控动车组设备技术状态，及时处理车辆故障，经处置确认无法正常运行时，通知司机选择维持运行或停车。随车机械师应配备GSM-R手持终端和无线对讲设备及响墩、火炬、短路铜线、信号旗(灯)等防护用品，在值乘中还应做到：

1. 列车发生紧急制动停车后，联系司机，检查车辆技术状态，可继续运行时通知司机开车；

2. 向司机通报使用紧急制动装置的情况，并协助司机处理有关行车事宜。

动车组随车机械师是保障动车组设备安全可靠运行的重要行车岗位，主要担负运行动车组(运营、试验、回送动车组)随车乘务工作，负责保证动车组安全的运行状态，维护正常的车内硬件环境，掌握和传递动车组设备的动态运行信息，应急处理和维修发生的设备故障，对动车组设施进行日常状态检查和质量交接。在动车组运行途中，对发生影响行车的故障加强与司机联系，积极进行应急处理，及时将情况和运行要求通报司机。

发现危及行车安全的故障或其他紧急情况时，可使用紧急制动装置停车或通知司机采取停车措施。

运行中因动车组故障或其他原因在区间被迫停车时，加强与司机联系，掌握情况，并在司机指挥下做好行车及安全防护相关工作。动车组列车始发前，随车机械师应按技术作业过程的规定项目对动车组进行检查；在列车运行途中，应监控动车组设备技术状态，及时处理车辆故障，经处置确认无法正常运行时，通知司机选择维持运行或停车。随车机械师应配备 GSM-R 手持终端和无线对讲设备，动车组随车配备响墩、火炬、短路铜线、信号旗（灯）等防护用品，随车机械师在值乘中还应做到：

1. 列车发生紧急制动停车后，应及时联系司机，检查车辆技术状态，可继续运行时通知司机开车；

2. 当使用紧急制动阀停车时，应向司机通报使用紧急制动阀的情况，并协助司机处理有关行车事宜。

第 342 条 双管供风旅客列车运行途中发生双管供风设备故障或用单管供风机车救援接续牵引，需改为单管供风时，双管改单管作业应在站内进行。旅客列车在区间发生故障需双管改单管供风时，由车辆乘务员通知司机向列车调度员（车站值班员）提出在前方站停车处理的请求，并通知司机以不超过120 km/h速度运行至前方站。列车调度员发布双管改单管供风的调度命令，车辆乘务员根据调度命令在站内将客车风管路改为单管供风状态。旅客列车改为单管供风跨局运行时，由铁路总公司发布调度命令通知有关铁路局，按单管供风办理，直至终到站。

双管供风旅客列车采用列车制动主管和列车总风管分别供风，其中列车制动主管负责车辆副风缸的供风，主要承担列车制动的供风，列车总风管负责车辆空气弹簧、车门开关以及集便器的供风。运行途中发生双管供风设备故障或用单管供风机车救援接续牵引需改为单管供风时，双管改单管作业应在站内进行。旅客列车在区间发生故障需双管改单管供风时，由车辆乘务员通知司机向列车调度员（车站值班员）提出在前方站停车处理的请求，并通知司机以不超过 120 km/h 速度运行至前方站。列车调度员发布双管改单管供风的调度命令，车辆乘务员根据调度命令在站内将客车空气管路改为单管供风状态。旅客列车改为单管供风跨局运行时，由铁路总公司发布调度命令通知有关铁路局，按单管供风办理，直至终到站。

第 343 条 动车组列车运行中出现故障，司机应根据车载信息监控装置的提示，按步骤及时处理；需要由随车机械师处理时，司机应通知随车机械师。经处置确认无法正常运行时，司机应按车载信息监控装置的提示和随车机械师的要求，选择维持运行或停车等方式，并报告列车调度员。动车组运行中，轴承温度超过报警温度，或地面红外线预报热轴，经随车机械师根据车载轴温检测系统确认轴承温度超过报警温度时，均应立即停车请求处理。

动车组运行中发生设备故障时，司机应根据车载信息监控装置的提示，并通知随车机械师共同按规定步骤、方法处置，选择维持运行、限速运行、停车等方式，把运行安全风险和对运输秩序的影响减少到最低，同时司机应使用列车无线调度通信设备及时将故障及处置的情况报告列车调度员（车站值班员）。

在动车组运行中，司机发现或得到车载轴温系统轴温（热轴）报警时，应立即停车；当接到地面红外线轴温探测系统的热轴预报，经随车机械师根据车载轴温检测系统确认轴承温度超过报警温度时，司机应立即停车，向列车调度员（车站值班员）报告。随车机械师在办理相关手续后下车检查报警轮对齿轮箱、制动盘、联轴器、牵引电机、轴箱、轮对踏面状态，并用红外线点温计进行点温，与邻近正常车轴轴温相比较，根据实测轴温和检查情况向司机报告，司机应转报列车调度员。

第 344 条 动车组列车重联后，本务端司机重新开启驾驶台，司机在列车运行监控装置（列控车载设备）、机车综合无线通信设备的人机界面上输入新列车数据和车次号。

重联动车组列车解编后，可对分解后的两列车分别组织同方向发车或背向发车。开车前司机必须重新输入列车数据和车次号。

动车组列车重联后，司机应到动车组列车运行方向的操纵端，按规定程序作业后激活驾驶台，确认车载信息监控装置重联后的显示状态。根据所担当列车车次在列车运行监控装置(列控车载设备)内输入相关参数,并选择 CIR 通信模式(运行线路),按规定进行车次注册。

重联动车组列车解编操作,主动车组必须一次移动 5 m 以上距离后方可停车。根据动车组运行方向(同方向发车或背向发车)及所担当列车车次在列车运行监控装置(列控车载设备)输入相关参数,并选择 CIR 通信模式(运行线路),按规定进行车次注册。

第 345 条 当未装备列车运行监控装置的动车组列车在 CTCS-0/1 级区段按机车信号模式运行时,列车按地面信号机显示行车,最高运行速度不超过 80 km/h。低于 80 km/h 的限速按调度命令执行,线路允许速度低于 80 km/h 的区段由司机控制列车运行速度。

未装备列车运行监控装置的动车组在 CTCS-0/1 级区段按机车信号模式运行时,应严格执行以下要求:

1. 以地面信号机显示为行车凭证,最高运行速度不超过 80 km/h。线路允许速度低于 80 km/h 的区段由司机控制列车运行速度。运行中加强对地面信号瞭望和确认。

2. 遇地面信号机未开放或显示不明时,及时采取停车措施。

3. 运行区段有低于 80 km/h 的运行揭示或临时限速调度命令时,司机应认真确认地面限速标志,人工控制列车运行速度。

第 346 条 机车乘务组以外人员登乘机车时,除铁路机车运用管理规则指定的人员外,须凭登乘机车证登乘。登乘动车组司机室须凭动车组司机室登乘证。

登乘机车、动车组司机室的人员,在不影响乘务人员工作的前提下,经检验准许后方可登乘。

为保证机车乘务组有良好的工作条件,确保列车运行安全,应严格控制机车乘务组以外人员登乘机车、动车组司机室。如因工作需要,在不妨碍机车乘务员、动车组司机正常工作的前提下,准许下列人员登乘机车、

动车组司机室：

1. 铁路机车运用管理规则指定的人员；

2. 持有总公司、铁路局机务部门填发的登乘机车证者，登乘动车组司机室须凭动车组司机室登乘证。司机应认真查验证件。

---

*第 347 条 列车运行限制速度规定见第 33 表。

第 33 表 列车运行限制速度表

项目	速度(km/h)
四显示自动闭塞区段通过显示绿黄色灯光的信号机	在前方第三架信号机前能停车的速度
通过显示黄色灯光的信号机及位于定位的预告信号机	在次一架信号机前能停车的速度
通过显示一个黄色闪光灯光和一个黄色灯光的信号机	该信号机防护进路上道岔侧向的允许通过速度
通过减速地点标	标明的速度，未标明时为 25
推进	30
退行	15
接入站内尽头线，自进入该线起	30

为了保证列车安全运行，司机在操纵机车、动车组时，应注意不使列车超过规定的限制速度。根据信号的显示、机车牵引方式和接车线的特点，分别规定了不同情况下列车运行的限制速度。

1. 根据四显示自动闭塞的灯光排列绿、绿黄、黄及红的顺序，当列车通过显示绿黄灯光的通过信号机时，表述列车运行前方有两个闭塞分区空闲。因此要求列车应以在前方第三架通过信号机前能停车的速度运行。

2. 当列车通过显示黄色灯光的信号机及位于定位的预告信号机时，由于次一信号机可能在关闭状态，因此，司机应按在次一信号机前能停车的要求掌握列车运行速度。

3. 列车通过一个黄色闪光灯光和一个黄色灯光的信号机时，表示运行前方经过 18 号及其以上道岔侧向运行，运行速度为该信号机防护进路上道岔侧向的允许通过速度。

4. 当列车通过限速地段起点的减速地点标时，应按移动减速信号牌上标明的速度运行。如移动减速信号牌上未标明速度时，应按不超过 25 km/h 的速度运行。司机应根据牵引的列车长度，由减速地点标开始按限制速度运行，待全列车通过限速地段终点的减速地点标以后，方可加速。

5. 列车推进运行时，因机车在列车后部，车列在前，司机瞭望困难，故规定不得超过 30 km/h。

6. 列车退行，其运行方式为向原列车运行方向的反方向运行，并兼有列车推进运行的特点，是列车遇到灾害等情况，被迫采取的运行方式。所以限制速度应比推进运行时更低，不得超过 15 km/h。

7. 列车接入站内尽头线时，为防止制动不当，越过线路终端，造成机车、车辆脱轨及建筑物损坏等。所以规定自列车进入该尽头线时起，运行速度不得超过 30 km/h。

---

*<u>**第 348 条**</u>　动车组一般情况下不得通过半径小于 250 m 的曲线，通过曲线半径为 300 m 曲线时，限速 35 km/h；通过曲线半径为 250 m 曲线时，限速 30 km/h；特殊情况通过曲线半径为 200 m 曲线时，限速 25 km/h；通过 6 号对称双开道岔时限速15 km/h；不得侧向通过小于 9 号的单开道岔和小于 6 号的对称双开道岔。

动车组单节车辆长度在 25～27 m 左右，由于受车辆长度和轴距的限制，一般情况下不得通过半径小于 250 m 的曲线。动车组通过既未设超高又未设缓和曲线的 300 m 半径曲线时，限速 35 km/h；对设超高或缓和曲线的 300 m 半径曲线，按总公司其他相关规定执行。特殊情况动车组通过曲线半径为 200 m 曲线时，限速 25 km/h；通过 6 号对称双开道岔时限速速度为 15 km/h，同时，小于 9 号的单开道岔和小于 6 号的对称双开道岔，其导曲线半径小，动车组通过时安全风险大，因此规定不得侧向通过小于 9 号的单开道岔和小于 6 号的对称双开道岔。

虽然 9 号单开道岔和 6 号的对称双开道岔存在导曲线半径小于 250 m 的情况，但由于导曲线长度短，动车组单节车辆不会全部停留在导曲线上，所以允许动车组侧向通过 9 号单开道岔和 6 号对称双开道岔。侧向通过 9 号单开道岔时，应按道岔的侧向允许通过速度运行；侧向通过

6号对称双开道岔时，由于其通常设于条件困难地段，为保证动车组运行安全，限速15 km/h。

---

*第349条　动车组回送要求：

1. 动车组回送按旅客列车办理，原则上采用自走行方式。无动力回送时可根据回送技术条件加挂回送过渡车，使用客运机车牵引，回送过渡车须挂于机后第一位。8辆编组的动车组可两列重联回送。未装备列车运行监控装置的动车组需在CTCS-0/1级区段回送时，应采取无动力回送方式。

2. 动车组回送运行时，须安排动车组司机及随车机械师值乘。有动力回送时，非担当区段应指派带道人员。

3. 动车组回送不进行客列检作业。

4. 动车组安装过渡车钩回送时，按规定限速运行，尽可能避免实施紧急制动。发生紧急制动后，本务司机必须通知随车机械师，经随车机械师检查过渡车钩状态良好后方可继续运行。

5. 动车组回送时，相关动车段(所)、造修单位应提出限速、回送方式(有动力、无动力)、可否折角运行等注意事项。

为确保动车组回送运行安全，因此作了如下规定：

1. 动车组回送时接发列车按旅客列车办理，应执行相对方向同时接车和同方向同时发接列车的相关规定，以及相邻线路调车作业限制的规定，原则上采用自走行方式。无动力回送时，可根据动车组回送技术条件，加挂回送过渡车，并使用客运机车牵引，回送过渡车明确须挂于机后第一位。8辆编组的动车组可两列重联回送。未装备LKJ的动车组需在CTCS-0/1级区段回送时，由于动车组没有LKJ装备，在CTCS-0/1级区段运行只能采取机车信号模式运行，缺少相应的设备安全控制手段，因此规定应采取无动力回送方式。

该款的“动车组回送”不含动车组在所在段所与车站间的出入。

2. 动车组回送运行时，为了确保及时处置在回送过程中发生的问题，以及满足动车组回送安全的要求，所以须安排动车组司机及随车机械师值乘。有动力回送时，非担当区段应指派带道人员。

3. 动车组均安装自检系统，一旦发生故障后会自动报警，所以规定了回送时不进行客列检作业。

4. 动车组安装过渡车钩回送时，为了防止高速运行中突发紧急制动发生车钩断裂等问题，所以规定了应限速运行，尽可能避免实施紧急制动。发生紧急制动后，本务司机必须通知（或通过动车组司机转告）随车机械师，经随车机械师检查过渡车钩状态良好后方可继续运行。

5. 动车组回送时，由于各种型号的动车组相应的回送技术条件不相同，因此相关动车段、动车运用所、造修单位应向调度所提出相应的回送技术条件，调度所根据提出的限速、回送方式（有动力、无动力）、可否折角运行等注意事项，发布有关调度命令。

接车与发车

第 350 条 车站应不间断地接发列车，严格按列车运行图行车。接发列车时，车站值班员应亲自办理闭塞、布置进路（包括听取进路准备妥当的报告）、开闭信号、交接凭证、接送列车、发车。由于设备或业务量关系，除布置进路（包括听取进路准备妥当的报告）外，其他各项工作可指派助理值班员、信号员或扳道员办理。

车站值班员接到邻站列车预告后，按《站细》规定及时通知有关人员到岗接车，站内平过道应加强监护。

接发列车是车站行车工作的基本内容。不间断地接发列车，严格按运行图行车，是车站的基本任务之一，也是列车运行安全正点的重要保证。为保证车站接发列车的安全，必须按规定的程序办理。由于参加接发车工作的人员多，作业环节复杂，在接发列车工作中的任何疏忽或差错都可能造成列车晚点或行车事故。所以，所有参加接发车工作的有关人员，都必须认真执行《接发列车作业》标准规定，贯彻集中领导、统一指挥、逐级负责的原则，做到安全、迅速、准确、不间断地接发列车，严格按运行图行车。

车站的行车工作应由车站值班员统一指挥，因此，接发每一列车都应由车站值班员负责组织、统一指挥。在接发列车的各项工作中，办理闭塞、布置进路、开闭信号、交接凭证、接送列车及发车，是接发列车的重要环节，都是与列车安全出入车站和在区间安全运行有密切关系的重要工作，所以车站值班员应亲自办理。

由于设备条件（如设备分散，又无集中控制设备）或业务量（如行车方向多或列车到发多）等原因，车站值班员难以完全亲自办理时，除布置进路（包括听取进路准备妥当的报告）这一程序外，其他可在车站值班员统一指挥下，分别指派助理值班员、信号员、扳道员办理。

《站细》中对车站值班员接到邻站列车预告后，应通知的人员、时机均须明确规定，车站值班员要及时按《站细》规定通知相关人员到岗接车。近几年来，列车运行速度越来越高，为确保列车运行及人身安全，车站应加强对站内平过道的监护。

第351条 车站值班员在办理闭塞时，应确认区间空闲。接车前，必须亲自或通过有关人员确认接车线路空闲、影响进路的调车作业已经停止后，方可准备进路、开放进站信号机，准备接车；发车前，必须亲自或通过有关人员确认影响进路的调车作业已经停止后，方可准备进路、开放出站信号机，交付行车凭证，在旅客上下、行包装卸和列检作业等完了后发车。

车站值班员下达准备接发车进路命令时，必须简明清楚，正确及时，讲清车次和占用线路（一端有两个及以上列车运行方向或双线反方向行车时，应讲清方向、线别），并要受令人复诵，核对无误。

接发列车时，按规定程序办理，并使用规定用语。

办理闭塞和做好接发列车的准备工作，是保证列车安全运行的重要环节，车站值班员必须认真做到：

1. 办理闭塞时，必须确认区间空闲

车站值班员在办理闭塞时，必须确认区间空闲。例如采用半自动闭塞设备，因区间无轨道电路，一旦列车在区间丢车，设备也反映不出来，如不认真确认列车是否整列到达，待列车压过接车轨道电路，就可以办理区间开通，再向区间发出列车，这是非常危险的。至于电话闭塞，因无设备控制，一旦疏忽，就更有可能向占用区间发车。因此，车站值班员在接发列车工作中，首先要把好办理闭塞时确认区间空闲这一关。

确认区间空闲的办法，主要是通过闭塞设备、《行车日志》、各种表示牌，以及有关人员的情况报告等，确认前次列车是否全部到达，补机是否返回，出站(跟踪)调车是否完毕，以及有无区间封锁和轻型车辆占用等。

2. 布置进路要正确及时

车站值班员布置接发车进路时，必须向有关人员讲清接发列车的车次、占用线路，即某次接入某道或由某道出发。如车站一端有两个及其以上列车运行方向或双线反方向行车时，还要讲清方向、线别。

布置进路的要求是：

(1)按《站细》规定的时间，正确及时地布置进路。

(2)布置进路应使用《接发列车作业》标准规定用语，要求简明清楚，不得简化。布置进路的命令，不准与其他作业的命令、通知一起下达，以防混淆。如车站衔接方向有两条及以上运行线时，布置进路除讲明方向还应讲清经由线别。

(3)为防止布置进路时有关人员错听，受令人员必须复诵。车站值班员要认真听取复诵，核对无误，方可命令"执行"。

3. 接发列车前必须认真检查确认的事项

(1)为了防止向占用线路接车，车站值班员必须在接车前认真检查、确认接车线路空闲。具体检查确认办法，按《接发列车作业》标准和《站细》等有关规定执行。

(2)必须亲自或通过有关人员确认影响进路的调车作业已经停止。这是因为不及时停止影响接发列车进路的调车工作，就有可能造成到达列车站外停车或出发列车晚点，甚至可能使列车与正在调车的机车车辆发生冲突事故。

上述工作完毕后，方可开放进站信号机，准备接车，或开放出站信号机，交付行车凭证，在确认旅客上下、行包装卸和列检作业、客车给水、吸污等作业完毕后发车。

第352条 扳道、信号人员在值班时应做到：

1. 严格按照车站值班员的接发列车命令、调车作业计划，正确及时地准备进路。

2. 在扳动道岔、操纵信号时，认真执行"一看、二扳(按)、三确认、四显示(呼唤)”制度;对进路上不该扳动的道岔,也应认真进行确认。

3. 接发列车进路准备完了后,及时报告车站值班员(能从设备上确认的除外)。

扳道、信号操纵人员必须按车站值班员布置的接发列车进路命令和调车作业计划,正确、及时地准备进路,保证安全、迅速地接发列车和调车作业。

扳道、信号操纵人员,在扳动道岔、操纵信号时,要眼看、手指、口呼,要认真执行“一看、二扳(按)、三确认、四显示(呼唤)”制度。这是在长期实践中总结出来的安全作业程序。

“一看”:看道岔标志、信号手柄(按钮)位置。

“二扳(按)”:将道岔、信号扳(按)至所需位置。

“三确认”:扳(按)完道岔、信号手柄(按钮)后,通过表示灯或标志确认有关进路道岔开通位置是否正确;手动道岔确认闭止块是否“落槽”,确认信号开放、关闭状态是否正确。

“四显示(呼唤)”:确认无误后,就地显示规定的信号或按规定执行呼唤制度。

扳动道岔、操纵信号,执行“一看、二扳(按)、三确认、四显示(呼唤)”的同时,要执行“眼看、手指、口呼”的制度。

扳道、信号操纵人员于接发车进路准备完了或信号开放后,应及时向车站值班员报告进路准备情况(能从设备上确认的除外),报告用语按《接发列车作业》标准等有关规定办理。

第353条 下列情况,禁止办理相对方向同时接车和同方向同时发接列车:

1. 进站信号机外制动距离内,进站方向为超过6‰的下坡道,而接车线末端无隔开设备;

2. 在接、发旅客列车的同时,接入列车运行监控装置或轨道车运行控制设备发生故障的列车、制动力部分切除的动车组列车而接车线末端无隔开设备。

相对方向不能同时接车时,应先接不适于在站外停车的列车、停车后起动困难的列车或后面有续行列车的列车。

遇两列车不能同时接发时，原则上应先接后发。

车站应将不能办理相对方向同时接车和同方向同时发接列车的情况纳入《站细》。

在车站接发车工作中，经常遇到相对方向同时接车或同方向同时发接列车的情况，如图 353-1、图 353-2 所示。

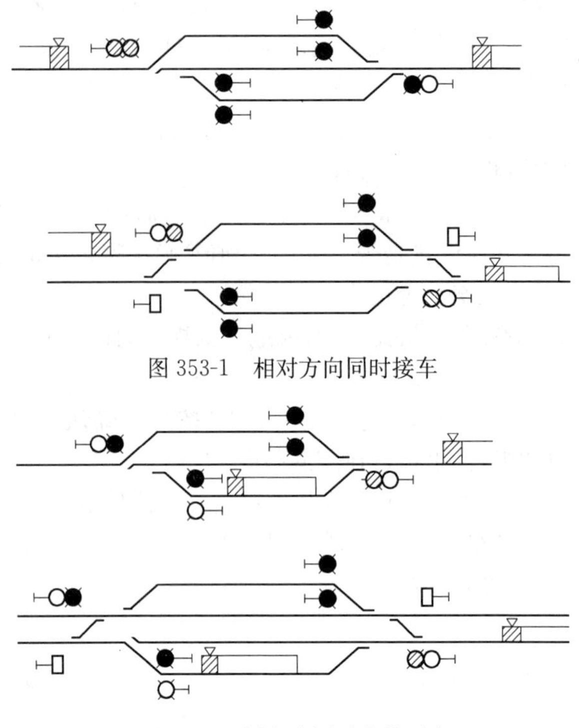

图 353-1　相对方向同时接车

图 353-2　同方向同时发接列车

在相对方向列车同时接车，接车线末端没有隔开设备时，如果接入列车越过警冲标或冒进出发信号，就可能与另一列车发生冲突；在同方向同时发接列车，接车线末端没有隔开设备时，如果接入列车越过警冲标或冒进出发信号，也可能与发出的列车发生冲突。

为保证车站接发列车作业的安全，须根据进站方向的坡度、接车线末端有无隔开设备及列车的性质，确定车站能否办理相对方向同时接车或同方向同时发接列车。

1. 在进站信号机外制动距离内，进站方向为超过6‰的下坡道，而接车线末端无隔开设备时，禁止办理相对方向同时接车和同方向同时发接列车，如图353-3、图353-4所示情况禁止办理。

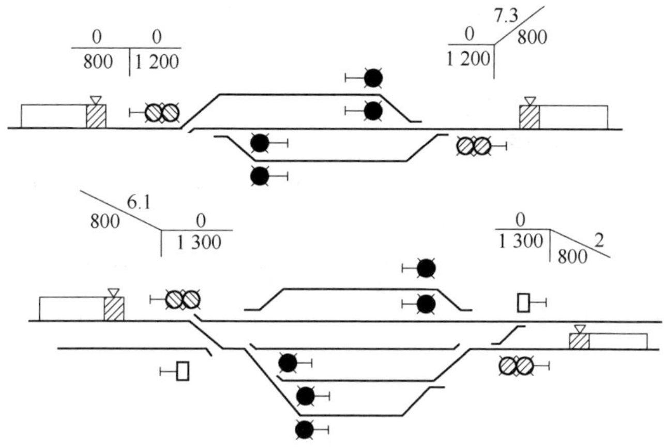

图353-3　禁止相对方向同时接车示意图

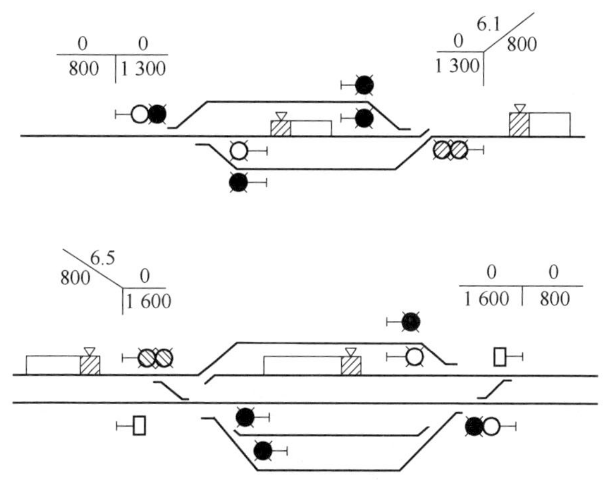

图353-4　禁止同方向同时发接列车示意图

隔开设备系指安全线、避难线及平行进路和能起隔开作用的有联锁的防护道岔。

列车在超过6‰的下坡道上运行时，列车制动的难度加大，如司机不能正确施行制动，一旦越过接车线末端警冲标或冒进出发信号，而该线末端未设隔开设备，就可能与另一端进、出站的列车发生冲突。因此规定进站信号机外制动距离内有超过 6‰的换算下坡道，接车线末端又无隔开设备，禁止办理相对方向同时接车和同方向同时发接列车。

2. 针对全路牵引列车的机车均已安装列车运行监控装置以及轨道车均已安装轨道车运行控制设备的情况，列车运行的安全控制装备有了很大的改善，列车可以严格按照信号机的显示运行，但列车运行监控装置或轨道车运行控制设备故障时，列车完全由司机人工控制列车运行，列车运行安全系数降低，同时，制动力部分切除的动车组列车制动能力降低，也存在一定的安全风险。因此，为保证旅客列车运行安全，规定在接、发旅客列车的同时，接车线末端无隔开设备的线路上，禁止接入列车运行监控装置或轨道车运行控制设备故障的列车和制动力部分切除的动车组列车。车站值班员在接到司机关于“列车运行监控装置故障”、“轨道车运行控制设备故障”以及动车组列车制动力部分切除的报告时，在办理相对方向同时接车和同方向同时发接列车时要严格执行本条规定。

车站相对方向不能同时接车而两列车同时接近车站时，应先将一个方向的列车接入站内停于警冲标内方后，再开放另一端进站信号机，接入另一列车。在确定先后顺序时，应先接不适于在站外停车的列车、停车后起动困难的列车或后面有续行列车的列车。其他情况应报告列车调度员按其指示执行，遵照先客后货、先快后慢的原则，一般可考虑：旅客列车与非旅客列车交会时，应先接旅客列车，非超长列车与超长列车交会时，应先接非超长列车，进站方向为下坡道的列车与进站方向为平道或上坡道的列车交会时，应先接进站方向为平道或上坡道的列车。

遇两列车不能同时接发时，原则上应先接后发，亦可根据列车调度员的指示办理。

第 354 条　车站值班员应严格按《站细》规定时机开闭信号机。如取消发车进路时，应先通知发车人员；如已开放信号或发车人员已通知司机发车，而列车尚未起动时，还应通知司机，收回行车凭证后，再取消发车进路。

严格按规定时机开闭信号机，是保证安全正点接发列车的一项重要工作。因此，在《站细》内应明确规定信号开闭时机。

信号开放后，即锁闭有关进路上的道岔，信号关闭后，有关道岔即解锁。所以信号开放过早，会提前占用咽喉区，影响调车作业及其他工作；开放过晚，会造成列车在信号机外减速或停车，不仅影响正点率，而且威胁安全。因此，信号机开放时机，应是列车正点到达车站或从车站出发前的一个合理时间。

计算进站信号机开放时机时，主要是确定列车运行进站距离所需的时间，如图 354-1 所示。

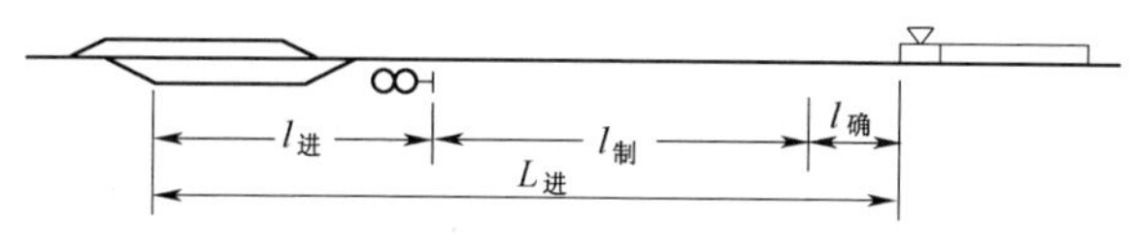

图 354-1　进站信号机开放时机示意图

$l_{确}$——司机确认进站信号机或预告信号机显示时间内所走行的距离(m)；

$l_{制}$——为该站进站信号机前规定的制动距离(m)；

$l_{进}$——进站信号机至接车线末端出站信号机或警冲标的距离(m)；

$L_{进}$——列车通过的进站距离(m)。

用分析计算法计算开放进站信号机时机的公式如下：

$$
\begin{aligned}
t_{开} &= t_{到} - t_{进} \\
&= t_{到} - 0.06(l_{确} + l_{制} + l_{进}) / v_{进} \\
&= t_{到} - 0.06\,L_{进} / v_{进}
\end{aligned}
$$

式中　$t_{开}$——列车到达车站前最晚开放进站信号机的时刻；

$t_{到}$——按规定列车到达车站的时刻；

$t_{进}$——列车走完进站距离($L_{进}$)的时间(min)；

$v_{进}$——列车走完进站距离的平均速度(km/h)；

0.06——将 km/h 化成 m/min 的系数。

在一般情况下，考虑列车运行可能早到，应附加一定时间，适当提前开放进站信号的时机。

发车时，车站值班员开放出站信号，应能保证完成包括确认出站信号机的显示、显示及确认发车信号等作业所需的时间，使列车由车站按规定时刻出发，这就是开放出站信号机的时机。

非集中联锁的车站，关闭信号机过早，有可能危及行车安全；关闭过晚，会妨碍其他进路的准备，影响车站工作效率。因此，车站值班员必须严格按规定关闭信号。

遇特殊情况需取消发车进路时，车站值班员必须通知发车人员。严禁车站值班员在没有通知发车人员的情况下，关闭已开放的出站信号机。如已开放信号或发车人员已通知司机发车，而列车尚未起动时，还应通知司机，待司机明了，对司机持有行车凭证的，应收回行车凭证后，方可取消发车进路。当出发列车已经起动时，禁止取消发车进路。

第355条 接发列车应在正线或到发线上办理，并应遵守下列原则：

1. 旅客列车、挂有超限货物车辆的列车，应接入规定线路。

2. 动车组列车在车站办理客运业务时，须固定股道、固定站台、固定停车位置。

3. 动车组列车、特快旅客列车通过时应在正线办理，其他通过列车原则上应在正线办理。

4. 原规定为通过的旅客列车由正线变更为到发线接车及动车组列车、特快旅客列车遇特殊情况必须变更基本进路时，须经列车调度员准许，并预告司机；如来不及预告时，应使列车在站外停车后，再开放信号机，接入站内。动车组列车遇特殊情况需变更办理客运业务的固定股道时，须经调度所值班主任（值班副主任）准许。

为保证安全和正确地接发列车，便于进行列车技术作业，接发列车应在正线或到发线上进行。这是因为正线或到发线的道岔和线路质量好，信号、联锁设备完善，对列车安全地进、出车站有保障。另外，编组站、区段站及作业量较大的中间站，在到发线设有列检作业的各种技术设备，便于进行列车技术作业。

1. 旅客列车或挂有超限货物车辆的列车，应接入规定线路。

旅客列车在安全和速度方面要求较高。同时，为便于旅客乘降、行包装卸及客车上水等工作，办理客运业务的旅客列车应接入靠近站台等《站细》规定的线路。

超限货物的宽度或高度超出机车车辆限界，与邻近的设备、建筑物或邻线的机车车辆有刮撞的可能，为保证列车安全运行和货物完整，不损坏设备和建筑物，所以规定必须将挂有超限货物车辆的列车接入符合《站细》规定的线路。

2. 动车组列车在车站办理客运业务时，须固定股道、固定站台、固定停车位置。动车组列车运行速度及等级高，因此对在车站办理客运业务的动车组列车均须明确固定股道、固定站台、固定停车位置。遇设备故障、自然灾害、列车晚点等不可抗力原因必须调整动车组列车固定股道时，必须经调度所值班主任(值班副主任)准许，不发布调度命令。

3. 动车组列车、特快旅客列车因运行要求高，应在正线上办理通过，其他通过的列车原则上应在正线上办理通过。因正线道岔一般处于直向位置，线路条件好，允许通过的速度较高，可以保证司机有良好的瞭望条件，直向通过道岔，能减少轮缘磨耗，保证列车的高速运行和安全。

4. 原规定为通过的旅客列车由正线变更为到发线接车时，列车要从经道岔直向改为经道岔侧向运行。经道岔直向运行时允许速度高，而经侧向运行时允许速度低，如司机没有思想准备，列车由正线经道岔直向通过改为到发线经道岔侧向接车，可能难以降低到要求的速度，容易超速运行，带来安全隐患。动车组列车、特快旅客列车较其他旅客列车运行速度和等级高，应按基本进路办理，当车站因特殊原因必须变更基本进路时，列车运行进路上的速度要求可能会发生变化，应告知司机提前作好准备。

因此，为保证旅客列车运行安全，原规定为通过的旅客列车由正线变更为到发线停车、通过及动车组列车、特快旅客列车遇特殊情况必须变更基本进路时，必须经列车调度员准许，并预告司机，以便司机做好降低速度的准备。如来不及预告司机时，不得开放进站信号，使列车在站外停车后再开放进站信号，把列车接入站内。

第356条　车站值班员应保证有不间断接车的空闲线路。

正线上不应停留车辆(尽头式车站除外)。到发线上停留车辆时，须经车站值班员准许，在中间站并须取得列车调度员的准许方可占用，该线路的两端道岔应扳向不能进入的位置并加锁（装有轨道电路除外）。

为了实现列车按图行车，车站值班员应保证有不间断接车的空闲线路。为此，车站值班员除必须加强与列车调度员和各部门的联系，随时了解列车运行情况，做到正确合理运用到发线外，无特殊情况不应在正线上停留车辆（尽头式车站除外），在到发线上停留车辆时，也应认真掌握。

正线是列车通过车站的主要经路，如不保持经常空闲，就可能导致列车经到发线通过车站，降低通过速度，影响运输效率，因此，规定正线上不应停留车辆，但尽头式车站不办理列车通过，其正线可按到发线掌握使用。

到发线的使用直接关系到干线的畅通和列车的运行安全，因此，到发线的运用，必须统一由车站值班员掌握和指挥。如占用到发线不经过车站值班员准许，就可能影响接发列车工作，也存在危及行车安全的隐患。中间站经常因调整列车运行而进行列车会让，所以停留车辆占用到发线时，除经车站值班员准许外，还要取得列车调度员的准许。

未装轨道电路的中间站，到发线停留车辆时，应将两端道岔扳向不能进入该线的位置并加锁。这是因为未装设轨道电路的到发线，如果停有车辆，当道岔开通该线时，还能开放进站信号，可能造成列车或其他机车、车辆进入该线，发生列车冲突事故。

第 357 条 在站内无空闲线路的特殊情况下，只准许接入为排除故障、事故救援、疏解车辆等所需要的救援列车、不挂车的单机及重型轨道车。上述列车均应在进站信号机外停车，由接车人员向司机通知事由后，以调车手信号旗（灯）将列车领入站内。

车站无空闲线路，是指车站正线、到发线及符合接车条件的线路，均有车占用（包括因故障封锁的线路）。在这种情况下，不能按常规接入一般列车。只准许接入为排除故障、事故救援、疏解车辆等所需要的救援列

车、不挂车的单机、重型轨道车等，其他列车不准办理接车。在接车办法上，所接列车和单机、重型轨道车应在站外停车，由接车人员将接车线路、接车线内停留车位置、本列车预定停车地点及其他有关注意事项通知司机，待司机明了后登乘机车(推进时为前部车辆)，以调车手信号旗(灯)，即昼间展开的绿色信号旗，夜间以绿色灯光将列车领入站内。此外，接车前，车站值班员应派人通知接车线内机车、重型轨道车司机，禁止移动其位置，防止与接入列车发生冲突。

第358条 列车进站后，应停于接车线警冲标内方。在设有出站(进路)信号机的线路，列车头部不得越过出站(进路)信号机。

如列车尾部停在警冲标外方或压轨道绝缘时，车站接车人员应使用列车无线调度通信设备等通知司机或显示向前移动的手信号，使列车向前移动。

当超长列车尾部停在警冲标外方，接入相对方向的列车时，在进站信号机外制动距离内进站方向为超过6‰的下坡道，而接车线末端无隔开设备，须使列车在站外停车后，再接入站内。如在邻线上未设调车信号机，又无隔开设备，相对方向需要进行调车作业时，必须派人以停车手信号对列车进行防护。

列车进站后，应停于接车线警冲标内方，以防止侧面冲突及影响邻线接发列车和调车作业。在设有出站信号机的线路上，列车头部不得越过该信号机，因为出站信号机起着防护前方道岔和区间的作用。

列车进站后，车站应确认列车尾部是否进入警冲标内方或是否过轨道绝缘。如没有进入警冲标内方或压轨道绝缘时，应使用列车无线调度通信设备等通知司机或向司机显示向前移动信号，指挥列车移动到警冲标或轨道绝缘内方停车。

当超长列车尾部停在警冲标外方，相对方向需接入列车时，而在进站信号机外制动距离内为超过6‰的下坡道，接车线末端又无隔开设备时，为了防止对向列车进站后由于司机操纵不当越过出站信号机或警冲标，与超长列车发生冲突，所以规定必须使对向列车在站外停车后，再接入站内，如图358-1所示。

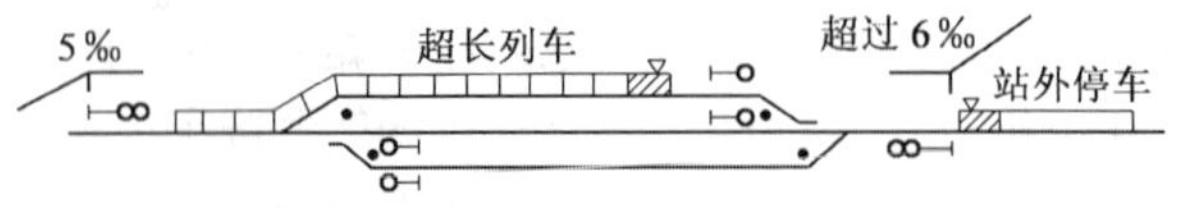

图 358-1　超长列车在规定条件下会车示意图

当超长列车尾部停在警冲标外方，其邻线未设调车信号机，又无隔开设备，由相对方向进行调车时，必须派人以停车手信号进行防护，防止调车车列与超长列车尾部发生侧面冲突。

第 359 条　进站、接车进路信号机不能使用时，应开放引导信号。引导信号不能开放或无进站信号机时，应派引导人员接车。

引导接车时，列车以不超过 20 km/h 速度进站，并做好随时停车的准备。由引导人员接车时，应在引导员接车地点标处(未设的，引导人员应在进站信号机、进路信号机或站界标外方)，显示引导手信号接车。列车头部越过引导信号，即可关闭信号或收回引导手信号。

在无联锁的线路上接发列车时，车站值班员除严格按接发列车手续办理外，并应将进路上无联锁的有关对向道岔及邻线上防护道岔加锁。进路上无联锁的分动外锁闭道岔无论对向或顺向，均应对密贴尖轨、斥离尖轨和可动心轨加锁。具体加锁办法，由铁路局规定。

车站使用引导信号或派引导人员接车时，有以下几种情况：

1. 进站、接车进路信号机发生故障或因联锁失效不能开放使用时；

2. 向进站、接车进路信号机联锁范围以外的线路上接车时；

3. 双线区段接入反方向开来的列车而无进站信号机时。

在使用引导信号或派引导人员接车时，为保证列车进站安全，列车应以不超过 20 km/h 的速度进站，并做好随时停车的准备，以防进路准备错误或进路上有障碍物时，可以在短距离内立即停车。

进站、接车进路信号机不能使用，设有引导信号时应开放引导信号接车；当引导信号不能开放或无进站信号机时，应派引导人员接车，由引导人员接车时，为了便于司机确认，引导人员应站在引导员接车地点标处（未设的，应站在进站信号机、进路信号机或站界标外方），正确显示引导手信号。当列车头部越过引导信号或引导手信号后，即可关闭引导信号或收回引导手信号。

道岔按占用顺序分顺向、对向。列车经辙叉心向尖轨运行时，该道岔为进路上的顺向道岔，列车由尖轨向辙叉运行时，该道岔为进路上的对向道岔。当进路上顺向道岔开通位置错误时，可能造成挤岔；当对向道岔开通位置错误时，则可能使列车进入不该进入的线路，与线路内的机车、车辆发生冲突，其后果严重。

在无联锁的线路上接发列车时，由于无设备保证进路正确及不能锁闭敌对进路，容易发生意外，为了保证列车出入站的安全，进路上无联锁的对向道岔及邻线上能够进入该进路的无联锁的防护道岔应加锁，进路上有联锁的道岔及邻线上有联锁的防护道岔应在控制台上单独锁闭，以防意外扳动造成列车进入异线、脱轨或其他机车车辆闯入接车进路发生冲突事故。

对接发列车进路上的分动外锁闭道岔，由于结构不同于普通道岔，活动部分多，锁闭工具、加锁位置也与普通道岔不同，要求在进路上无论对向和顺向，都必须对密贴尖轨，斥离尖轨和可动心轨加锁。具体加锁办法，在《技规》中不作统一规定，由铁路局根据道岔、加锁工具及劳动组织等情况规定。

第360条 接发列车时，接发车人员应携带列车无线调度通信设备、持手信号旗（灯），站在规定地点接送列车，注意列车运行和货物装载状态。发现旅客列车尾部标志灯光熄灭时，通知车辆乘务员进行处理。在自动闭塞区段，通知不到时，应使列车停车处理。发现货物装载状态有异状时，及时处理；发现货物列车列尾装置丢失时，应报告列车调度员，使列车在前方站停车处理。

列车接近车站、进站和出站时，接发车人员应及时向车站值班员报告列车进出站的情况（能从设备上确认的除外）。

列车到达、发出或通过后，车站值班员应立即向邻站及列车调度员报点，并记入《行车日志》（设有计算机报点系统的按有关规定办理）。遇有超长、超限列车、制动力部分切除的动车组列车、单机挂车和货物列车列尾装置灯光熄灭等情况，应通知接车站。

为保证列车运行的安全，列车在车站到发时，接发车人员应携带列车无线调度通信设备、持手信号旗（灯），站在《站细》规定的地点接送列车。接送列车时，应注意列车运行和货物装载状态，发现车辆燃轴、抱闸、制动梁脱落、篷布绳索脱落、货物窜动或倾斜、倒塌等危及行车安全的情况时，要立即采取措施或通知有关人员使列车停车，并报告列车调度员。若发现旅客列车尾部标志灯光熄灭时，应通知车辆乘务员进行处理。自动闭塞区段列车追踪运行，夜间尾部标志灯光熄灭，对列车运行安全有影响，如通知不到车辆乘务员时，应使列车停车整理。货物列车列尾装置丢失时，应报告列车调度员，列车调度员应使列车在前方站停车处理。

当不能从设备上确认列车接近车站、进站和出站时，接发车人员应及时向车站值班员报告列车进出站情况，报告的时机、内容、用语按《接发列车作业》标准执行。单机挂车时，由于没有尾部标志，还应根据车站值班员布置的挂车辆数，认真确认。车站值班员通过上述报告，以确认列车的整列出发与到达。

列车到达、发出或通过后，车站值班员应及时向邻站和列车调度员报点，并记入《行车日志》。在装设有计算机报点系统的车站，报点方法按有关规定执行。遇有超长、超限列车、制动力部分切除的动车组列车、单机挂车和货物列车列尾装置灯光熄灭等情况，应一并通知邻站。以使邻站车站值班员充分做好接车准备工作，对制动力部分切除的动车组列车按规定办理相对方向同时接车和同方向发接列车。此时，接车站车站值班员应将邻站通知的注意事项，及时布置给信号员、助理值班员、扳道员，以便提前做好接车准备和接车安排。

第 361 条　货物列车在站停车时，司机必须使列车保持制动状态（铁路局指定的凉闸站除外）。发车前，司机施行缓解，确认发车条件具备后，方可起动列车。

货物列车在车站停车时，由于列车编组较长，为保持列车停车平稳，司机施行制动后，应将制动阀置于保压位停车。停车后，司机不得缓解列车制动，目的是防止列车或车辆溜走。列车处于长大下坡道地段时，为了冷却闸瓦，增加摩擦力，保持应有的制动力，由各铁路局规定的凉闸站可以不受上述限制。

发车前，司机施行缓解，在确认出站信号开放正确、行车凭证正确、发车信号已显示或得到车站的发车通知以及无临时显示的停车信号等条件后，方可起动列车。

第362条 动车组列车由列车长确认旅客上下完毕后，通知司机关闭车门；列车进站停车时，司机按动车组停车位置标停车，确认列车停稳、对准停车位置后开启车门。按钮不在司机操作台上的，由列车长通知随车机械师关闭车门；列车到站停稳后，由随车机械师开启车门。如自动开关门装置故障或特殊情况需单独开关车门时，由司机通知列车工作人员手动开关车门。

动车组列车在车站出发，动车组列车司机在确认行车凭证和开车时间，车门关闭后，即可起动列车。

动车组以外的列车在车站发车前，有关人员应做到：

1. 发车进路准备妥当，行车凭证已交付，出站(进路)信号机已开放，发车条件完备后，车站值班员(助理值班员)方可显示发车信号。

2. 司机必须确认行车凭证及发车信号显示正确后，方可起动列车。

3. 语音记录装置良好的车站，准许使用列车无线调度通信设备发车。

动车组列车车门具备集中控制和手动控制两种，有的车型车门集中控制按钮设置在司机操作台上，有的设置在随车机械师乘务室内。因此，规定了统一由列车长确认旅客上下完毕后，对车门集中控制按钮设置在司机操作台上的动车组，列车长应通知司机关闭车门，列车进站停车时，司机按长、短编动车组在规定的停车位置标停车，确认列车停稳、对准停

车位置后开启车门；对车门集中控制按钮设置在随车机械师乘务室内的动车组，列车长应通知随车机械师关闭车门，列车到站停稳后，由随车机械师开启车门。如自动开关门装置故障或特殊情况需单独开关车门时，由司机通知列车工作人员手动开关车门。

动车组列车设备自动控制水平高，车门采取集中控制，车门开关状态在司机室有明确的表示，并且在运行途中不进行客列检作业，为优化作业组织，压缩站停时间，规定动车组列车开车前不再发车，由司机确认行车凭证、开车时间，车门关闭后即可起动列车。

动车组以外的列车在车站发车前，有关人员应做到：

1. 列车发车前，车站值班员（助理值班员）必须确认发车进路准备妥当、凭证已交付、出站（进路）信号机开放正确，亲自确认或得到有关人员关于旅客上下完毕、行包装卸完了、列检作业完毕并已撤除防护信号等，完全具备发车条件后，才能显示发车信号。

2. 列车起动前，司机必须确认行车凭证正确。正常情况下必须确认出站信号机显示的允许运行的信号，使用路票等行车凭证时，应确认凭证正确。同时，还必须确认车站值班员（助理值班员）显示的发车信号或发车表示器显示的发车信号，特别是夜间要认清确属对本列车的发车信号后，方可起动列车。

3. 为提高车站发车作业的效率，在语音记录装置良好的车站，准许使用列车无线调度通信设备发车。

第 363 条　列车在站内临时停车，待停车原因消除且继续运行时，应按下列规定办理：

1. 司机主动停车时，自行起动列车；

2. 其他列车乘务人员使用紧急制动阀（紧急制动装置）停车时，由车辆乘务员（随车机械师）通知司机开车；

3. 车站接发车人员使列车在站内临时停车时，由车站按规定发车（动车组列车由车站通知司机开车）；

4. 其他原因的临时停车，车站值班员应组织司机、车辆乘务员（随车机械师）等查明停车原因，在列车具备运行条件后，由车站按规定发车（动车组列车由车站通知司机开车）。

上述第1、2、4项列车停车后，司机应立即报告车站值班员，并说明停车原因。

本条规定了列车在车站临时停车后继续运行时的办法。

1. 司机主动停车：指司机发现危及行车或人身安全的情况等原因主动停车时，等停车原因消除后，由司机自行起动列车，车站不再发车。

2. 司机以外的列车乘务人员使用紧急制动阀（紧急制动装置）使列车停车，由车辆乘务员（随车机械师）查明情况消除隐患后，通知司机开车，车站不再发车。

3. 车站接发列车人员因发现货物装载问题、车辆抱闸等原因通知列车在站内临时停车的，等停车原因消除后，由车站按规定程序发车；动车组列车不需要车站发车，因此由车站通知动车组列车司机开车。

4. 因其他原因临时停车，由车站值班员组织司机、车辆乘务员（随车机械师）共同查明原因，恢复运行条件后，由车站按规定发车；动车组列车不需要车站发车，因此由车站通知动车组列车司机开车。

上述1、2、4项在临时停车后，司机应立即向车站值班员报告，并说明停车原因。上述情况车站值班员均应及时报告列车调度员。

第364条 进站、出站、进路及线路所通过信号机发生故障时，应置于关闭状态，进站信号机及线路所通过信号机发生不能关闭的故障时，应将灯光熄灭或遮住。在将灯光熄灭或遮住以及信号机灭灯时，于夜间应在信号机柱距钢轨顶面不低于2 m处，加挂信号灯，向区间方面显示红色灯光。

进站、出站、进路及线路所通过信号机发生故障时，为防止错误指示列车运行，应及时将其置于关闭状态，即显示红色灯光。

进站信号机及线路所通过信号机发生不能关闭的故障，此时应将灯光熄灭或遮住。信号机在灯光熄灭或遮住以及信号机灭灯时，为便于司机确认该信号机位置，于夜间应在信号机柱距钢轨顶面不低于2 m处加挂信号灯（具体加挂人员由铁路局规定），向区间方面显示红色灯光。

第 365 条 出站信号机发生故障时，除按规定交递行车凭证外，对通过列车应预告司机，并显示通过手信号。装有进路表示器或发车线路表示器的出站信号机，当该表示器不良时，由办理发车人员通知司机后，列车凭出站信号机的显示出发。

出站信号机发生故障时，应预告通过列车司机，接车人员除按规定交递行车凭证外，应显示通过手信号，列车可不停车通过车站。出站信号机的进路表示器的显示，只表示列车经由的进路及其准备状况，不作为行车凭证。发车线路表示器，只是在一个线群中数条股道共用一个出站信号机时，用来指示线群内哪一股道的列车可以出发，也不是行车凭证。因此，当上述这两种表示器发生故障时，发车人员只要口头通知司机后，列车就凭出站信号机显示的允许运行的信号出发。

列车被迫停车后的处理

* **第 366 条** 列车在区间被迫停车不能继续运行时，司机应立即使用列车无线调度通信设备通知两端站（列车调度员）及车辆乘务员（随车机械师），报告停车原因和停车位置，根据需要迅速请求救援。需要防护时，列车前方由司机负责，列车后方由车辆乘务员（随车机械师）负责，无车辆乘务员（随车机械师）为列车乘务员负责。配备列车防护报警装置的列车应首先使用列车防护报警装置进行防护。单班单司机值乘的列车防护作业办法由铁路局规定。

如遇自动制动机故障，动车组以外的旅客列车司机应通知车辆乘务员立即组织列车乘务人员拧紧全列人力制动机，以保证就地制动；其他列车司机应立即采取安全措施，并向车站值班员（列车调度员）报告，请求救援。

对已请求救援的列车，不得再行移动，并按规定对列车进行防护。

车站值班员（列车调度员）接到司机通知后，应将区间内列车运行情况通知司机，并立即使用列车无线调度通信设备转告区间内有关列车。在停车原因消除前不得再放行追踪、续行列车。

需组织旅客疏散时，车站值班员得到列车调度员准许后，扣停邻线列车并通知司机，司机通知有关作业人员办理。

列车在区间被迫停车是指，列车在区间因线路中断、接触网停电、动车组（电力机车）停在分相无电区、制动失效及其他机车车辆故障等原因，导致列车不能按信号显示（行车凭证）继续向前运行的情况。列车在区间因作业需要、信号（包括地面信号和车载信号）显示停车信号或显示不明、接到停车的通知而停车，以及发现线路上有行人、异物等而临时停车，不属于列车在区间被迫停车。列车被迫停车不能继续运行时，司机应立即使用列车无线调度通信设备通知两端站车站值班员或列车调度员及车辆乘务员（随车机械师），报告停车原因及停车位置。司机应根据具体情况请求救援。根据区间列车运行情况及救援方向，需要防护时，列车前方由司机负责，列车后方由车辆乘务员（随车机械师）负责，无车辆乘务员（随车机械师）为列车乘务员负责。配备列车防护报警装置的列车应首先使用列车防护报警装置进行防护，再按上述规定进行防护。单班单司机值乘方式不具有全路普遍性，列车防护作业办法由铁路局结合本局实际情况进行规定。

被迫停车后，如遇自动制动机发生故障时，动车组以外的旅客列车司机应立即通知车辆乘务员迅速组织列车乘务人员拧紧全列车辆的人力制动机，以使列车就地制动。其他列车的司机，应立即采取一切安全措施，如放置铁鞋、组织人员拧紧人力制动机等。并向列车调度员报告，请求救援。

车站值班员在接到司机被迫停车的报告后，应停止向区间放行列车，立即使用列车无线调度通信设备通知该区间内运行的有关列车，并将该区间内列车运行的情况通知被迫停车司机。已请求救援的列车，不得移动位置，并按规定进行防护；遇特殊情况，已请求救援的列车故障修复具备运行条件需取消救援时，必须报告列车调度员，得到列车调度员准许后方可恢复运行（列车调度员需确认救援调度命令已取消、并通知相关人员、列车后，方可准许恢复运行）。

需组织旅客疏散时，车站值班员应根据申请，在报告列车调度员并得到准许，扣停邻线列车后，通知司机，由司机通知列车长(或通过车辆乘务员通知列车长)组织旅客疏散。

第367条　列车被迫停车可能妨碍邻线时，司机应立即用列车无线调度通信设备通知邻线上运行的列车和两端站(列车调度员)，并与车辆乘务员(随车机械师)分别在列车的头部和尾部附近邻线上点燃火炬；在自动闭塞区间，还应对邻线来车方向短路轨道电路。配备列车防护报警装置的列车应首先使用列车防护报警装置进行防护。司机应亲自或指派人员沿邻线一侧对列车进行检查，发现妨碍邻线时，应立即派人按规定防护。如发现邻线有列车开来时，应鸣示紧急停车信号。

单班单司机值乘的列车防护作业办法由铁路局规定。

车站值班员(列车调度员)接到列车被迫停车可能妨碍邻线的通知后，应立即通知邻线有关列车停车，在原因消除前不得向邻线放行列车。

列车发生脱轨，颠覆等事故或其他原因被迫停车时，司机及车辆乘务员(随车机械师)应认真观察，注意是否妨碍邻线。可能妨碍邻线时：

1. 配备列车防护报警装置的列车应首先使用列车防护报警装置进行防护。

2. 司机应立即使用列车无线调度通信设备通知邻线上运行的列车；并通知区间两端站车站值班员或列车调度员。

3. 司机与车辆乘务员(随车机械师)分别在列车头部和尾部附近邻线上点燃火炬；自动闭塞区间还应对邻线来车方向短路轨道电路。火炬的燃烧时间一般为8 min左右，在这一段时间内，已进入区间的列车运行到被迫停车的列车附近时，即可看到火炬的火光，从而采取停车措施，也给司机等人下车察看是否妨碍邻线的工作留出时间。

4. 司机亲自或指派人员沿邻线一侧对列车进行检查，发现妨碍邻线时，立即派人按规定防护，如发现邻线有车开来时，司机应鸣示紧急停车信号，其他人应向列车显示停车信号。

5. 车站值班员接到列车被迫停车可能妨碍邻线的通知后，应立即通知邻线有关列车停车，在原因消除、确认不再妨碍邻线前不得向邻线放行列车。

单班单司机值乘方式不具有全路普遍性，列车防护作业办法由铁路局结合本局实际情况进行规定。

第368条 列车在区间被迫停车后，根据下列规定放置响墩防护：

1. 已请求救援时，从救援列车开来方面（不明时，从列车前后两方面），距离列车不小于300 m处防护；

2. 一切电话中断后发出的列车（持有附件3通知书1的列车除外），应于停车后，立即从列车后方按线路最大速度等级规定的列车紧急制动距离位置处防护；

3. 对于邻线上妨碍行车地点，应从两方面按线路最大速度等级规定的列车紧急制动距离位置处防护，如确知列车开来方向时，仅对来车方面防护；

4. 列车分部运行，机车进入区间挂取遗留车辆时，应从车列前方距离不小于300 m处防护。

防护人员设置的响墩待停车原因消除后可不撤除（运行动车组列车的区段除外）。

为保证列车运行安全，列车被迫停车后，应使用响墩对列车进行防护。

响墩设置方法：每组为三枚，其中两枚扣在来车方向的左侧钢轨上，一枚扣在右侧钢轨上，彼此间隔20 m。当机车压上响墩后，司机一侧可先听到响墩爆炸声，便于司机采取停车措施。每个响墩放置间隔20 m，是为了使其爆炸声分清三响，不致与其他爆炸声相混淆。

在不同情况下放置响墩的要求是：

1. 已请求救援的列车，应在救援列车开来方向（不明时，从列车前后两方面)距停留车列不小于 300 m 处放置响墩,如图 368-1 所示。

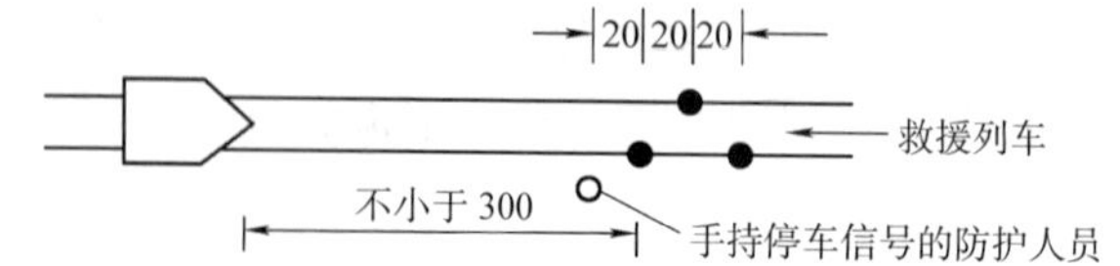

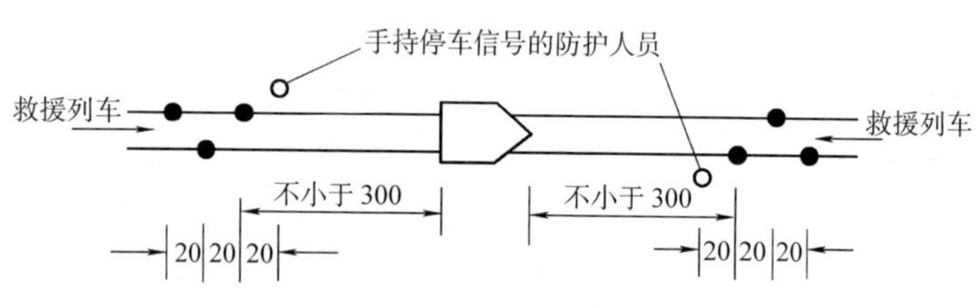

单位:m

图 368-1　已请求救援列车的防护

规定 300 m,是因为已请求救援,列车调度员已在命令中指明了被迫停车列车的所在位置,所以救援列车司机心中有数,可以提前减速,能在 300 m 内停车。

2. 一切电话中断后发出的列车有两种,一种是持有《技规》附件 3 红色许可证通知书之 1 的列车(后面无续行列车);一种是持有红色许可证通知书之 2 的列车(后面有续行列车)。在后面有续行列车的情况下,因续行列车对前行列车在区间停车没有准备,因此列车后部防护距离应不小于列车制动距离,此制动距离为该线路最大速度等级规定的列车紧急制动距离。如该线路最大速度为 160 km/h,则制动距离为 1 400 m。防护距离应不小于 1 400 m,如图 368-2 所示。

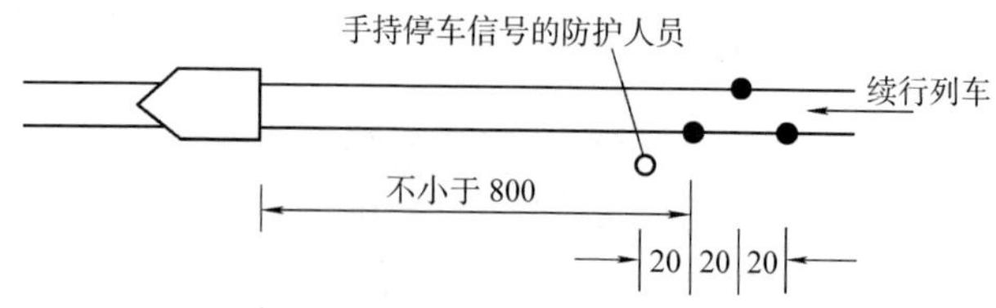

单位:m

图 368-2　有续行列车运行的防护

3. 列车被迫停车后，如妨碍邻线行车时，为防止邻线列车开来发生冲突，应在邻线上放置响墩防护。在不能确认来车方向时，考虑邻线可能反方向行车，应从两端进行防护。如确知来车方向，可仅对来车方向进行防护。由于邻线运行的列车没有停车准备，故放置响墩的距离不应小于线路最大速度等级规定的列车紧急制动距离。防护方法如图 368-3 所示。

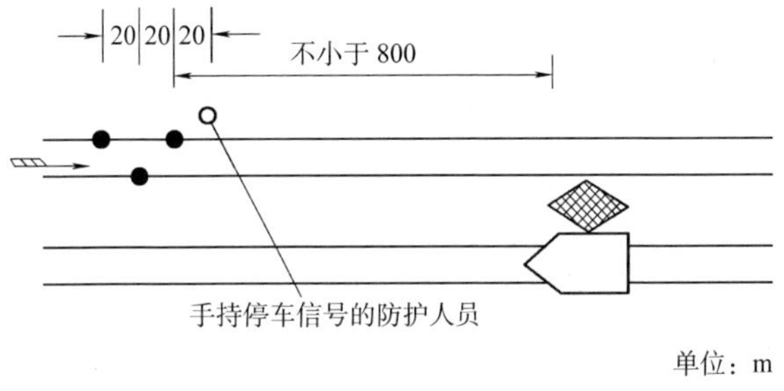

图 368-3　妨碍邻线的防护

4. 列车分部运行，机车进入区间挂取遗留车辆时，因其已知停留车地点，能提前减速及停车，故在车列前方不小于 300 m 处放置响墩防护，如图 368-4 所示。

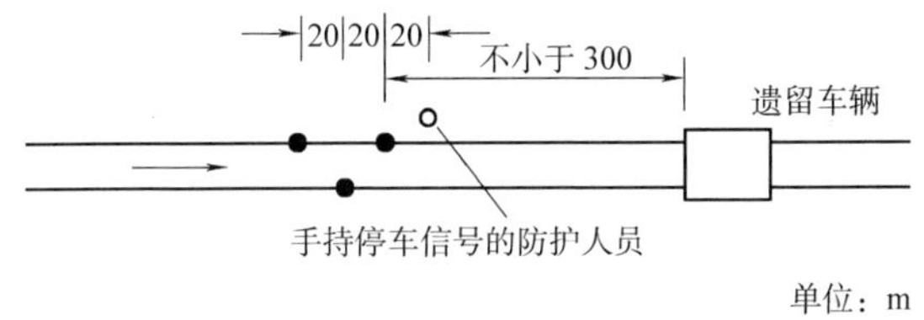

图 368-4　分部运行时机车挂取遗留车辆的防护

被迫停车的列车消除故障可以运行后，应用列车无线调度通信设备通知防护人员返回。此时防护人员可不撤除响墩返回列车，以便尽快恢复列车运行。但在列车运行图规定开行动车组列车的区段，考虑到动车组运行速度高，列车轴重轻，不撤除响墩不利于动车组运行安全，所以必须撤除响墩。

第 369 条　在不得已情况下，列车必须分部运行时，司机应报告前方站(列车调度员),并做好遗留车辆的防溜和防护工作。司机在记明遗留车辆辆数和停留位置后,方可牵引前部车辆运行至前方站。在运行中仍按信号机的显示进行,但在半自动闭塞区间或按电话闭塞法行车时,该列车必须在进站信号机外停车(司机已报告前方站或列车调度员列车为分部运行时除外),将情况通知车站值班员后再进站。车站值班员应立即报告列车调度员封锁区间,待将遗留车辆拉回车站,确认区间空闲后,方可开通区间。

下列情况列车不准分部运行:

1. 采取措施后可整列运行时;

2. 对遗留车辆未采取防护、防溜措施时;

3. 遗留车辆无人看守时;

4. 司机与车站值班员及列车调度员均联系不上时;

5. 遗留车辆停留在超过6‰坡度的线路上时。

列车在区间内发生断钩、制动主管破裂、脱轨、坡停等被迫停车,必须分部运行时,应按下列要求办理:

1. 司机应立即将被迫停车的原因及需要分部运行的要求报告前方站或列车调度员。

2. 组织和指挥有关人员做好遗留车辆的防溜工作,并按规定做好防护。

3. 遗留车辆派人看守。

4. 记明遗留车辆辆数和停留位置。

5. 牵引前部车辆开往前方站。在自动闭塞区间,在运行中仍应按信号机的显示运行。在半自动闭塞区间或按电话闭塞法行车时,分部运行的前部车列运行至接车站进站信号机前,即使该信号机已开放,也必须在机外停车(司机已报告前方站或列车调度员为分部运行时可直接进站)。这是因为半自动闭塞区间机车车辆只要驶过接车轨道电路,闭塞机即可解锁,区间即具有开通条件,电话闭塞法行车是通过人工检查确认和联系制度来保证实现列车运行空间间隔,列车到达发出电话记录号码即可办理区间开通;如车站值班员未得到列车为分部运行的通知,又未认真确认列车是否整列到达时,即开通区间并与邻站办理闭塞手续,就可能向占用区间开行列车,存在与区间遗留车列发生冲突的安全风险。

6. 机车牵引的前部车辆整列进入车站后，车站值班员将情况报告列车调度员，列车调度员发布调度命令封锁区间。

7. 救援列车到达或返回车站，车站值班员确认遗留车辆全部取回、区间空闲后，向列车调度员报告。列车调度员发布调度命令开通区间。

列车在区间发生断钩，制动主管破裂，脱轨及坡停等情况，可采用分部运行办法。但以下情况不准分部运行：

1. 经采取措施可整列运行时：如发生坡停后，派救援机车以双机牵引或后部补推的方式运行至车站，或在区间因车辆故障停车后，可由车辆乘务人员对车辆进行临修后继续运行等。

2. 遗留车辆未采取防护、防溜措施时，可能造成停留车辆溜逸等，酿成事故。

3. 遗留车辆无人看守时，由于路外闲杂人员的破坏，可能撤除遗留车辆的防护、防溜措施，或损坏车辆、货物。

4. 司机与两端站及列车调度员均无法取得联系时，不能分部运行。此时，联系方式不仅限于列车无线调度通信设备。

5. 遗留车辆停留在超过6‰坡度的线路上时，即使采取防溜措施，但也存在车辆溜逸的风险，因此也不能分部运行。该处超过6‰坡度是指遗留车辆所在线路的实际坡度。

第370条 列车发生火灾、爆炸应急处理：

1. 列车发生火灾、爆炸时，须立即停车（停车地点应尽量避开特大桥梁、长大隧道等，选择便于旅客疏散的地点），车站不再向区间放行列车，并通知邻线及后续相关列车停车。电气化区段，现场需停电时，应立即通知供电部门停电。

2. 列车需要分隔甩车时，应根据风向及货物性质等情况而定。一般为先甩下列车后部的未着火车辆，再甩下着火车辆，然后将机后未着火车辆拉至安全地段。

对甩下的车辆，在车站由车站人员负责采取防溜措施；在区间由司机、车辆乘务员负责采取防溜措施。

---

1. 列车发生火灾、爆炸时，应立即停车（使列车停车的方法：当车厢

内设有紧急制动阀或紧急制动装置时，列车乘务员等有关人员应立即使用就近的紧急制动阀或紧急制动装置，使列车停车。当车厢内无紧急制动阀或紧急制动装置时，应报告司机停车）。机车乘务员发现火灾、爆炸情况或接到列车发生火灾、爆炸的通知时应立即停车。停车地点应尽量不在特大桥梁或长大隧道内，选择便于旅客疏散的地点，避免因地形限制，导致救援工作不易开展。此时，列车发生火灾、爆炸后已经影响邻线列车运行的安全，因此车站接到报告后除了不再向区间放行列车，还要通知邻线及后续相关列车停车。

电气化区段立即停电不利于电力机车及动车组应急处置，因此规定根据现场需要停电时，应立即通知供电部门停电。

2. 列车停车后应利用当地条件就地灭火，需要分隔甩车时，应根据风向及装载货物性质确定分隔甩车位置。根据经验，一般为先甩下列车后部的未着火车辆，再甩下着火车辆，然后将机次未着火车辆拉至安全地段。

3. 对甩下的车辆，在车站由车站人员负责采取防溜措施；在区间由司机、车辆乘务员负责采取防溜措施。

***第 371 条** 列车（动车组列车除外）运行途中发生车辆故障应急处理：

1. 发现客车车辆轮轴故障、车体下沉（倾斜）、车辆剧烈振动等危及行车安全的情况时，须立即采取停车措施。由车辆乘务员检查，对抱闸车辆应关闭截断塞门，排除工作风缸和副风缸中的余风，确认安全无误后，方可继续运行；如车轮踏面损坏超过限度或车辆故障不能继续运行时，应甩车处理。

2. 列车调度员接到热轴报告后，应按热轴预报等级要求果断处理。必要时，立即安排停车检查（司机应采用常用制动，列车停车后由车辆乘务员负责检查，无车辆乘务员的由司机确认能否继续安全运行）或就近站甩车处理。

3. 遇客车安全监控系统报警或其他故障需要列车限速运行时，车辆乘务员应使用列车无线调度通信设备通知司机，司机根据要求限速运行并报告车站值班员（列车调度员）。

---

1. 旅客列车(动车组列车除外)运行中,列车乘务人员发现车辆剧烈振动、轮轴故障、车体下沉倾斜等危及行车安全时,应使用紧急制动阀或报告司机停车,然后由车辆乘务员对车辆进行检查。当对抱闸车辆采取关闭截断塞门的处理措施时,应注意执行关门车数量、位置和限速的规定,抱闸车辆为列车最后一辆时,应甩车处理。

2. 列车热轴报告可能来自区间的轴温探测器,也可能来自旅客列车(客车车厢中安装有轴温报警装置),也可能来自车站接发车人员。列车调度员应按热轴预报等级迅速果断处理。

3. 旅客列车在运行中遇安全监控系统报警或其他故障需列车限速时,车辆乘务员应使用列车无线调度通信设备报告司机。司机立刻按限速要求运行并报告车站值班员(列车调度员)。

第372条 在不得已情况下,列车必须退行时,车辆乘务员或随车机械师(无车辆乘务员或随车机械师时为指派的胜任人员)应站在列车尾部注视运行前方,发现危及行车或人身安全时,应立即使用紧急制动阀(紧急制动装置)或使用列车无线调度通信设备通知司机,使列车停车。

列车退行速度,不得超过15 km/h。未得到后方站(线路所)车站值班员准许,不得退行到车站的最外方预告标或预告信号机(双线区间为邻线预告标或特设的预告标)的内方。

车站接到列车退行的报告后,除立即报告列车调度员外,根据线路占用情况,可开放进站信号机或按引导办法将列车接入站内。

下列情况列车不准退行:

1. 按自动闭塞法运行时(列车调度员或后方站车站值班员确认该列车至后方站间无列车,并准许时除外);

2. 在降雾、暴风雨雪及其他不良条件下,难以辨认信号时;

3. 一切电话中断后发出的列车(持有附件3通知书1的列车除外)。

挂有后部补机的列车,除上述情况外,是否准许退行,由铁路局规定。

列车在区间在不得已情况下必须退行时,应执行下列要求:

1. 退行时,车辆乘务员或随车机械师(无车辆乘务员或随车机械师时为指派的胜任人员）应在列车尾部，注视运行前方（不显示信号），发现危及行车或人身安全情况时，应立即使用紧急制动阀（紧急制动装置），或使用列车无线调度通信设备通知司机，使列车停车。

2. 列车退行速度不得超过 15 km/h，以便发现危及行车或人身安全的情况能随时停车。

3. 退行列车未得到后方站（线路所）车站值班员的准许，不得越过后方车站（线路所）最外方预告标或预告信号机（双线区间为邻线预告标或特设的预告标），以防止与越出站界或跟踪出站调车的机车车辆发生冲突。列车退行到该处停车后，应立即向车站值班员报告，得到后方站（线路所）车站值班员准许后方可凭进站信号机的显示的允许运行的信号进站。如事先已取得列车调度员或后方站车站值班员准许，可不在预告信号机外停车，凭进站信号机的进行显示或引导信号直接进站。

4. 车站值班员接到退行报告后，除立即向列车调度员报告外，还应根据车站线路占用情况，准备进路，开放进站信号机或用引导办法，将列车接入站内。

以下情况不准退行：

1. 自动闭塞区段，列车是以出站和通过色灯信号机显示的允许运行的信号作为进入闭塞分区的行车凭证，在区间实行追踪运行，在这种情况下，列车退行有与后方开来的追踪列车发生冲突的危险，因此不准退行。列车只有在列车调度员或后方站车站值班员确认至后方站间无追踪列车，并准许后方可退行。

2. 在降雾、暴风雨雪及其他不良条件下，司机难以辨认信号，直接危及行车安全，所以不准退行。

3. 一切电话中断后发出除持有附件 3 通知书之 1 以外的列车。由于车站将发出续行列车，而续行列车是按时间间隔发出的，如果列车退行，就有可能与后面的续行列车发生冲突，所以不准退行。

4. 挂有后部补机的列车，补机在区间内返回时，由于补机途中可能停车，如列车退行时，有与补机发生冲突的危险，所以，对挂有后部补机的列车，除以上三种情况外是否准许退行，由铁路局规定。

第 373 条　动车组列车在区间被迫停车后须返回后方站时，车

站值班员确认动车组列车至后方站间已空闲后，经列车调度员同意，通知司机返回。司机根据车站值班员的通知，在动车组列车运行方向（折返）前端操作，运行速度不得超过 40 km/h，按进站信号机显示进站。

动车组列车在区间被迫停车后，遇特殊情况必须返回后方站时，车站值班员接到报告后，不再向该区间放行列车，确认动车组列车至后方站间已空闲后，报告列车调度员并征得同意后，通知司机返回。司机得到车站值班员的通知，应进行换端操作，在动车组列车运行方向前端操作，运行速度不得超过 40 km/h，按进站信号机显示的允许运行的信号进站。

救援列车的开行

第 374 条 车站值班员接到司机或工务、电务、供电等人员的救援请求后，应立即报告列车调度员。需封锁区间派出救援列车时，列车调度员应向有关车站发布命令封锁区间，并派出救援列车。

向封锁区间发出救援列车时，不办理行车闭塞手续，以列车调度员的命令，作为进入封锁区间的许可。

当列车调度电话不通时，应由接到救援请求的车站值班员根据救援请求办理，救援列车以车站值班员的命令，作为进入封锁区间的许可。

司机接到救援命令后，必须认真确认。命令不清、停车位置不明确时，不准动车。

救援列车进入封锁区间后，在接近被救援列车或车列 2 km 时，要严格控制速度，同时，使用列车无线调度通信设备与请求救援的机车司机进行联系，或以在瞭望距离内能够随时停车的速度运行，最高不得超过 20 km/h，在防护人员处或压上响墩后停车，联系确认，并按要求进行作业。

当区间发生冲突、脱轨、颠覆等行车事故，机车车辆等发生故障不能继续运行，以及遇自然灾害危及行车安全时，为了尽快恢复正常行车，必须迅速救援。因此，车站值班员接到司机或工务、电务、供电等部门人员

救援请求后，应立即报告列车调度员。列车调度员根据实际需要封锁区间，派出救援列车。

向封锁区间发出救援列车时，因为区间已发生事故、行车设备故障或危及行车安全的灾害，不能按正常闭塞手续办理行车，以列车调度员的命令，作为进入封锁区间的行车凭证。调度命令应指明救援列车进入封锁区间往返的运行车次、被救援列车停车地点或抢修抢救停车地点、任务及注意事项等。

救援列车是指为事故救援、抢修抢救而开行的列车，包括专用救援列车、单机、重型轨道车等。

当列车调度电话不通，准许由接到救援请求的车站值班员，通知邻站封锁区间，向救援列车发布书面命令（命令内容与上述调度命令内容相同）。救援列车可凭车站值班员的命令进入封锁区间。

司机接到救援命令后，应认真确认命令内容，明确救援任务，不能因救援时间紧迫而匆忙动车。对停车地点要做到心中有数，进入封锁区间后，要随时注意运行公里数，在接近被救援列车或车列 2 km 时，严格控制速度，同时使用列车无线调度通信设备与请求救援列车司机进行联系，或以在瞭望距离内能随时停车的速度运行，最高不超过 20 km/h，在防护人员处停车或在压上响墩后停车，按要求进行作业。

第 375 条 救援列车的出发或返回，均应通知列车调度员及对方站。如事故现场设有临时线路所时，车站值班员应于发车前，商得线路所值班员的同意。

为使列车调度员正确掌握救援进度，安排救援人力和材料，及时做好区间开通后的列车运行计划，封锁区间的两端站，每当救援列车开往现场或由现场返回车站时，均应将到发时刻以及现场的救援工作进度，及时向列车调度员报告。为使封锁区间对方站掌握救援进度和区间占用情况，亦应将上述内容通知对方站。

如果区间内事故现场设有临时线路所，该线路所车站值班员即为与该区间两端站办理行车的指挥人。车站向线路所开行救援列车时，必须取得线路所车站值班员同意，以便线路所及时做好接车前的准备和防护工作。

第 376 条 采用机车救援动车组时，应进行制动试验。具备升弓取电条件时，允许动车组升弓取电。

为了确保机车救援动车组时列车运行安全，防止由于制动试验不彻底发生危及动车组列车运行安全的情况，所以规定采用机车救援动车组时，连挂妥当后必须进行制动试验。部分动车组当蓄电池电压低于规定值时，会自动抱死车轮，造成动车组无法运行，同时，动车组不升弓取电会影响车内相关设备设施的正常使用，所以规定具备升弓取电条件时，允许动车组升弓取电。

第 377 条 在事故调查组人员到达前，站长或胜任人员应随乘发往事故地点的第一列救援列车(分部运行时挂取遗留车辆的机车除外)到事故现场，负责指挥列车有关工作。

在事故调查组人员到达前，关系区间发车站的站长或临时指派的胜任人员，应随乘发往事故地点的第一列救援列车到事故现场。必要时，由列车调度员指定该区间一端车站的站长或临时指派的胜任人员尽快赶赴现场。上述人员到达事故现场后，应立即了解事故实际情况，随时与列车调度员联系，汇报事故情况，并就地指挥列车有关工作。

列车分部运行时，机车开往区间挂取遗留的车辆，由于处理比较简单，车站站长或胜任人员不必前往，由司机进行处理。

施工及路用列车的开行

第 378 条 凡影响行车的施工(特别规定的慢行施工除外)、维修作业，都必须纳入天窗，不得利用列车间隔进行。线路、桥隧、信号、通信、接触网及其他行车设备的施工、维修，力争开通后不降低行车速度。

铁路营业线施工是指影响营业线设备稳定、使用和行车安全的各种施工作业，按组织方式、影响程度分为施工和维修两类。影响行车的施工（特别规定的慢行施工除外）、维修作业必须纳入天窗，不得利用列车间隔时间进行。

铁路营业线施工是运输组织的重要组成部分，要坚持运输、施工兼顾的原则，加强施工计划管理，加强施工组织和施工期间的运输组织，按计划、有组织地进行各项施工，积极推广使用技术先进的施工机具和施工方法，提高施工作业效率和质量。

天窗是运力的重要组成部分，为提高天窗利用率，工务、电务、通信和供电等部门必须提前一定时间提出施工、维修作业计划，运输部门应根据列车运行图确定的天窗时间，周密安排施工、维修作业计划，在保证运输生产畅通的情况下，满足行车设备施工维修的需要。各项施工、维修作业要尽可能采用平行作业的方式，综合利用天窗，不断提高天窗的利用率。

天窗为线路、桥梁、隧道、信号、通信、接触网及其他行车设备的施工、维修作业提供了时间上的保障。随着先进设备的采用，机械化程度的提高，施工、维修作业效率和安全有了可靠的保证，因此在施工结束后，力争做到不降低规定的行车速度，为天窗后的车流疏解、列车运行创造更为方便的条件。

第379条 封锁施工时，施工负责人应确认已做好一切施工准备，按批准的施工计划（临时封锁区间抢修施工时除外），亲自或指派驻站联络员在车站《行车设备施工登记簿》内登记，按规定向车站或通过车站值班员向列车调度员申请施工。

封锁区间施工时，车站值班员根据封锁或开通命令，在信号控制台或规定位置上揭挂或摘下封锁区间表示牌。列车调度员应保证施工时间，并向施工区间的两端站、有关单位及施工负责人及时发出实际施工调度命令。施工负责人接到调度命令，确认施工起止时刻，设好停车防护后，方可开工，并保证在规定时间内完成。

施工单位及设备管理单位应严格掌握开通条件，经检查满足放行列车的条件，且设备达到规定的开通速度要求，办理开通登记后，通过车站值班员向列车调度员申请开通区间。如因特殊情况不能按时开通区间或不能按规定的开通速度运行时，应提前通知车站值班员，要求列车调度员延长时间或限速运行。

施工时，除本项施工外的车列或列车不得进入封锁区间。进入封锁区间的施工列车司机应熟悉线路和施工条件。

---

1. 施工开始前应充分做好各项准备工作。施工负责人应确认施工前期工作、人员、设备、机具、防护用品及配合单位的工作等都已准备完毕。

2. 施工负责人在确认已做好一切施工准备后，应亲自或指派有资质的胜任人员作为驻站联络员按施工计划规定的施工内容，在车站《行车设备施工登记簿》内登记，按规定向车站或通过车站值班员向列车调度员申请开始施工。

3. 由车站批准的施工，车站规定的人员确认登记内容符合施工计划后，合理安排车站作业，及时在《行车设备施工登记簿》内签认安排给点，施工负责人确认车站签认的施工起止时刻，设好停车防护后，方可开工，并保证在规定时间内完成。车站应根据施工计划的要求，保证封锁施工时间。

4. 由列车调度员批准的封锁施工，车站值班员确认施工部门登记内容符合施工计划内容后，及时向列车调度员提出封锁施工的申请。列车调度员应根据施工计划的要求和列车运行情况，保证封锁施工时间，及时向封锁施工的相关车站、有关单位及施工负责人发出实际施工命令。车站值班员在接到同意开始进行封锁施工的调度命令并确认正确后，及时向驻站联络员(施工负责人)等相关人员转达。

施工负责人必须确认调度命令内容，按指定的施工起止时刻，按规定设置防护后，方可开始施工，并保证在规定时间内完成施工作业，恢复行车条件。

5. 封锁区间施工时，当封锁区间另一端车站受相邻区段列车调度员或邻局指挥时，应将命令内容先通知相邻区段或邻局列车调度员，经协商后方可发布，避免在行车指挥上脱节，扰乱运行秩序。两端站车站值班员应根据列车调度员的施工命令，从开始封锁区间时起，在控制台上揭挂“封锁区间表示牌”，以提示车站值班员区间已经封锁；在列车调度员下达开通区间的调度命令后摘下该表示牌。采用计算机联锁的车站或纳入调度集中的车站,可使用联锁系统或调度集中系统提供的各种封锁、占用及其他特殊的提示方式,有关人员按规定进行设置或撤除。

6. 施工负责人和设备管理单位负责人,对施工作业过程要认真检查、监督,严格掌握设备质量状态及开通行车的技术条件。施工完毕,经施工单位和设备管理负责人共同检查,确认行车设备具备开通的条件,满足施工计划规定的运行速度要求后,双方共同在《行车设备施工登记簿》内进行开通登记。由车站批准的施工,车站确认登记内容正确并在《行车设备施工登记簿》内签认后,开通设备恢复正常使用;由列车调度员批准的封锁施工,车站值班员确认登记正确后,向列车调度员申请开通设备恢复正常使用。列车调度员接到车站值班员的申请后,发布命令开通设备恢复正常使用。

施工负责人应积极组织施工作业,按规定时间完成施工任务,减少对运输的影响。因施工中出现特殊情况,不能按时开通或虽能开通但行车设备达不到施工计划或其他文件规定的运行条件或列车运行速度时,施工负责人或设备管理单位负责人应提前通知车站值班员或车站规定的人员,向车站或通过车站值班员向列车调度员请求延长施工封锁时间或发布列车限速运行的调度命令。

封锁施工时,施工车辆需在施工封锁区间内移动,要求施工列车司机应熟悉线路和施工条件,本项施工以外的车列或列车不得进入封锁区间,避免对施工作业和人身安全带来隐患。

第380条 施工封锁前,通过施工地点的最后一趟列车前进方向为不大于6‰的上坡道时,列车调度员可根据施工负责人的请求,在调度命令中注明该次列车通过施工地点后即可开工(按自动闭塞法行车时可安排施工路用列车跟踪该次列车进入区间),列车到达前方站后,再封锁区间。上述命令应抄交司机,该列车不得后退。

正常情况下,在施工前最后一趟列车到达前方站后才能封锁区间开始施工,但为了充分利用施工前最后一趟列车通过施工地点后至到达前方站的这段时间,增加施工时间,提高运输效率,准许在通过施工地点的

最后一趟列车运行方向为不大于 6‰上坡道的情况下，列车调度员根据施工负责人的申请，在施工调度命令中注明该次列车通过施工地点后，即可进行施工作业。待列车到达前方站后，再封锁区间。

在此种情况下，为进一步减少等待施工的时间，以便提前做好施工准备，按自动闭塞法行车时，允许施工路用列车在前行列车进入区间并出清第一闭塞分区后，凭出站信号机显示的允许运行的信号，跟随前次列车进入区间。

上述调度命令应抄通过施工地点的最后一趟列车的司机，接到该调度命令的列车不得退行。如通过施工地点的最后一趟列车的前进方向为超过 6‰的上坡道时，则必须等该列车到站后，方可封锁区间开始施工作业，以免列车失控或为了闯坡而后退时，危及行车、施工和人身安全。

第 381 条 遇有施工又必须接发列车的特殊情况时，可按以下施工特定行车办法办理：

1. 车站采用固定进路的办法接发列车。施工开始前，车站须将正线进路开通，并对进路上所有道岔按规定加锁（集中联锁良好的道岔可在控制台上进行单独锁闭）。有关道岔密贴的确认及具体的加锁办法，由铁路局规定。

2. 引导接车并正线通过时，准许列车司机凭特定引导手信号的显示，以不超过 60 km/h 速度进站。

3. 准许车站不向司机递交书面行车凭证和调度命令。但车站仍按规定办理行车手续，并使用列车无线调度通信设备（其语音记录装置须作用良好）将行车凭证号码（路票为电话记录号码、绿色许可证为编号）和调度命令号码通知司机，得到司机复诵正确后，方可显示通过手信号。列车凭通过手信号通过车站。

其他具体安全行车办法，由铁路局规定。

因车站线路、信号设备施工引起信联闭设备停用，但在正线具备列车通行条件时，可按施工特定行车办法行车。施工中采用施工特定行车办法行车时，应在施工计划内明确。

1. 采用施工特定行车办法时，所有列车必须固定正线进路、固定在车站正线上办理到发或通过。车站施工开始前必须固定正线进路，并在整个采用施工特定行车办法的过程中不许变更进路，并对进路上所有对向道岔、顺向道岔及邻线上的防护道岔按规定进行加锁。集中联锁良好时，在控制台上通过设备对正线进路上的道岔进行锁闭，可起到与现场加锁同样的目的，有利于运输效率的提高。由于部分分动外锁闭道岔、提速道岔设备不同，有关道岔密贴的确认及具体的加锁办法，由铁路局规定。

当车站部分线路、信号设备施工，只影响进站或出站信号机之一时，可以开放出站或进站信号发车或接车。开放出站信号发车时，列车凭出站信号机显示的允许运行的信号发车；开放进站信号接车时，列车凭进站信号机显示的进入正线准备停车的信号进站。

2. 采用施工特定行车办法列车由车站正线通过时，须使用特定引导手信号接车，列车司机凭引导员显示的特定引导手信号，以不超过 60 km/h 的速度进站。与引导接车不同的是列车进站速度有了较大提高，主要是在施工开始前车站的接发车进路已固定正线，所有道岔均已按规定加锁，并且规定在整个采用施工特定行车办法的过程中不再改变进路，因而在接发列车进路方面已有了安全保证。为适应列车运行密度加大、速度提高，特别是繁忙线路运输能力紧张的状况，要求列车司机以不超过 60 km/h 的速度进站，降低施工对行车的干扰，有利于运输效率的提高。

3. 由于出站信号不能开放，在车站发出列车时，一般需向列车司机递交书面行车凭证和调度命令。递交书面行车凭证和调度命令时，列车需降低运行速度甚至停车，为保证列车在车站有较高的通过速度，达到使用施工特定行车办法的目的，准许车站不再向司机递交书面行车凭证和调度命令。

为了保证行车安全，避免车站简化作业程序，不办理发车作业盲目发出列车，规定车站仍按规定标准办理发车有关作业，填写行车凭证。车站值班员在行车凭证办理完毕后，须使用列车无线调度通信设备将行车凭证号码（路票为电话记录号码、绿色许可证为编号）和调度命令号码通知司机，并听取司机复诵。车站值班员在确认司机复诵正确后，方可通知接车人员显示通过手信号。列车凭接车人员显示的通过手信号通过车站。

使用施工特定行车办法行车时，车站的语音记录装置的记录功能必须良好，保证对通话过程有正确的记录。

4. 施工特定行车办法，是为施工时提高列车运行速度、减少施工对行车的干扰而制定的，适用于行车量较大、施工繁忙的线路或区段，各铁路局应根据行车工作的特点和施工的需要，规定施工特定行车的具体安全行车办法，以保证列车运行和施工的安全。

第 382 条 向施工封锁区间开行路用列车时，列车进入封锁区间的行车凭证为调度命令。该命令中应包括列车车次、停车地点、到达车站的时刻等有关事项，需限速运行时在命令中一并注明。

向施工封锁区间开行路用列车，原则上每端只准进入一列，如超过时，其安全措施及运行办法由铁路局规定。

当路用列车运行在非封锁区间时，仍按该区间的行车闭塞法行车。路用列车进入施工封锁区间时，不办理行车闭塞手续，不开放出站信号，以调度命令作为进入施工封锁区间的许可。这样，一方面区别于正常列车，另一方面则可引起路用列车的注意，必须按调度命令的要求运行，命令中应包括列车车次、停车地点、到达车站的时刻等有关事项，需限速运行时在命令中一并注明。

为保证行车安全，原则上封锁区间的两端站，每端只准进入一列路用列车(包括线路施工机械)。列车必须在停车手信号前停车，使两端站同时进入的路用列车间有一隔开地段，不致发生正面冲突。因工作需要，如一端进入两列及其以上路用列车时，同向列车的间隔、前后列车的运行速度等安全措施及运行办法由铁路局制定，以防区间有数台机车、重型轨道车或线路施工机械作业，发生相互冲突。

第 383 条 路用列车应由施工单位指派胜任人员携带列车无线调度通信设备值乘，并在区间协助司机作业。路用列车或施工机械进入施工地段时，应在施工防护人员显示的停车手信号前停车，根据施工负责人的要求，按调车办法，进入指定地点。

向封锁区间开行的路用列车，可能在区间内进行装卸、检查线路、线路施工等作业，有时还需推进运行，停车后又必须根据施工负责人的要求，按调车办法进入指定地点。因此，路用列车应有施工单位指派的胜任人员值乘，并在区间协助司机作业。

为了保证施工人员和设备的安全，路用列车（线路施工机械）进入施工地段前，不得越过施工防护人员显示停车手信号的位置。停车后，根据施工负责人提出的要求，施工单位指派的胜任人员按调车方法，使路用列车进入指定地点。

第 384 条 列车在区间装卸车时，装卸车负责人应指挥列车停于指定地点。装卸车完毕后，其负责人应负责检查装卸货物的装载、堆码状态，确认限界，清好道沿，关好车门，通知司机开车。

由于铁路施工或其他需要，列车必须在区间装卸车时，装卸车负责人应根据调度命令的要求，指挥列车停于区间指定地点。列车未停稳时，不得打开车门。在装卸车作业过程中，装卸车负责人根据现场实际情况，变更装卸车地点时，可指挥列车适当移动位置，但必须在确认货物堆放距离不妨碍车辆移动和货物不偏重后，才可显示信号移动。

装卸车负责人必须严格掌握装卸车时间。装卸车完毕后，由装卸车负责人认真检查车上及车下装卸货物的装载、堆码状态，确认限界，清好道沿，关好车门，经确认已无妨碍行车安全的情况后，方可通知司机开车。

第 385 条 凡影响行车的施工及故障地点的线路，均应设置防护。

未设好防护，禁止开工。线路状态未恢复到准许放行列车的条件，禁止撤除防护、放行列车。施工防护的设置与撤除，由施工负责人决定。

多个单位在同一个区间施工时，原则上应分别按规定进行防护，由施工主体单位负责划分各单位范围及分界。

机车车辆进入影响行车的施工及故障地点容易发生意外，而且危及施工人员的人身安全。所以，应在施工与故障地段按规定设置防护。

施工前，施工负责人应充分做好一切准备，在接到调度命令（由车站值班员批准的施工为车站已签认给点），并确认施工起止时间与具体要求后，方可指示设置防护。在确认施工防护已符合规定要求后，方可开工。

施工完了后，经检查已达到准许放行列车的条件时，方可指示撤除防护。经确认防护已全部撤除后，方可向车站或通过车站值班员向列车调度员报告开通设备。

综合利用天窗的施工，施工主体单位应加强与参与施工的各单位施工负责人的联系，及时协调施工过程中存在的问题，由施工主体单位的施工负责人统一指挥，划分各单位范围及分界。每一施工项目，都要单独设好防护，未设好防护，禁止开工。

第386条 施工、维修及各种上道检查巡视作业，应严格遵守作业人员和机具避车制度，采取措施保证邻线列车和施工作业人员安全。

施工、维修及各种上道检查巡视作业时，本线及邻线来车可能影响本线作业安全和人身安全，施工过程中，施工机具不应妨碍邻线行车。施工、维修单位应制定作业人员和机具避车制度，并组织有关施工、维修及各种上道检查巡视的作业人员严格遵守，采取措施保证邻线列车和施工作业人员安全。

第387条 在区间或站内线路、道岔上封锁施工作业时，施工单位在车站行车室设驻站联络员，施工地点设现场防护人员。驻站联络员和现场防护人员应由指定的、经过考试合格的人员担任。施工负责人可指派驻站联络员负责在车站办理施工封锁及开通手续，向施工负责人传达调度命令，通报列车运行情况，并向车站值班员传达开通线路请求。驻站联络员和现场防护人员在执行防护任务时，应佩戴标志，携带通信设备；现场防护人员还应携带必备的防护用品，随时观察施工现场和列车运行情况。发现异常情况时及时通报车站值班员和施工负责人。

驻站联络员应与现场防护人员保持联系，如联系中断，现场防护人员应立即通知施工负责人停止作业，必要时将线路恢复到准许放行列车的条件。

施工单位的驻站联络员和现场防护人员必须由经过培训合格的正式员工担任，实习生、临时工、劳务工不能担任驻站联络员和现场防护人员。

施工和维修作业前必须按规定设置驻站联络员、现场防护员，驻站联络员或现场防护员在作业过程中不得临时调换。

作业过程中，驻站联络员与现场防护员必须保持通信畅通并定时联系，确认通信良好。一旦联系通信中断，现场防护人员应立即通知施工负责人，施工负责人应立即命令停止作业，所有作业人员下道，必要时将线路恢复到准许放行列车的条件。

***第388条** 在区间线路、站内线路、站内道岔上维修时，现场防护人员应站在维修地点附近、且瞭望条件较好的地点进行防护，在天窗内作业时，显示停车手信号。

维修作业应在车站与作业地点分别设驻站联络员和现场防护人员，并保持联系。

维修作业是铁路营业线施工的一种组织方式。在区间线路、站内线路、站内道岔上维修时，应在维修作业地点附近设置现场防护人员，在车站设驻站联络员。现场防护员应根据维修作业现场地形条件、列车运行特点、施工人员和机具布置等情况确定站位和移动路径，当本线有路用列车或施工机械接近时，应显示停车手信号，并做好自身防护。作业过程中，现场防护员与驻站联络员必须保持通信畅通，掌握有关机车车辆动态。

第389条 凡上道使用涉及行车安全的养路机械、机具及防护设备，须符合有关技术标准，满足运用安全的要求。养路机械、机具

及防护设备应专管专用，加强日常检修和定期检查，经常保持良好状态。状态不良的，禁止上道使用。

养路机械包括大型养路机械和小型养路机械；防护设备主要指对讲机、报警器等设备。

养路机械、机具、防护设备均应制定有严格的技术标准和上道使用规定，以满足运用和安全要求。大型养路机械、小型养路机械及防护设备应专管专用，加强日常检修和定期检查，经常保持良好状态，状态不良的严禁上道使用。

第 390 条 在线间距不足 6.5 m 地段施工维修而邻线行车时，邻线列车应限速 160 km/h 及以下，并按规定设置防护。施工单位在提报施工计划时，应提出邻线限速的条件。

邻线来车时，现场防护人员应及时通知作业人员，机具、物料或人员不得在两线间放置或停留，并应与列车保持安全距离，物料应堆码放置牢固。

为避免施工维修作业时邻线列车高速通过可能造成的人身伤害，邻线列车应限速 160 km/h 及以下。

线间距 6.5 m 满足各种大型养路机械作业、小型养路机械作业、人工作业的安全要求。在相邻两线线间距小于 6.5 m 时，作业人员应执行双线作业防护制度。邻线间距大于或等于 6.5 m 时，作业人员执行单线作业防护制度。

当线间距小于 6.5 m 的施工地点邻线来车，防护人员应及时通知停止施工作业，但大型养路机械作业除外。

第 391 条 线路备用轨料应在车站范围内码放整齐，线路两侧散落的旧轨料、废土废渣应及时清理。因施工等原因线路两侧临时摆放的轨料，要码放整齐，并进行必要的加固。有栅栏的地段要置于两侧的封闭栅栏内；需临时拆除封闭栅栏时，应设置临时防护设施并

派人昼夜看守。

明确对线路备用轨料、旧轨料、废土废渣等物料的堆放要求及临时拆除封闭栅栏时的防护看守要求。

---

*第 392 条　在区间线路上施工时，使用移动停车信号的防护办法如下：

1. 单线区间线路施工时，如第 1 图。

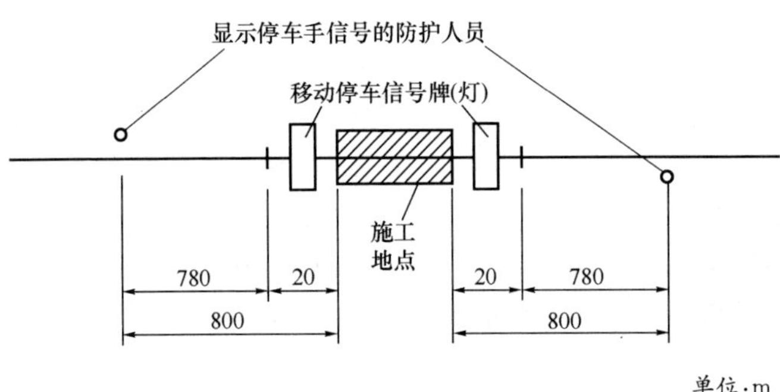

第 1 图

2. 双线区间一条线路施工时，如第 2 图。

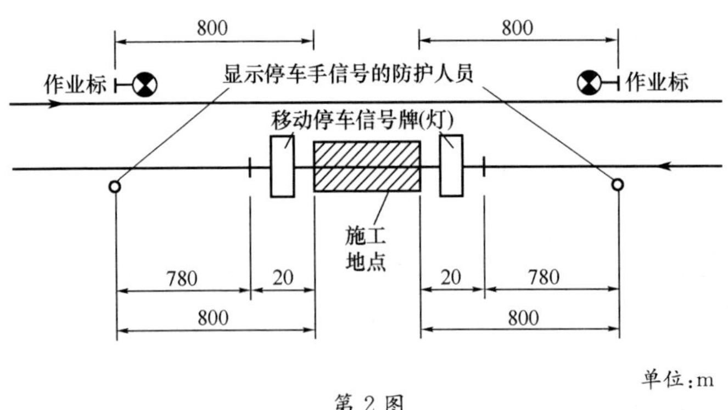

第 2 图

3. 双线区间两条线路同时施工时，如第 3 图。

4. 作业地点在站外，距离进站信号机（反方向进站信号机）小于 820 m 时，如第 4 图。

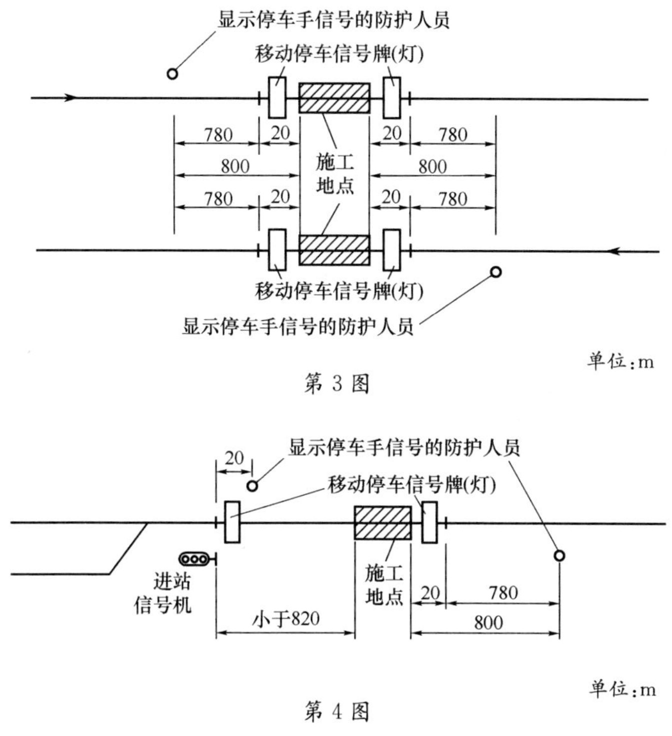

第 3 图

第 4 图

现场防护人员应站在距施工地点 800 m 附近(如第 1 图～第 3 图),且瞭望条件较好的地点显示停车手信号;施工作业地点在站外,距离进站信号机(反方向进站信号机)小于820 m时,现场防护人员应站在距进站信号机(反方向进站信号机)20 m 附近(如第 4 图);在尽头线上施工,施工负责人经与车站值班员联系确认尽头一端无列车、轨道车时,则尽头一端可不设防护。

在区间线路上施工时,使用移动停车信号防护的防护办法:

1. 取消响墩。响墩厚度约为 15 mm、直径约 60 mm,体积较小。据现有资料统计,多年来响墩作为听觉信号错放或忘记撤除被列车触发的情况时有发生,尤其是夜间天窗,响墩遗漏概率增大。同时考虑到天窗内允许进入封锁区间的多为速度较低的路用列车,且均已安装列车运行监控装置(轨道车运行控制设备),对冒进信号有多种控制手段,还有手信号和通信手段防护，较多年前要求设置响墩时控车的技术手段有了很大的进步，因此取消响墩防护。

2. 在区间线路上施工时，其防护距离为：自施工地点边缘起，向外方 20 m 处设移动停车信号，距施工地点边缘 800 m 处、来车方向左侧，设有显示停车手信号的防护人员，当本线有路用列车或施工机械接近时，应显示停车手信号。使用移动停车信号的防护，必须严格遵照以下防护办法：

(1)在单线线路上施工的防护：自施工地点边缘起，向两端分别设置防护。

(2)在双线区间一条线路上施工的防护：防护办法与单线相同，但对其邻线距施工地点边缘两端各 800 m 处设置作业标。目的是引起邻线列车司机注意运行。司机看到作业标时应立即鸣笛通知施工人员，施工人员应按规定避车。

(3)双线区间两条线路同时施工的防护：防护办法与单线相同，只是在每端来车方向左侧各设一名显示停车手信号的防护人员，负责两条线路的防护。

(4)区间线路施工：当靠近车站一端由施工地点边缘至进站信号机(反方向进站信号机)的距离小于 820 m 时，对区间方向仍按区间线路上施工防护办法进行防护。对车站方向的防护，在进站信号机(反方向进站信号机)处设移动停车信号，现场防护人员应站在距进站信号机(反方向进站信号机)20 m 附近。

(5)关于防护中的几个问题：

①施工防护人员应站在距离施工地点 800 m 附近瞭望条件较好的地点，当本线有路用列车或施工机械接近时，应显示停车手信号。施工地点与防护员间应有良好的瞭望条件并设电话联系。如实现以上要求有困难时，应设中间防护人员，以免往返派人联络，耽误时间。

②在尽头线上施工，施工负责人经与列车调度员(车站值班员)联系确认尽头一端无列车、轨道车时，则尽头一端可不设防护。

③凡用停车信号防护的施工地段，在停车信号撤除后，如还需列车减速通过施工地点时，应设置移动减速信号和减速地点标进行防护。

第393条 在站内线路上施工时，使用移动停车信号防护，防护

办法如下：

1. 将施工线路两端道岔扳向不能通往施工地点的位置，并加锁或紧固，可不设置移动停车信号牌(灯)。当施工线路两端道岔只能通往施工地点的位置时，在施工地点两端各 50 m 处线路上，设置移动停车信号牌(灯)防护，如第 5 图；如施工地点距离道岔小于 50 m 时，在该端警冲标相对处线路上，设置移动停车信号牌(灯)防护，如第 6 图。

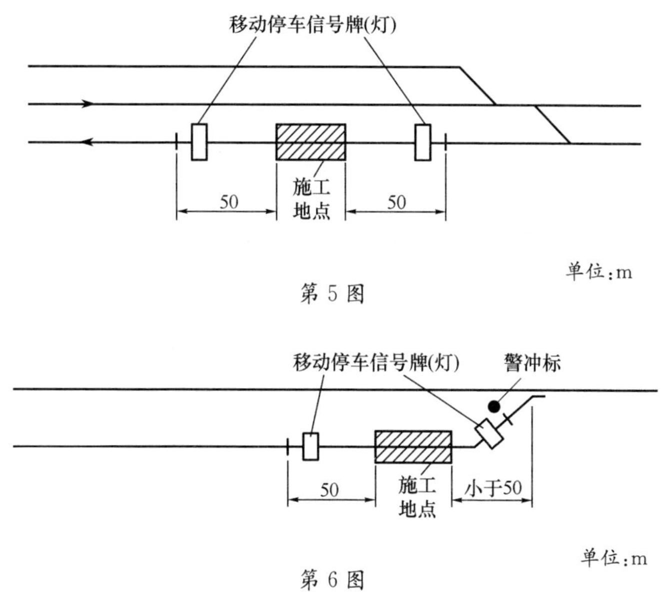

第 5 图

第 6 图

2. 在进站道岔外方线路上施工，对区间方向，以关闭的进站信号机防护；对车站方向，在进站道岔外方基本轨接头处(顺向道岔在警冲标相对处)线路上，设置移动停车信号牌(灯)防护，如第 7 图。

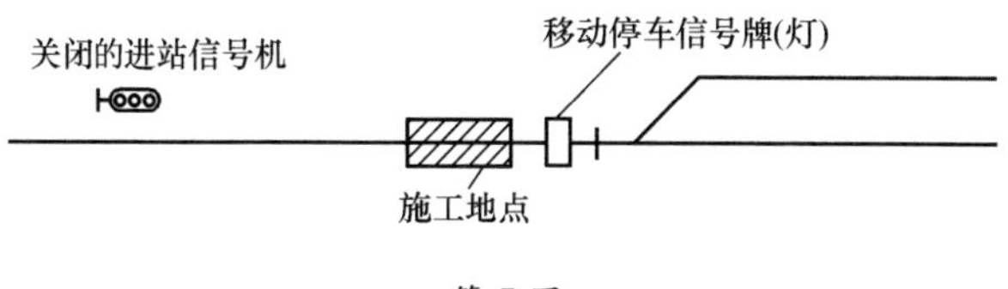

第 7 图

3. 双线区段，在反方向进站信号机至出站道岔的线路上施工，对区间方向，以关闭的反方向进站信号机防护。对车站方向，在出站道岔外方基本轨接头处(对向道岔在警冲标相对处)线路上，设置移动停车信号牌(灯)防护，如第 8 图。

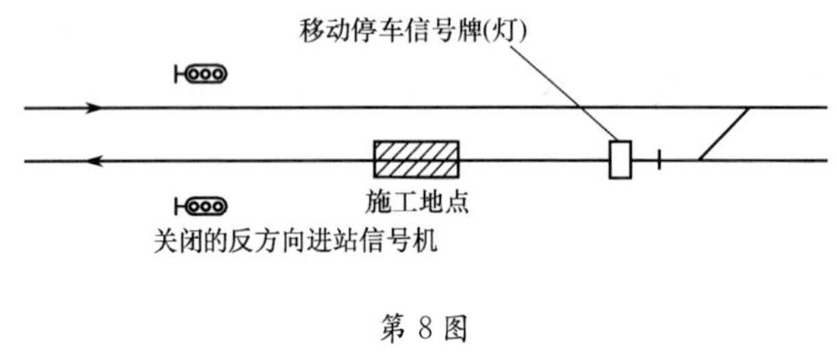

第 8 图

在站内线路施工，使用移动停车信号的防护办法：

(1)在线路上施工，只要将两端道岔扳向不能通往施工地点的位置，并加锁或紧固，就可以保证安全，因此不用设置防护。如不能加锁或紧固，必须在施工地点两端 50 m 处设移动停车信号防护，如施工地点距道岔小于 50 m 时，应在警冲标相对处线路上，设移动停车信号防护。

(2)在进站信号机或反方向进站信号机与车站最外方道岔之间施工时，对区间方向，用关闭的进站信号机或反方向进站信号机防护即可；对车站方向，在最外方道岔外方基本轨接头处(顺向道岔在警冲标相对处)线路上，设置移动停车信号防护。这是一种在施工地点进出口设防的方法，能够保证安全。

此处顺向道岔指按照列车正常运行方向，先经过辙叉再经过尖轨的道岔，反之为对向道岔。

第 394 条　在站内道岔上(含警冲标至道岔尾部线路、道岔间线路)施工时，使用移动停车信号防护，防护办法如下：

1. 在站内道岔上施工，一端距离施工地点 50 m，另一端两条线路距离施工地点 50 m(距出站信号机不足 50 m 时，为出站信号机处)，分别在线路上设置移动停车信号牌(灯)防护，如第 9 图；如一端距离外方道岔小于 50 m 时，将有关道岔扳向不能通往施工地点的位置，并加锁或紧固。

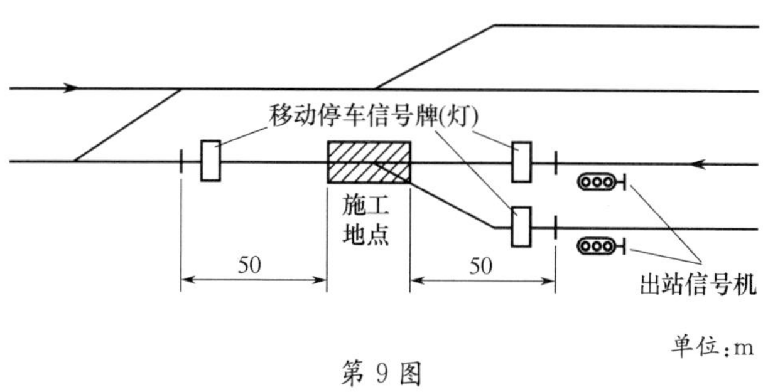

第 9 图

2. 在进站道岔上施工,对区间方向,以关闭的进站信号机防护;对车站方向,在距离施工地点 50 m 线路上,设置移动停车信号牌(灯)防护,如第 10 图。距邻近道岔不足 50 m 时,在邻近道岔基本轨接头处设置移动停车信号牌(灯)防护,将有关道岔扳向不能通往施工地点的位置,并加锁或紧固。

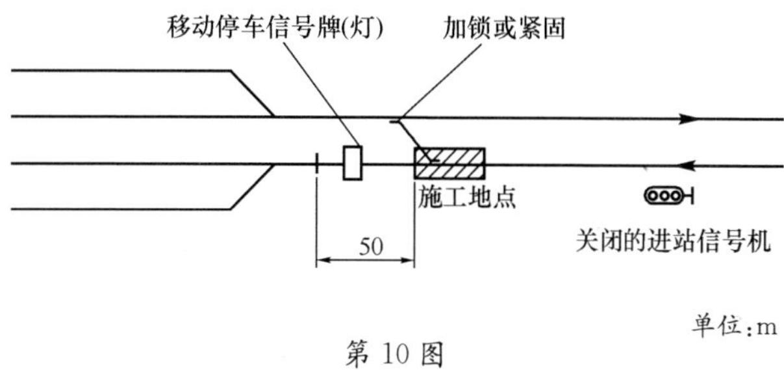

第 10 图

3. 在出站道岔上施工,对区间方向,以关闭的反方向进站信号机防护;对车站方向,在距离施工地段不少于 50 m 线路上,设置移动停车信号牌(灯)防护,如第 11 图。距邻近道岔不足 50 m 时,将有关道岔扳向不能通往施工地点的位置,并加锁或紧固。

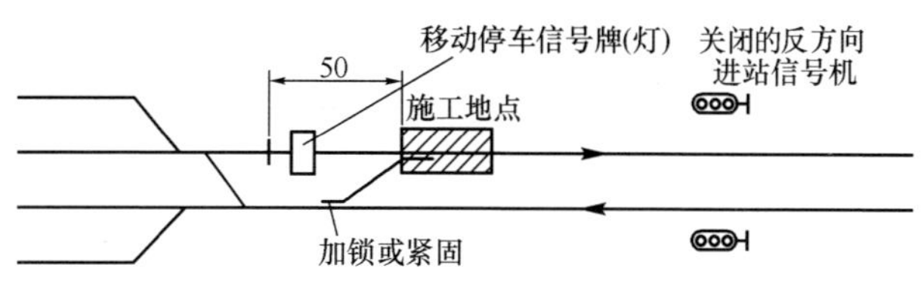

第 11 图

4. 在交分道岔上施工，将有关道岔扳向不能通往施工地点的位置，并加锁或紧固，在距离施工地点两端 50 m 处线路上，设置移动停车信号牌(灯)防护，如第 12 图。

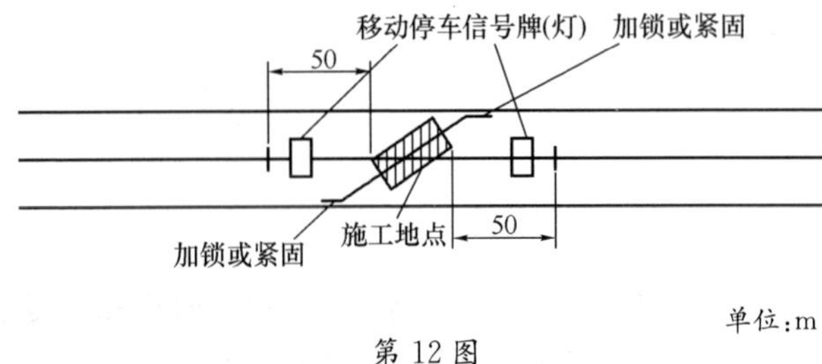

第 12 图

5. 在交叉渡线的一组道岔上施工，一端在菱形中轴相对处线路上，另一端在距离施工地点 50 m 处线路上，分别设置移动停车信号牌(灯)防护，将有关道岔扳向不能通往施工地点的位置，并加锁或紧固，如第 13 图。

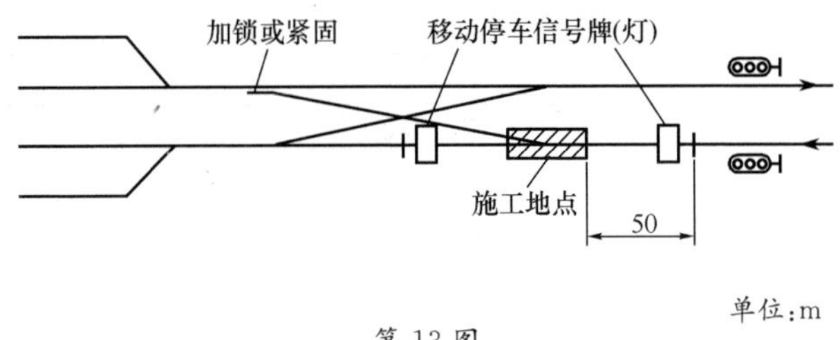

第 13 图

6. 在道岔上进行大型养路机械施工时，如延长移动停车信号牌(灯)防护距离后占用其他道岔时，对相关道岔应一并防护。

在站内道岔施工，使用移动停车信号的防护办法：

1. 在站内道岔上施工，在一端能直接通向该道岔的线路上 50 m 处设移动停车信号防护，另一端两条线路距离施工地点 50 m 处设移动停车信号防护，如一端距外方道岔小于 50 m 时，应封锁不小于 50 m 范围道岔和线路，并在距离施工地点 50 m 处线路上设置移动停车信号防护，将外方道岔扳向不能通往施工地点的位置，并加锁或紧固，以防外方道岔被扳动，造成机车车辆进入，危及行车与人身安全。

2. 在进、出站最外方道岔上施工，对区间方向，用关闭的进站信号机或关闭的反方向进站信号机防护；对车站方向，一是距施工地点 50 m 处设移动停车信号防护，距邻近道岔不足 50 m 时，应封锁不小于 50 m 范围道岔和线路，并在距离施工地点 50 m 处线路上设置移动停车信号防护；二是将有关道岔扳向不能通往施工地点的位置，并加锁或紧固。从而在进入施工地点的三个方向设置了防护或采取了可靠的措施，可以保证安全。

3. 对在交分道岔和交叉渡线道岔上的施工，一是将有关道岔扳向不能通往施工地点的位置，并加锁或紧固；二是在两端 50 m 处(交叉渡线一组道岔施工，一端在菱形中轴相对处)线路上设置移动停车信号防护。

在站内线路、道岔上施工，不论遇到站场结构的哪种形式，其布置防护措施一般有三种：一是用道岔位置使机车车辆不能通往施工地点，二是依靠固定信号防护，三是 50 m 进出口设移动停车信号。用这些措施来确保运输与施工的安全和顺利进行。

第 395 条 在区间线路上，根据线路速度等级，使用移动减速信号的防护办法如下：

1. 单线区间施工，设立位置如第 14 图。

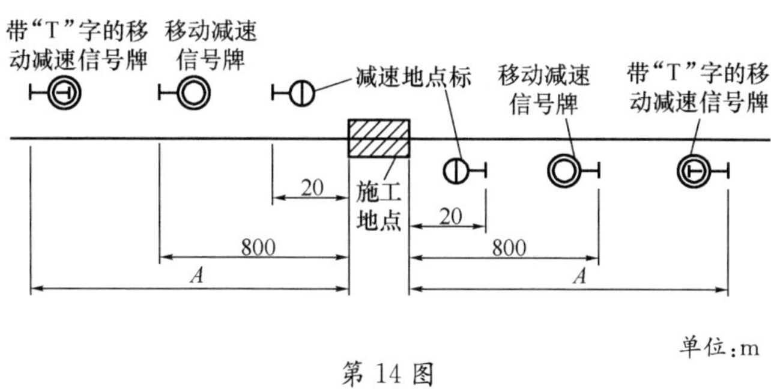

第 14 图

注：1. A 为不同线路允许速度的列车紧急制动距离(下同)，详见本规程第 263 条第 27 表；

2. 允许速度 120 km/h<v<200 km/h 的线路，在移动减速信号牌(显示方式如第 119 图，下同)外方增设带“T”字的移动减速信号牌(显示方式如第 120 图，下同)，以下同。

2. 双线区间在一条线上施工，设立位置如第 15 图。

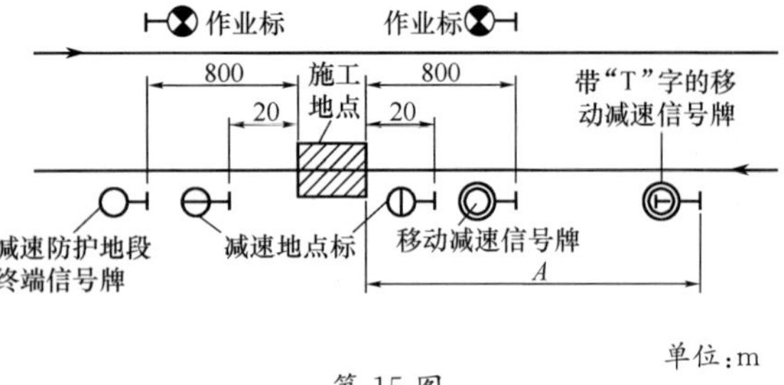

第 15 图

3. 双线区间两条线路同时施工,设立位置如第 16 图。

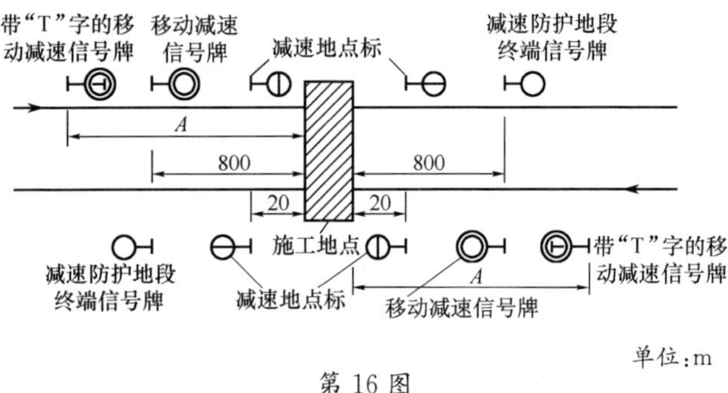

第 16 图

4. 施工地点距离进站信号机(或站界标)小于 800 m 时,设立位置如第 17 图。

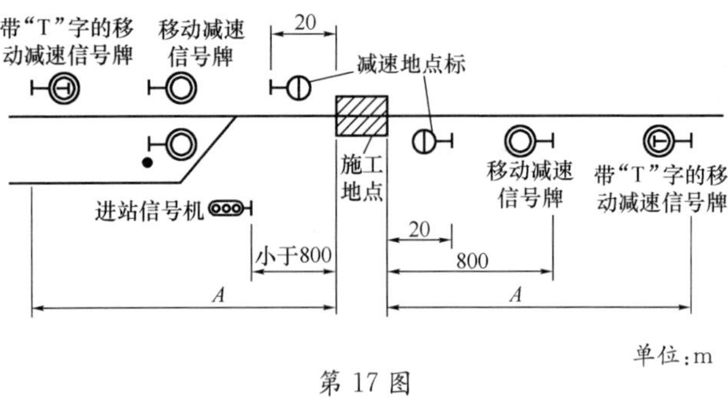

第 17 图

注:1. 当站内正线警冲标距离施工地点小于 800 m 时,按 800 m 设置移动减速信号牌;
2. 当站内正线警冲标距离施工地点大于或等于 A 时,不设置带“T”字的移动减速信号牌。

在区间线路上施工后，常常需要列车减速通过施工地段，这是保证列车运行安全的重要措施。

(1)单线区间施工的防护：自施工地段边缘两端各 20 m 处，设减速地点标，800 m 处设移动减速信号。允许速度 120 km/h$<v\leqslant$200 km/h 的线路，根据不同线路允许速度的列车紧急制动距离，在移动减速信号牌外方增设带 T 字的移动减速信号牌，均设在来车方向线路左侧。(下同)

(2)双线区间在一条线上施工的防护：施工线路上的防护与单线施工防护距离相同，只是按列车运行方向的左侧设减速防护地段终端信号牌。同时，在邻线相对于施工地段边缘两端各 800 m 处设置作业标。目的是引起邻线列车司机注意运行。司机看到作业标时应立即鸣笛通知施工人员，施工人员应按规定避车。以保证人身和行车安全。

(3)双线区间两条线路同时施工的防护：与双线区间一线施工时施工线路上的防护相同，只是按各该线运行方向左侧分别设置防护。

(4)施工地点距进站信号机(或站界标)小于 800 m 时的防护：区间方向防护与单线区间防护相同，对车站方向除距施工地点边缘 20 m 处设减速地点标外，还应在有关发车线警冲标处和线路左侧设移动减速信号防护，起到预告减速的作用。

第 396 条 在站内线路或道岔上，根据线路速度等级，使用移动减速信号的防护办法如下：

1. 在站内正线线路上施工，当施工地点距进站信号机大于或等于 800 m 时，单线设立位置如第 18 图，双线设立位置如第 19 图。

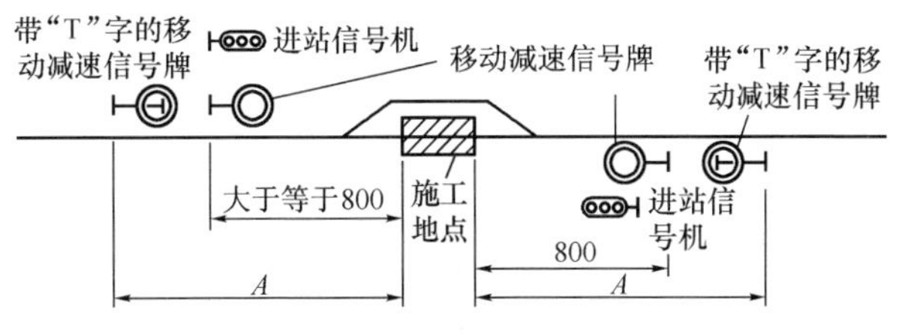

第 18 图

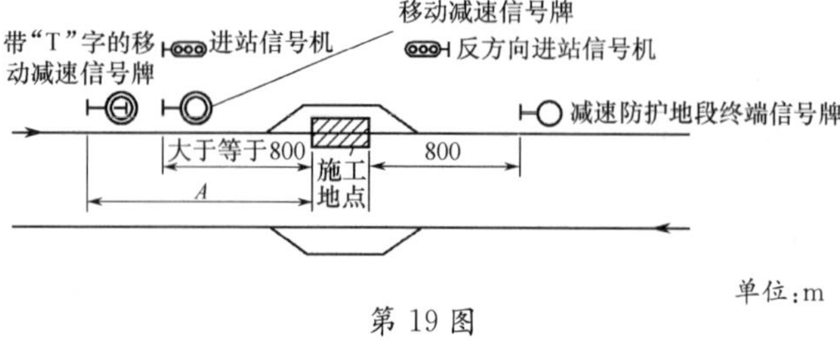

第 19 图

注：当施工地点距进站信号机不足 800 m 时，自施工地点起至 800 m 处区间线路列车运行方左侧，设移动减速信号牌防护；当施工地点距进站信号机大于或等于 A 时，不设置带“T”字的移动减速信号牌；当施工地点距反方向进站信号机不足 800 m 时，自施工地点起至 800 m 处区间线路列车运行方左侧，设减速防护地段终端信号牌；当施工地点距反方向进站信号机大于或等于 800 m 时，在反方向进站信号机处，设减速防护地段终端信号牌。

2. 在站内正线道岔上施工，当施工地点距进站信号机大于或等于 800 m 时，单线设立位置如第 20 图，双线设立位置如第 21 图。

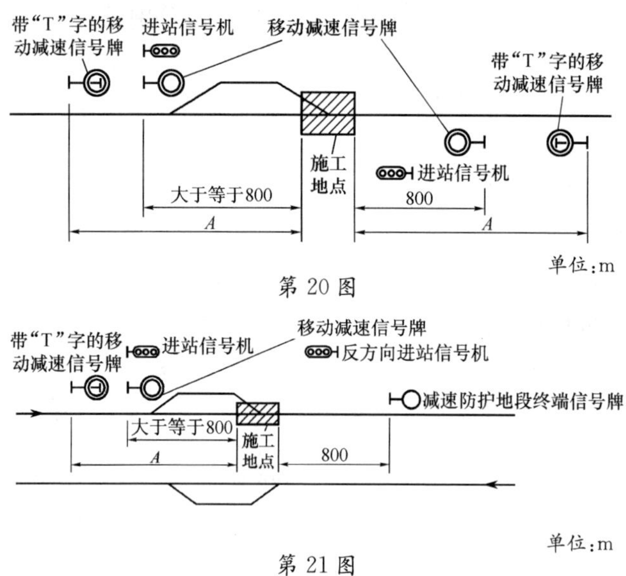

第 20 图

第 21 图

注：当施工地点距进站信号机不足 800 m 时，自施工地点起至 800 m 处区间线路列车运行方左侧，设移动减速信号牌防护；当施工地点距进站信号机大于或等于 A 时，不设置带“T”字的移动减速信号牌；当施工地点距反方向进站信号机不足 800 m 时，自施工地点起至 800 m 处区间线路列车运行方左侧，设减速防护地段终端信号牌；当施工地点距反方向进站信号机大于或等于 800 m 时，在反方向进站信号机处，设减速防护地段终端信号牌。

3. 在站线线路上施工，设立位置如第 22 图。

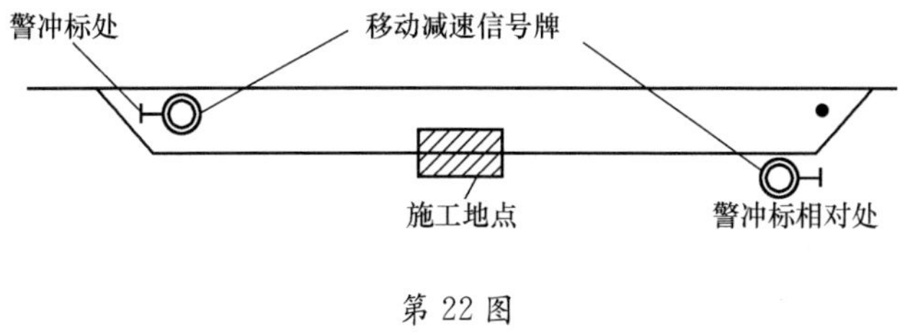

第 22 图

4. 在站线道岔上施工，该道岔中部线路旁，设置两面黄色的移动减速信号牌，设立位置如第 23 图。

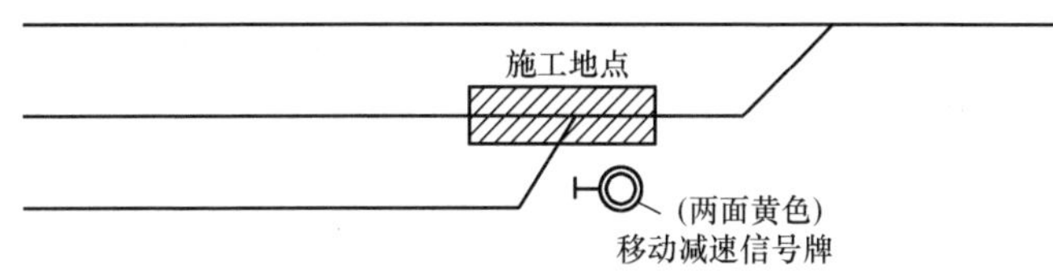

第 23 图

凡线间距离不足规定时，则应设置矮型(1 m 高)的移动减速信号牌。

在移动减速信号牌上，应注明规定的慢行速度。

在站内线路或道岔上施工，使用减速信号的办法：

(1)在站内正线线路上施工的防护：施工地点距进站信号机大于或等于 800 m 时，在进站信号机处设移动减速信号防护；施工地点距进站信号机不足 800 m 时，自施工地点起至 800 m 处区间线路列车运行方向左侧，设移动减速信号牌防护。同时，在两端距离施工地点 A 处设置带 T 字的移动减速信号牌；当进站信号机距离施工地点大于或等于 A 时，不设置带 T 字的移动信号牌。(下同)

双线施工线路上的防护与单线施工防护距离相同，只是按列车运行方向的左侧设减速防护地段终端信号牌。当施工地点距反方向进站信号机不足 800 m 时，自施工地点起至 800 m 处区间线路列车运行方向左侧，设减速防护地段终端信号牌；当施工地点距反方向进站信号机大于或等于 800 m 时，在反方向进站信号机处，设减速防护地段终端信号牌。

(2)在站内正线道岔施工的防护:与站内正线线路上施工防护相同。

双线施工线路上的防护与单线施工防护距离相同,只是按列车运行方向的左侧设减速防护地段终端信号牌。

(3)在站线线路上施工的防护:在线路两端警冲标处设移动减速信号。由于进入站线的列车速度较低,虽防护地点距施工地点可能不足800 m,但司机和调车指挥人只要认真确认,是可以保证安全的。

(4)站线道岔施工时,在道岔中部线路旁,设置两面黄色的移动减速信号牌即可。

当线间距离小于规定标准时,应设置矮型(1 m 高)的移动减速信号牌。

慢行地段的移动减速信号牌上,应注明规定的慢行速度,以便机车乘务员按其要求减低速度,保证行车安全。

第 397 条 在区间线路上进行不影响行车的作业,不需要以停车信号或移动减速信号防护,应在作业地点两端 500～1 000 m 处列车运行方向左侧(双线在线路外侧)的路肩上设置作业标,设立位置如第 24 图,显示方式如第 215 图。列车接近该作业标时,司机须长声鸣笛,注意瞭望。

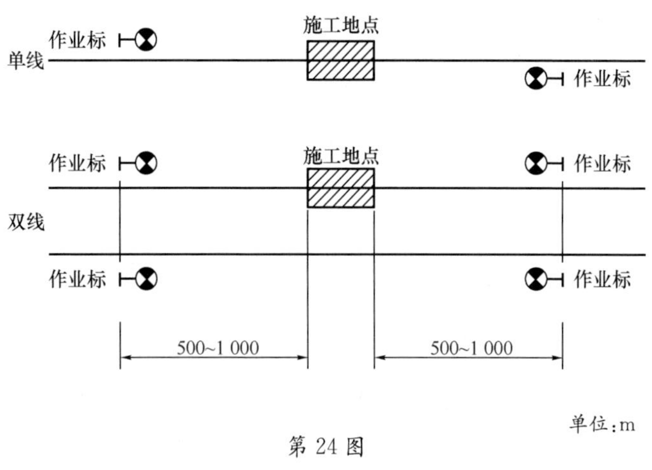

第 24 图

在不需要以停车信号或移动减速信号防护的区间线路上作业，应按本条规定设置作业标。其目的是引起列车司机注意运行和使施工人员及机具能及时撤出线路。司机看到作业标时须长声鸣笛，注意瞭望，施工人员应掌握列车运行情况，注意倾听列车鸣笛，及时撤出机具，人员下道避车。因施工撤出机具与人员下道所需时间不同，故根据作业需要，作业标设在距施工地点500～1000 m处。

轻型车辆及小车的使用

第398条 轻型车辆是指由随乘人员能随时撤出线路外的轻型轨道车及其他非机动轻型车辆。小车是指轨道检查仪、钢轨探伤仪、单轨小车、吊轨小车等。

轻型车辆仅限昼间封锁施工维修作业时使用，不按列车办理；在夜间或遇降雾、暴风雨雪时，仅限于消除线路故障或执行特殊任务时使用，但应按列车办理，此时轻型车辆必须有照明及停车信号装置。轻型轨道车过岔速度不得超过15 km/h，区间运行最高速度不得超过45 km/h，并不得与重型轨道车连挂运行。轻型轨道车连挂拖车时，不得推进运行。

小车不按列车办理。在昼间使用时，可跟随列车后面推行，但在任何情况下，都不得影响列车正常运行。夜间仅限于封锁施工维修时使用。160 km/h以上的区段禁止利用列车间隔使用小车。

在双线地段，单轨小车应面对来车方向在外股钢轨上推行。

轻型车辆是指由随乘人员能够随时撤出线路的轻型轨道车及其他非机动轻型车辆，如养路使用的16 kW(22马力)及其以下的轨道车、养路发电车及线路平车。16 kW以上至90 kW的轨道车，虽装有自动下道装置，但当机械故障时，因轨道车过于笨重，随乘人员不易把它抬下线路，故不能按轻型车辆办理。小车是指轨道检查仪、钢轨探伤仪、单轨小车及吊轨小车等。

在任何情况下，小车的使用不得影响列车的正常运行。

轻型车辆带有简易制动装置或不带制动装置，为了能够及时采取停车措施仅限于昼间封锁施工作业时使用。小车由于下道容易,在昼间使用时,可跟随列车后面推行,但夜间使用时仅限于封锁施工作业时。

在夜间或遇降雾、暴风雨雪,为消除线路故障或执行特殊任务,必须使用轻型车辆时,应按列车办理。同时轻型车辆还必须配备照明及停车信号装置等备品。

轻型轨道车虽属于轨道车范畴,但由于车体轻、车轮直径小、无车钩缓冲装置,极易发生断钩或脱轨事故,因此,过岔速度不得超过 15 km/h、区间运行最高速度不得超过 45 km/h、连挂拖车时不得推进运行,且不得与重型轨道车连挂运行。

为保证作业人员人身安全,双线地段使用单轨小车时,应面对来车方向并远离邻线的外股钢轨上推行。

轻型车辆及小车自身重量轻,可由随乘人员随时撤出线路,而且在设有轨道电路的线路、道岔上运行的轻型车辆,装有绝缘车轴,不会影响信号的正常显示,所以日常使用时不按列车办理(规定按列车办理时除外)。

运营速度 160 km/h 以上的区段,列车运行速度高,禁止利用列车间隔使用小车。

第 399 条 使用轻型车辆时,须取得车站值班员对使用时间的承认,填发轻型车辆使用书——附件 6(在区间用电话联系时,双方分别填写),并须保证在承认使用时间内将其撤出线路以外。

使用各种小车时,负责人应了解列车运行情况,按规定进行防护,并保证能在列车到达前撤出线路以外。在车站内使用装载较重的单轨小车时,须与车站值班员办理承认手续。

轻型车辆使用书是使用轻型车辆的依据。当轻型车辆在区间占用线路前,为取得车站值班员的承认,允许在区间进行电话联系,双方分别填写轻型车辆使用书,并复诵核对,互对姓名,以备查考。若车站值班员承认时间已到,而轻型车辆未到达目的地时,不论是否有列车驶来,都应将轻型车辆撤出线路外,如还需继续使用时,必须重新取得车站值班员的承认,重新进行登记。

车站值班员在承认前,须与列车调度员及邻站车站值班员联系,根据列车运行情况确定使用时间，在承认时间内，不得将列车提前开入区间。

使用小车时，由于小车自重轻，载重量不大，撤出线路方便，故不必取得车站值班员的承认。使用小车负责人应切实了解列车运行情况，按规定进行防护后才能使用，并保证在列车到达以前，撤出线路以外。

在车站内使用装载较重的单轨小车（具体装载重量由各铁路局规定）时，考虑到站内接发车和调车作业频繁，条件复杂，使用负责人不易掌握站内机车车辆的动态，且撤出线路较为费时，因此必须取得车站值班员的承认，办理承认手续后方可使用。

第400条 使用轻型车辆及小车时，必须具备下列条件：

1. 须有经使用单位指定的负责人和防护人员；

2. 轻型车辆具有年检合格证；

3. 须有足够的人员，能随时将轻型车辆或小车撤出线路以外；

4. 须备有防护信号、列车运行时刻表、钟表及列车无线调度通信设备；

5. 轻型车辆应有制动装置（其他非机动轻型车辆根据需要安装）；牵引拖车时，连挂处应使用自锁插销，拖车必须有专人负责制动；

6. 在有轨道电路的线路或道岔上运行时，应设置绝缘车轴或绝缘垫。

为了确保轻型车辆和小车的安全，不影响列车的正常运行，使用时必须具备下列条件：

1. 使用轻型车辆前，使用单位应提前指定负责人和防护人员。防护人员应由经过铁路局有关部门培训合格的正式员工担任。

2. 轻型轨道车和养路发电车，必须由铁路局考试合格，持有驾驶证的专职人员驾驶。非机动轻型车辆（脚踏车、手压车、手推车）必须由所属段、队审查批准的专人使用。各种小车的使用负责人由工区工长指派。上述使用负责人，应由熟悉铁路行车知识和轻型车辆或小车技术状态的人员担任，以便遇到问题能够正确及时处理。

3. 为保证轻型车辆和小车能随时撤出线路以外，不影响列车正常运行，必须有足够的随乘人员。如牵引拖车时，必须增加能同时撤出线路的随乘人员。

4. 应备有钟表、信号旗、喇叭、通信设备、短路铜线、列车运行时刻表，轻型车辆还应携带电话机或区间电话柱钥匙。在夜间或降雾、暴风雨雪，还应备有信号灯，以便掌握时间，进行联系，设置防护。如增加中间防护员时，应增加防护用具。

5. 带动力的轻型车辆及其牵引的拖车，均应装有制动装置，运行时，拖车上的专人应配合轻型轨道车驾驶人员同步进行制动，以控制运行速度，保证安全。不带动力的轻型车辆可视装载重物的需要确定是否安装制动装置。

6. 在有轨道电路的线路或道岔上运行的轻型车辆和小车，应有绝缘车轴，如无绝缘车轴运行，将会使轨道电路短路，使有关信号的电器设备动作，影响正常列车的运行。要经常检查绝缘车轴的绝缘状态。

第401条 利用列车间隔在区间使用轻型车辆及小车时，应在车站登记，并设置驻站联络员，按下列规定防护：

1. 轻型车辆运行中，须显示停车手信号，并注意瞭望。

2. 在线路上人力推行小车时，应派防护人员在小车前后方向，按线路最大速度等级的列车紧急制动距离位置显示停车手信号，随车移动，如瞭望条件不良，应增设中间防护人员。

3. 在双线地段遇有邻线来车时，应暂时收回停车手信号，待列车过后再行显示。

4. 轻型车辆遇特殊情况不能在承认的时间内撤出线路，或小车不能立即撤出线路时，在轻型车辆或小车前后方向按线路最大速度等级规定的列车紧急制动距离位置以停车手信号防护，自动闭塞区段还应使用短路铜线短路轨道电路。在设置防护的同时，应立即使用列车无线调度通信设备报告车站值班员或通知列车司机紧急停车。

5. 小车跟随列车后面推行时，应与列车尾部保持大于500 m的距离。

利用列车间隔在区间使用轻型车辆和小车时不得影响列车运行。但在使用中可能发生各种意外情况，如列车运缓或早点，轻型车辆和小车在运行中发生故障等。为了保证轻型车辆、小车及列车运行的安全，应该分不同情况进行防护。

1. 在线路上人力推运各种轻型车辆，包括在轨道上走行的养路、养桥机械等，应派防护人员在车辆前后按线路最大速度等级的列车紧急制动距离位置显示停车手信号并随车移动防护。一旦发生特殊情况，上述轻型车辆不能及时撤出线路时，开来的列车也可在上述轻型车辆前停车。如天气不良或地形影响，防护人员不能与车辆使用负责人正常联系时，应增设中间防护人员。

2. 使用小车，尤其是装载较重的单轨小车，例如推运一根钢轨、一组辙叉、一根混凝土轨枕、五根以上木枕或与以上物品体积重量相当的料具，会延长撤出线路的时间；遇天气不良或受地形影响，瞭望条件不良时，难于掌握撤出线路的时机。因此，应按线路最大速度等级的列车紧急制动距离位置显示停车手信号，随车移动。

3. 遇有特殊情况，轻型车辆不能在承认时间内撤出线路或小车不能随时撤出线路时，为了保证列车、轻型车辆和小车的安全，必须在车辆前后按线路最大速度等级的列车紧急制动距离位置以停车信号进行防护，自动闭塞区段还应在轨道电路调谐区外使用短路铜线短路轨道电路。

4. 当轻型车辆跟随列车后面运行时，前行列车在运行中可能发生紧急停车等意外情况，为了防止轻型车辆与前行列车相撞，轻型车辆应与前行列车尾部保持不得少于 500 m 的距离。

5. 轻型车辆及小车显示的停车手信号，是向本线开来列车司机显示的。在双线地段，轻型车辆上显示的停车手信号容易造成邻线列车司机的误认，所以遇有邻线列车开来时，应暂将停车手信号收回，待列车过后再行显示。

固定行车设备检修及故障处理

第 402 条 影响设备使用的检修均纳入天窗进行。

在车站（包括线路所、辅助所）内及相邻区间、列车调度台检修行车设备，影响其使用时，事先须在《行车设备施工登记簿》内登记，并经车站值班员（列车调度员）签认或由扳道员、信号员取得车站值班员同意后签认（检修驼峰、调车场、货场等处不影响接发列车的行车设备时，签认人员在《站细》内规定），方可开始。

正在检修中的设备需要使用时，须经检修人员同意。检修完毕，检修人员应将其结果记入《行车设备施工登记簿》。

对处于闭塞状态的闭塞设备和办理进路后处于锁闭状态的信号、联锁设备，严禁进行检修作业。

施工、维修作业的天窗时间相对固定。为避免施工、维修作业和行车相互干扰，确保行车安全，规定影响设备使用的检修均纳入天窗进行。

当工、电部门在线路、道岔上进行作业或检修信号、联锁、闭塞设备及CTC、TDCS设备影响其使用时，必须事先根据设备管理的权限，在车站或列车调度台《行车设备施工登记簿》内登记，并经车站值班员（列车调度员）签认。车站值班员（列车调度员）通过《行车设备施工登记簿》，对检修的内容、起止时间以及影响使用程度能清楚地了解，然后根据列车运行和站内作业情况进行签认，使设备检修部门和设备使用部门的人员共同掌握检修作业，有利于行车和检修作业的安全。如检修地点距行车室较远，可在扳道房或信号楼填写《行车设备施工登记簿》，由扳道员或信号员取得车站值班员同意后，在登记簿上签字，然后才能进行检修作业。驼峰、调车场、货场等不影响接发列车的行车设备检修时，具体的签认人员在《站细》规定。

检修作业中需要使用该项设备时，必须取得检修人员的同意，以便检修人员及时将设备恢复正常状态，以保证行车和检修人员的安全。检修完了后，经试验确认良好后，方可恢复使用，并将检修结果记入《行车设备施工登记簿》内。

对处于闭塞状态的闭塞设备和办理进路后处于锁闭状态的信号、联锁设备，严禁进行检修作业。因为这些设备，无论是机械的，还是电气的，当处于闭塞或锁闭状态，检修时有可能破坏其闭塞或锁闭状态，带来安全隐患，因此禁止进行检修作业。

第403条 车站值班员发现或接到行车设备故障的报告后，应立即通知设备管理单位相关人员，并在《行车设备检查登记簿》内

登记。

列车调度员发现或接到调度台行车设备故障的报告后，应立即通知设备管理单位相关人员，并在《行车设备检查登记簿》内登记。

设备管理单位应在《行车设备检查登记簿》内签认，尽快组织修复。对暂时不能修复的，应登记停用内容和影响范围，并注明行车限制条件。

车站信号楼（行车室）和列车调度台设有《行车设备检查登记簿》，用于车站值班员（列车调度员）通过《行车设备检查登记簿》掌握固定行车设备状态，和对设备状态的交接。车站值班员发现或接到行车设备故障的报告后，应立即通知设备管理单位相关人员，并在《行车设备检查登记簿》内登记行车设备故障的现象或接到的设备故障报告的内容，如可能危及列车安全时，应及时采取措施拦停列车。列车调度员发现或接到调度台CTC、TDCS等行车设备故障的报告后，应立即通知设备管理单位相关人员，并在《行车设备检查登记簿》内登记故障的现象或接到的设备故障报告的内容。

设备管理单位接到通知后，应在《行车设备检查登记簿》内签认，查明故障原因，确定故障影响范围，尽快组织修复。对暂时不能修复的，应在《行车设备检查登记簿》内登记停用设备的内容和影响范围，并注明行车限制条件。如设备故障危及行车安全需立即抢修时，设备管理单位按规定采取措施，并在《行车设备检查登记簿》内登记，通过车站值班员报告列车调度员，经调度所值班主任批准，列车调度员发布调度命令，设备管理单位组织进行抢修。

第404条　沿线工务人员发现线路设备故障危及行车安全时，应立即连续发出停车信号和以停车手信号防护，还应迅速通知就近车站和工长或车间主任，并采取紧急措施修复故障设备；如不能立即修复时，应封锁区间或限速运行。

车站值班员接到区间发生故障的报告后，应立即通知有关列车停车，并报告列车调度员。

必要时进入该区间的第一趟列车由工务部门的工长或车间主任随乘。列车在故障地点停车后继续运行时，应根据随乘人员的指挥办理。

沿线工务人员，发现线路设备故障，如钢轨折损、路基塌陷、坍方落石，以及水、砂、雪害等，危及行车安全的情况时，应立即在故障地点设置停车手信号防护，同时使用列车无线调度通信设备等通信工具，迅速通知车站或通知列车司机紧急停车，区间设有固定信号机时，应先使其显示停车信号防护故障地点。还应迅速通知工长或车间主任，并采取紧急措施修复故障设备。

如不能立即修复，应通过车站值班员立即向列车调度员请求，由列车调度员发布命令封锁区间或限速运行。车站值班员接到区间发生故障的警报后，应立即通知有关列车停车，并报告列车调度员。

必要时，工务部门的工长或车间主任随乘第一趟列车去故障现场，以便迅速组织和指挥抢修工作。已进入区间的列车须在故障地点前停车，由工长或车间主任根据故障判断影响行车的程度，确定运行办法，并通知司机，司机按其指挥办理。在工长或车间主任到达故障地点之前，列车运行办法，由现场工务人员确定。

第405条 线路发生故障时的防护办法如下：

1. 应立即使用列车无线调度通信设备通知车站值班员或列车司机紧急停车，同时在故障地点设置停车信号。

2. 当确知一端先来车时，应急速奔向列车，用手信号旗(灯)或徒手显示停车信号。

3. 如不知来车方向，应在故障地点注意倾听和瞭望，发现来车，应急速奔向列车，用手信号旗(灯)或徒手显示停车信号。

设有固定信号机时，应先使其显示停车信号。

站内线路、道岔发生故障时，应按规定设置停车信号防护。

线路发生故障，危及行车安全时，沿线有关人员应立即采取防护措施。

1. 列车无线调度通信设备使通报线路故障及所采取的安全措施更快捷、准确。因此，发生线路故障时应立即使用列车无线调度通信设备等通信工具，迅速通知车站值班员或列车司机紧急停车，区间设有固定信号机时，应先使其显示停车信号防护故障地点。同时在故障地点设置停车信号。

2. 当确知一端先来车时，为争取时间，应急速奔向列车，用手信号旗(灯)或徒手显示停车信号。

3. 不能判明哪个方向先来列车时，应通过倾听或站在高处瞭望迅速予以判明。当判明来车方向时，应急速奔向列车，用手信号旗(灯)或徒手显示停车信号。

如在自动闭塞区间，可用导电物体短路轨道电路，使防护闭塞分区的通过信号机显示停车信号，防护办法快捷、可靠和安全。

站内线路、道岔发生故障时，应按规定设置停车信号防护。

第406条 设备维修人员发现信号、通信设备故障危及行车安全时，应立即通知车站，并积极设法修复；如不能立即修复时，应停止使用，同时报告工长、车间主任或电务段、通信段调度，并在《行车设备检查登记簿》内登记。

设备维修人员发现信号、通信设备故障危及行车安全时，应按规定进行防护、立即在《行车设备检查登记簿》内登记停用，并积极组织修复。

第407条 铁路职工或其他人员发现设备故障危及行车和人身安全时，应立即向开来列车发出停车信号，并迅速通知就近车站、工务、电务或供电人员。

为了保证列车运行和人民生命财产的安全，铁路职工和其他人员发现线路塌方、钢轨折断、钢轨变形、线路桥梁遭受自然灾害、信号机柱或电杆倒斜侵入限界、线路有障碍物、接触网异常等危及行车和人身安全的故障时，均有义务通知铁路有关部门，并积极采取保证行车安全的措施和协

助做好故障地点的防护工作。通知时应利用一切可利用的通信工具，如无线调度通信设备、移动或固定电话、无线对讲设备等，或前往就近的车站、工区等处所通知。遇有紧急情况，发现已有列车开来，来不及通知时，应迎上前去，向开来的列车发出紧急停车信号，并注意自身的人身安全。有条件的，昼间用红旗、夜间用红灯防护。没有防护用具的，昼间可向列车开来方向两臂高举头上向两侧急剧摇动；夜间用白色灯光上、下急剧摇动，或在线路旁点燃篝火，迫使列车在故障地点前方停车，然后设法通知就近车站、工务、供电或电务人员。

附件1　路　　票

路　　票

电话记录第　　　号

车　　次＿＿＿＿＿＿

延　安　➡　延安北

延安站(站名印)　　　　　编号　1 2 3 4 5 6

注：1. 路票为预先印好区间(即站名)和编号的硬卡片；　　　　(规格 75 mm×88 mm)

2. 加盖 (副) 字戳记者，为路票副页。

附件2　绿色许可证

许　可　证

第＿＿＿＿号

在出站(进路)信号机故障、未设出站信号机、列车头部越过出站(进路)信号机的情况下，准许第＿＿＿＿次列车由＿＿＿＿线上发车。

站(站名印)车站值班员(签名)

年　　　月　　　日填发

注：1. 绿色纸，复写一式两份，司机一份，存根一份；　　　　(规格 90 mm×130 mm)

2. 不用的字句抹消。

附件3 红色许可证

许 可 证 第______号 现在一切电话中断,准许第______次列车自______站至______站,本列车前于______时______分发出的第______次列车,邻站到达通知已/未收到。 **通 知 书** 1. 第______次列车到达你站后,准接你站发出的列车。 2. 于______时______分发出第______次列车,并于______时______分再发出第______次列车。 站(站名印)车站值班员(签名) 年 月 日填发

注:1. 红色纸,复写一式两份,司机一份,存根一份; (规格 90 mm×130 mm)

2. 不用的字句抹消。

附件4 调度命令

调 度 命 令

______年___月___日___时___分 第___号

受令处所		调度员姓名	
内　　容			

(规格 110 mm×160 mm) 受令车站______车站值班员______

附件 5　出站/跟踪调车通知书

出站
跟踪 调车通知书

对方站承认的号码第……………………号，

准许 自/至　时　分 起/止 ……机车由车站向……区间 出站/跟踪 调车。

站(站名印)车站值班(扳道)员(签名)

年　　月　　日填发

注：不用的字句抹消。

(规格 90 mm×130 mm)

附件 6　轻型车辆使用书

轻 型 车 辆 使 用 书

使用日期	车种	使用区间	上下行别	起讫时间	使用目的	负责人	承认号码	承认站 车站值班员
月 日		自　站 公里 至　站 公里		自　时　分 至　时　分				
注意事项								

(规格 88 mm×125 mm)

附件 7　调度命令登记簿

调度命令登记簿

月日	发出时刻	命令			复诵人姓名	接受命令人姓名	调度员姓名	阅读时刻（签名）
		号码	受令及抄知处所	内容				

（规格 190 mm×265 mm）

附件 8　书面通知

书 面 通 知

第＿＿＿＿次司机：

监督器上不能确认第一个闭塞分区空闲，以在瞭望距离内能随时停车的速度，最高不超过 20 km/h，运行至第一架通过信号机，按其显示的要求执行。

站（站名印）车站值班员（签名）

年　　月　　日填发

注：白色纸，复写一式两份，司机一份，存根一份。（规格 90 mm×130 mm）

附件 9　半自动闭塞发车进路通知书

<table>
<tr><td>

半自动闭塞发车进路通知书

第______号

1. 在列车头部越过发车进路信号机的情况下，准许第______次列车由______线发车。

2. 在______发车进路信号机故障的情况下，准许第______次列车越过该发车进路信号机。

站(站名印)车站值班员(签名)

年　　月　　日填发

</td></tr>
</table>

注：1. 白色纸，复写一式两份，司机一份，存根一份；　　(规格 90 mm×130 mm)

2. 不用的字句抹消。

附件 10

铁路车辆编组隔离表

货物种类（品名编号）		隔离标记	距牵引的内燃、电力机车,推进运行或后部补机及使用火炉的车辆	距乘坐旅客的车辆	距装载雷管及导爆索（11001，11002，11007，11008）的车辆△7	距装载除雷管及导爆索以外爆炸品的车辆△8	距装载易燃普通货物的敞车、平车	距装载高出车帮易窜动货物的车辆	备注
气体（含空罐车）	易燃气体 非易燃无毒气体 毒性气体	△1	4	4	4	4	2	2	运输气体类危险货物重、空罐车时，每列编挂不得超过 3 组。每组间的隔离车不得少于 10 辆
一级易燃液体 一级易燃固体 一级易于自燃的物质 一级氧化性物质 有机过氧化物 一级毒性物质（剧毒品） 一级酸性腐蚀性物质 一级碱性腐蚀性物质 一级其他腐蚀性物质		△2	2	3	3	4	2		运输原油时，与机车及使用火炉的车辆可不隔离。运输硝酸铵时，与机车及使用火炉的车辆隔离不少于 4 辆
放射性物质（物品）（矿石、矿砂除外）		△3	2	4	×	×	2	1	×标记表示不能编入同一列车
七〇七	一级	△4	4	4	4	4	4	2	一级与二级编入同一列车时，相互隔离 2 辆以上，停放车站时相互隔离 10 m以上，严禁明火靠近
七〇七	二级	△5	4	4	4	4	4	2	
敞车、平车装载的易燃普通货物及敞车装载的散装硫磺		△6	2	2	2	2			装载未涂防火剂的腐朽木材的车辆，运行在规定的区段和季节须与牵引机车隔离 10 辆，如隔离有困难时，各铁路局与邻局协商规定隔离办法
爆炸品	雷管及导爆索（11001，11002，11007，11008）	△7	4	4		4	2	2	
爆炸品	除雷管及导爆索以外的爆炸品	△8	4	4	4		2	2	

注：1. 小运转列车及调车隔离规定，由铁路局自行制定。

2. 有△全标记的车辆与装载蜜蜂的车辆运输时按有关规定办理。

3. 空罐车可不隔离（气体类危险货物除外）。